米家志乃布［著］

近世蝦夷地の地域情報

日本北方地図史再考

法政大学出版局

近世蝦夷地の地域情報——日本北方地図史再考／目　次

はじめに

歴史的に見れば、北海道は単なる日本の一地域ではなく、それ自体、特殊な地域である。それは、現在の北海道の人びとが、北海道以外の本州方面を内地と呼ぶことからも想像できる。[1] 人びとの意識のなかでこのように区別がなされてきた背景には、現在の私たちが忘れかけている重要な問題がある。それは、私たちが北海道と呼んでいる地域が、異域としての蝦夷地であった、という問題である。これらの地域が、いつ、いかにして日本に組み込まれてきたのかという点に、本書の問題意識は大きく関わっている。はじめに、この点に関わる従来の研究成果と整理を通じて、本書の課題を明らかにする。

一　地図史と蝦夷地

最初に、地図史における日本の北方地域の位置づけに触れながら、筆者の問題意識を述べていきたい。

世界の地図史のなかで、この地域は、ヨーロッパ人による「未知の南方大陸」よりもさらに一世紀ほど遅く、一九世紀になってようやく明らかになった未知の土地として語られる。それゆえ、多くの探検家・地図作製者の注目を集め、膨大な数の絵図・地図が作製された。それでは、この未知なる地域を、日本の地図はいつごろから日本の一部として描くようになったのだろうか。

織田武雄によれば、桃山時代の「日本図屏風」(浄得寺図)の一部に初めて蝦夷地の一角が現れ、蝦夷図としては、慶長四(一五九九)年に松前慶広が徳川家康に謁見した折りに献呈したものが最初であるという。[2] しかし、前者の「日本図屏風」の蝦夷地は、渡島半島らしき陸地が一部分描かれているのみであり、後者の蝦夷図は現存していない。現存するものとしては、幕府が編纂した正保日本図の北方部分(**図1**)が、日本国内で作製されたものとしては最も古い。[3] 衆知のように、幕府編纂の日本図は、各藩が提出した国絵図を基礎としており、この地域の地図作製は、松前藩が担当している。近世初期の松前藩によるこの地域の支配が、蝦夷地を日本のなかに空間的に組み込む契機となった。

松前藩は、一六世紀を通じて渡島半島における和人勢力のリーダーであった蠣崎《かきざき》氏(慶長四年に松前氏と改名)を藩主とし、その領地を、渡島半島南部の「和人地」(和人居住地)と「蝦夷地」(アイヌ民族の居住地)に政治的に区分していた。この正保日本図の北海道部分では、和人居住地である和人地(松前地とも言う)を大きく描き、それ以外の蝦夷地は、著しく縮小されて描かれている。それは、その後の元禄日本図でも同様であった。この理由については諸説ある。松前藩が実際よりも蝦夷地を小さく描くことでその権益を守ることを考えた、実際の大きさを描くと巨大なスペースを必要とするため現実的ではなかった、あるいは、松前藩は(後述の江戸幕府のように)蝦夷地をくまなく踏査していなかったため詳細な地理的情報を得ていなかった、などである。[4] いずれにしても、この蝦夷地の姿がほぼ正確に描かれていくようになるのは、近世後期の江戸幕府による蝦夷地幕領化の時代まで待たねばならない。

欧米の地図史研究者たちを中心に編纂された *The history of cartography* の第二巻には、日本の地図史が取り上げ

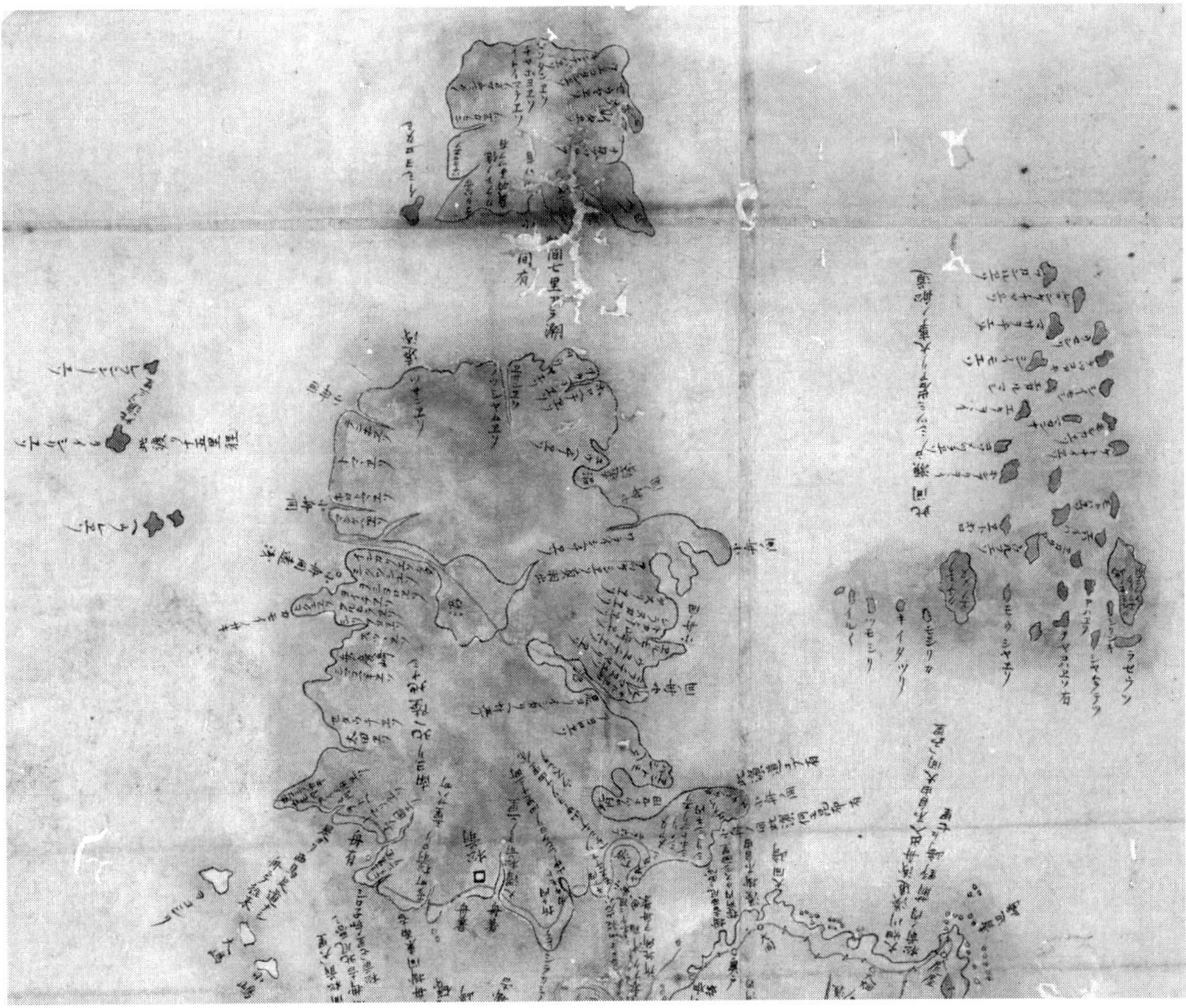

図 1　正保日本図　蝦夷地部分（国立歴史民俗博物館所蔵）

られている。その項目を担当している海野一隆は、日本の北方地域における本格的な地図作製開始時期を、一八世紀末～一九世紀初期と位置づけている。[5] 海野は、林子平の「蝦夷国全図」（図2）（天明五（一七八五）年）の発行、および当時の中央政権である幕府が、北方地域を直接に探検・踏査するために調査隊を派遣した天明五～六年を重要な契機と考えており、さらに、本格的な蝦夷地も含めた日本図の完成を、文政四（一八二一）年の『大日本沿海輿地全図』（略して「伊能図」という。蝦夷地の部分は「伊能・間宮図」ともいう。図3）に求めている。しかし、この「伊能図」における蝦夷地部分は、海岸部は詳細に描かれているものの、内陸部には空白地域が多かった。その空白部分を埋めた地図として、松浦武四郎の『東西蝦夷山川地理取調図』（安政六（一八五九）年。図4）がある。[6] 伊能図の蝦夷地部分の実測が行われたのは寛政一二（一八〇〇）年、そして、松浦武四郎の蝦夷地踏査は、弘化三（一八四六）年をはじめとして安政三（一八五六）年まで六回におよんだ。いずれの調査も、幕府の援助もしくは事業として行われている。

　このように、日本で蝦夷地が把握され、地図に描かれるに至った経緯では、幕府の影響がきわめて強く、時期的には一九世紀になってからであった。

　幕府は二度にわたって蝦夷地を直轄としている。一度目は、寛政一一（一七九九）年に東蝦夷地上知《じょうち》、文化四（一八〇七）年には西蝦夷地も上知、幕府の蝦夷地全域の支配は文政四（一八二一）年まで続き、松前藩は奥州梁川へ転封となる（第一次幕府直轄期）。しかし、文政四年で一度、幕府は蝦夷地を松前藩に戻す。二度目は、安政二（一八五五）年、松前藩領には松前城下から江差にかけての渡島半島一部を残し、東西蝦夷地を上知した（第二次幕府直轄期）。しかし、安政六（一八五九）年には、蝦夷地の各地を東北諸藩に分割分領する。その後、戊辰戦争を経て、明治二（一八六九）年の版籍奉還、開拓使の設置まで続く。

　この一九世紀前半と一九世紀半ばにおける蝦夷地幕領化は、直接には北方の大国ロシアの南下という国際的な問

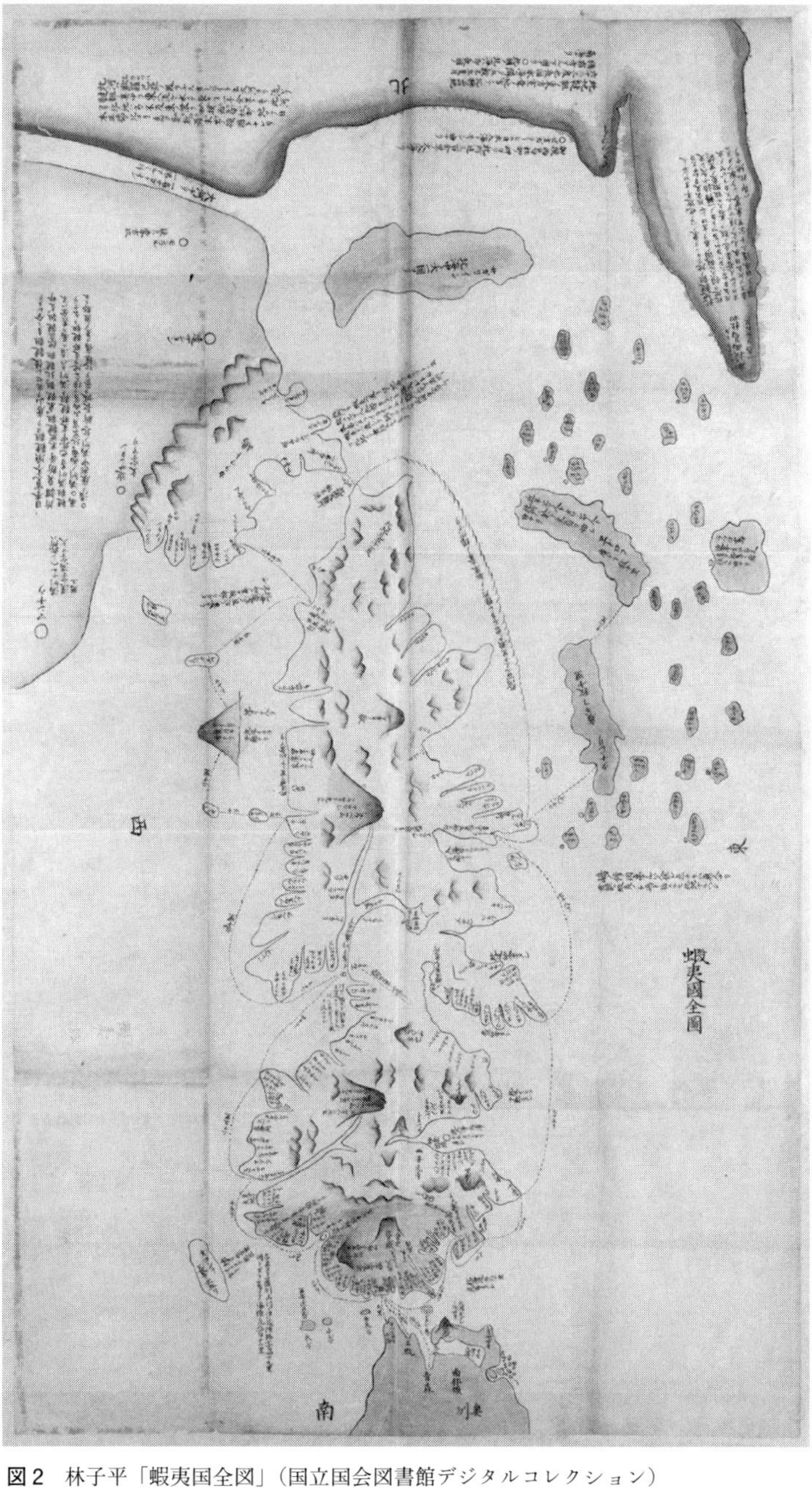

図2　林子平「蝦夷国全図」（国立国会図書館デジタルコレクション）

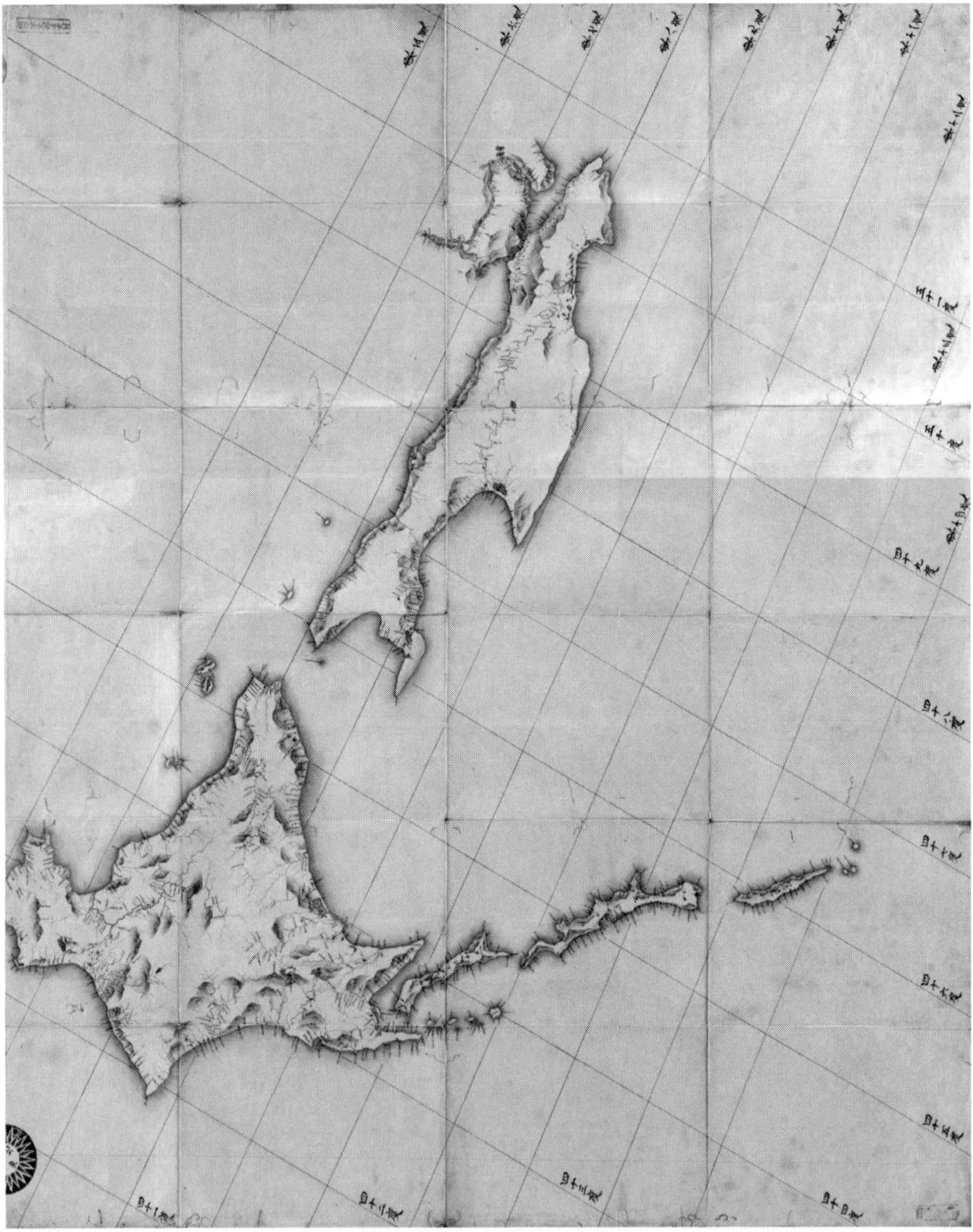

図3　日本図（伊能忠敬原図）蝦夷地部分　文政10（1827）年頃（国立国会図書館デジタルコレクション）

図4　松浦武四郎「東西蝦夷山川地理取調図十二　従東部トカチ山中併石狩テシホトコロサルマ水源クスリ領アカン湖」（北海道立図書館北方資料デジタルライブラリー）

題を契機としているが、和人の中央政権（江戸幕府）が直接、まさに当時の辺境ともいえる北方地域の支配に乗り出す、という画期的な出来事であった。また、この幕領化の理念は、明治政府の開拓政策へと連続していく。いわゆる「蝦夷地内国化」政策である。[7] 幕府は、蝦夷地の産業を開発し、アイヌの日本人化をすすめ、漁業経営や貿易なども幕府直営にする計画であった。結局、第一次・第二次ともに、幕府の財政負担が重く、多くは現状維持にならざるをえなかった。あるいは蝦夷地警備などの軍事面は、東北諸藩に依存する形になった。しかし、実態はともかく、一九世紀前半の時点で、和人側の中央政権が、近世初期からこの地を支配してきた松前藩に全面的に任せることなく直接に蝦夷地経営に乗り出してきたことは、この地域にとって重要な事態と考えることができる。

従来の日本の地図史研究[8]では、科学的な地図作製の発展の一環としてこの地域の地図作製を捉える見方が強かった。一七世紀はじめの松前藩が持っていた技術や知識は稚拙だが、一九世紀の幕府は技術も知識も備えていたという視点である。しかし、幕府が作製した国絵図研究をめぐる近年の動向では、国絵図を幕府（政治的権力）による領域把握の手段として見る視点が提示された。[9] また、アメリカの地図史研究者であるJ・B・ハーリーも、地図史研究における政治的コンテクストを重要視する必要性を述べている。[10] これらの研究の視点は、地図作製の歴史を明らかにするという視点からみると一歩進んだ分析視点といえる。つまり、地表面を測量し把握することは、単なる技術の発達史という側面のみでなく、国家権力による領域把握の欲求という側面からも理解されなければならない。地図は権力にとって領域把握の道具であり、その作製を担った政治的権力の性格を考えるための有効な手段ともなりうる。明治期以降、陸地測量部が作製した地図の多くが伊能図をもとにしていたこと、北海道開拓使が内陸部の地質調査を行い精密な地図を作製する以前に、松浦武四郎によって詳細な地図が作製されていたため、開拓使のお雇い外国人であるライマンが地質調査の際に武四郎の地図を参考にしていたこと等々、あらためて、一九世紀の江戸幕府直轄期の蝦夷地における地図作製の重要性を考えていく必要がある。

ところで、「蝦夷図」を中心とした地図史研究[11]では、一連の歴史を科学的な地図作製の発展史として捉える傾向が強いため、小縮尺・中縮尺の測量された地図に関する研究が主流であり、大縮尺の地域図に関しては手薄である。さらに、従来の地図史の研究視点では、いかに正確に地図が作製されていくのかが重要であったため、あまり正確ではない地域図については重視されてこなかった。しかし、幕府による第二次蝦夷地直轄期には、すでに沿岸の測量図が存在したにもかかわらず、沿岸絵図が数多く作製された。つまり、地図というよりは、絵図・風景画というべきものが存在したのである。[12]それゆえ、一九世紀半ばの幕府による地域情報の収集・把握・構築と蝦夷地経営の関係を考えると、これらの絵図・風景画の存在にも注目し、地図と同様に検討していく必要がある。

以上、地図史においては一九世紀前半と一九世紀半ばの幕府の直轄時代が重要な画期としてあることを確認した。この幕府直轄期という、中央の和人権力による蝦夷地支配は、単に和人が蝦夷地に進出したというよりは、蝦夷地の植民地化を進めるための前段階と考えることができる。その植民地化のひとつの手段として、蝦夷地に関する地図作製、地域情報の収集があった。

では従来の研究では、「蝦夷地／北海道」と日本との関係は、どのような視点から捉えられていたのだろうか。つづいて、植民地論と北海道の関係に問題を探っていきたい。

二　内国植民地論と北海道

日本では長らく、内国植民地にあたる地域を北海道および沖縄に当てはめることが試みられていた。この視点からの研究は、主に日本近代史の研究者によって進められてきた。特に、近代北海道に限定して考えるならば、その論点は、北海道を「辺境」（frontier）として捉えるのか、それとも「内国植民地」（internal colonialism）として捉えるのか、ということにまとめられる。前者が、主に経済史研究者による主張ならば[13]、後者は政治史研究者の主張[14]と言える。戦前の北海道研究では、北海道の歴史は「拓殖史観」で語られることが多く、あくまで北海道を孤立的な地域として捉え、その開拓の様子と社会形成に目を向けてきた経緯がある。それを克服するために、まずは経済史家によって、北海道研究に「辺境」概念が導入され、日本の資本主義社会における北海道の位置づけが考察されるようになった。しかし、政治史の立場から、植民地差別や異民族支配といった政治的問題を包摂するには不十分な概念であると指摘され、近年では「辺境」ではなく「内国植民地」として近代北海道を考えることが提唱されている。

この理論の積極的な推進者である桑原真人は[15]、北海道開拓時代の研究の多くが、士族移民や屯田兵などの「内地」からの移住を前提とした開拓移民史であることに終始しており、道路開削などに従事した囚人労働者、道内炭鉱における炭鉱労働者や朝鮮人労働者の強制労働などの「暗黒部分」について触れられていないと指摘している。まさに、この北海道の「暗黒部分」を抽出してこそ、開拓期の北海道の実像を照射することができ、「内国植民地」という概念によってこそ、社会経済的特質や労働関係だけでなく、植民地差別、異民族支配・差別を含んだ北海道史が構築できるとしている。そのうえで桑原は、北海道史研究が、近代天皇制としての明治国家の本質にまで近づくことができる可能性を内包した地域史であるとも述べている。

しかし、永井秀夫は、あくまで、「辺境ないし内国植民地という表現は、近代日本のなかでの北海道の位置や特性を測定するための手がかり[16]」でしかなく、むしろ「こうした概念をより豊かにし、自覚的に適用する」ことこそが重要であると述べている。つまり、「辺境」ではなく「内国植民地」のほうがいいのではないか、「内国植民地」の概念に北海道があてはまるのかどうか、あるいは、北海道を分析してみると「内国植民地」になる、といった議論が重要なのではない。この議論は、経済史、政治史の立場を超えて、日本と北海道の関係を問い直す作業として位置づけられる。

一方、欧米の歴史地理学ではどうだろうか。R・A・バトリンは内国植民地論を、海外植民地研究との連携が欠かせない重要な植民地研究のテーマであると指摘しているが、[17]具体的な事例研究は十分とはいえない。たとえば、主要な事例として、イギリス国内ではブリテンとアイルランドの関係、あるいはロンドンを中心としたイングランドとハイランド、ウェールズ、スコットランドの関係がある。これは、「中心」と「周辺」の関係がどのようになっているのか、帝国主義・資本主義下においてどのような地域間関係が生まれてきたのか（たとえば「従属」論）、「中心」の政治的・経済的・文化的優越性、あるいはエスノリージョナリズムなどとの関係である。また、世界各地にある同様な事例との比較検討も今後の課題である。残念ながら、日本の事例が国際的な場で紹介され、比較検討されたことはなく、諸外国の事例との共通点あるいは差異などは述べられていない。

日本国内でも、日本と北海道あるいは北方地域との関係を問い直していく作業は、いまなお大きな課題である。旧土人保護法の撤廃、アイヌ文化振興法の制定・廃止を経て、新たにアイヌ民族支援法が制定された。北海道白老町には「民族共生象徴空間」も開業した。日本国内において、あらためて国家と民族の関係を再考する時期がきている。[18]その際、世界各地に存在する「先住民族」あるいは「少数民族」問題との比較検討は避けがたく重要である。さまざまな地域に存在する先住民族・少数民族問題の歴史的な経緯を考えてみると、必ずといっていいほど、欧米人の海外進出、欧米諸国による植民地支配の歴史がある。これは、北海道で言えば、和人の進出、和人による植民地支配に相当する。植民地主義、帝国主義の時代を経て、世界のそれぞれの地域や国家がどのように再生していくのか、北海道を含めた日本の北方地域でも問い直される時代がきているのである。

ひとつの象徴的な問題として、「北方領土問題」が挙げられよう。[19]現在では、日本・ロシア関係の重要な政治外交問題と認識されているが、これは歴史的に見れば、一九世紀以降の両国家による領域確定の争いを引きずったものであり、南からの和人進出と北からのロシア人進出の結果である。そして、その両者の存在に隠れてしまった「先住民族」「少数民族」の問題は、やはり顧みられないのである。

いずれの議論にしろ、内国植民地としての北海道を考察するうえでは、政治や経済、民族問題など、さまざまな切り口を用いて、トータルに検討していく必要がある。

そこで、筆者が注目する先行研究は、地図作製と植民地論の関係を扱った一連の研究である。「蝦夷地／北海道」への和人の進出、和人による植民地支配の問題を考える際に、アメリカの地図史研究者であるJ・B・ハーリーの議論は、新しい視点を私たちに提供してくれる。ハーリーは、一九九四年に発表した論文[20]のなかで、イギリスによるアメリカの植民地支配でのネイティブ・アメリカンの「皮肉」な役割について論じた。つまり、ネイティヴ・アメリカンは植民者たちの地図作製作業に大いに協力することで、結果的に、自分たちの土地を奪われてしまったのである。いわゆる征服者側からみた「未知の土地」で新しい地図が作製されるとき、一般にその土地についての知識をもった先住民族の案内なしでは難しい。支配者側は、先住民族のもつ地理的知識を活用し、地図化していく。この作業により、「未知の土地」はなくなっていく。そして、これらの地図は、後世の開拓や植民のための情報として利用され、まさに植民地支配の手段のひとつとなっていく。

このように、植民地支配と先住民族の関係を考えるうえで、植民地支配の道具としての「地図作製」(cartography)の実践に光があてられたことは、特筆すべきことであろう。ハーリーの研究視点に立てば、アメリカ大陸におけるヨーロッパ諸国の植民地支配とネイティブ・アメリカンの関係だけでなく、ロシアのシベリア支配やアフリカのヨーロッパ諸国による植民地支配、そして日本による蝦夷地・北海道支配など、世界中の植民地支配と先住民族の関係において、同様の問題を普遍的に指摘することができる。たとえば、黒澤明監督の映画で有名な『デルス・ウザーラ』[21]は、ロシア軍の将校であるアルセーニエフの実話をもとにしたものである。ロシア極東でのロシア軍による地図作製の任務に、先住民族のデルスが協力し、ロシア人将校と友情を築いたものの、最後は悲惨な死をとげるという話である。ロシアのシベリア植民地化の地図作製のなかで、いかに先住民族の地理的知識が利用されたのか、よく理解できる。

以上、今までの研究の大きな流れを見てきたが、これらの研究が共通問題としていることは、まさに「蝦夷地／北海道」と日本の関係をどのように論じていくのか、ということにある。そこで次節では、「蝦夷地／北海道」と日本との関係についての本書の課題を、「地図作製」の実践という視点から論じていきたい。

三　歴史地理学と日本北方の地図作製

日本における地図史研究の動向を概観すると、大きく二つの方向性がある。ひとつは、「地図学」前史としての地図史研究であり、これは、近代以前の地図（古地図あるいは絵図ともいう）が、科学的な近代地図にどのように発展してきたのかという問題意識から地図の作製史を検討する立場である。[22] もうひとつは、「歴史地理学」の新しい方向性としての地図史研究である。この研究視点は、当時の人びとがどのような世界像・地域像を描いていたのか、あるいは、当時の権力者がどのように領域把握をしていたのかという問題意識から、地図に描かれた図像を検討する立場である。[23] 本書では、主に後者の立場から蝦夷地像を考えていく。

日本北方地域の地図作製を扱った研究としては、船越昭生、高倉新一郎、秋月俊幸、高木崇世芝などの研究が重要である。いずれの研究でも、膨大な北方図を整理し、その作製過程や地図の内容などを詳細にまとめており、本書でも個々の地図に関する記述は、これら先学の成果に負うところが大きい。[24] しかし、どの研究においても、個別の地図そのものの史料学的な研究が主眼であり、かつそのストーリーの流れも、科学的な近代地図への発展史という側面が強い（第一章で詳述する）。筆者の研究立場である、当時の人びとがどのように蝦夷地像を描いていたのか、どのように領域把握をしていたのかという視点から日本の北方地域の地図作製を分析する場合、地図の科学的発展史というよりは、地図作製という行為・実践のもつ社会的意義に分析の主眼を置く必要がある。

また、従来の日本の地図作製史の研究では、幕府による国絵図・日本図の作製や近世後期の伊能図など、権力者側が作製した「手書き」地図の研究が重要であった。しかし、地図の社会的意義を中心に検討する場合、より多くの人びとの心象に訴えかける媒体としての地図も検討する必要がある。近世期は、日本の地図作製の歴史のなかでも、木版による出版地図が隆盛し、多くの刊行日本図・地域図が存在した時代である。これらの地図は、幕府系の地図に比べて必ずしも正確ではないものの、知識人層だけでなく庶民層の日本像や蝦夷地像にも大きく影響を及ぼした。

ここであらためて「蝦夷地／北海道」という地名に注目してみよう。現在の私たちが「北海道」とよんでいる地域は、前述したように、渡島半島の一部を除いて、明治二年の開拓使設置までは「蝦夷地」と呼ばれていた。「蝦夷」という名称は、古代より大和政権が北に住む異民族を総称して呼んだものであり、近世における「蝦夷」は、近代以降に「アイヌ民族」と呼ばれている集団と一致している。つまり、「蝦夷地」とは、和人側から見た「蝦夷が住む地域」という意味であり、和人にとっては異民族の住む異域という地理的認識を表現した地名であった。そして、「蝦夷」の住む地域という蝦夷地は、明治二年の松浦武四郎作製の「北海道国郡全図」（図5）によって地図から消えることになる。

しかし、地図という画像表現では、文字として表現される地名だけではなく、図上に描かれた蝦夷地のかたちこそが、重要な要素となる。蝦夷地のかたちが整ってくる時期こそが、幕府による蝦夷地幕領下における地図作製の成果であり、地名としての「蝦夷地」が「北海道」になる以前から、松前藩や幕府は、日本図に蝦夷地を組み込ん

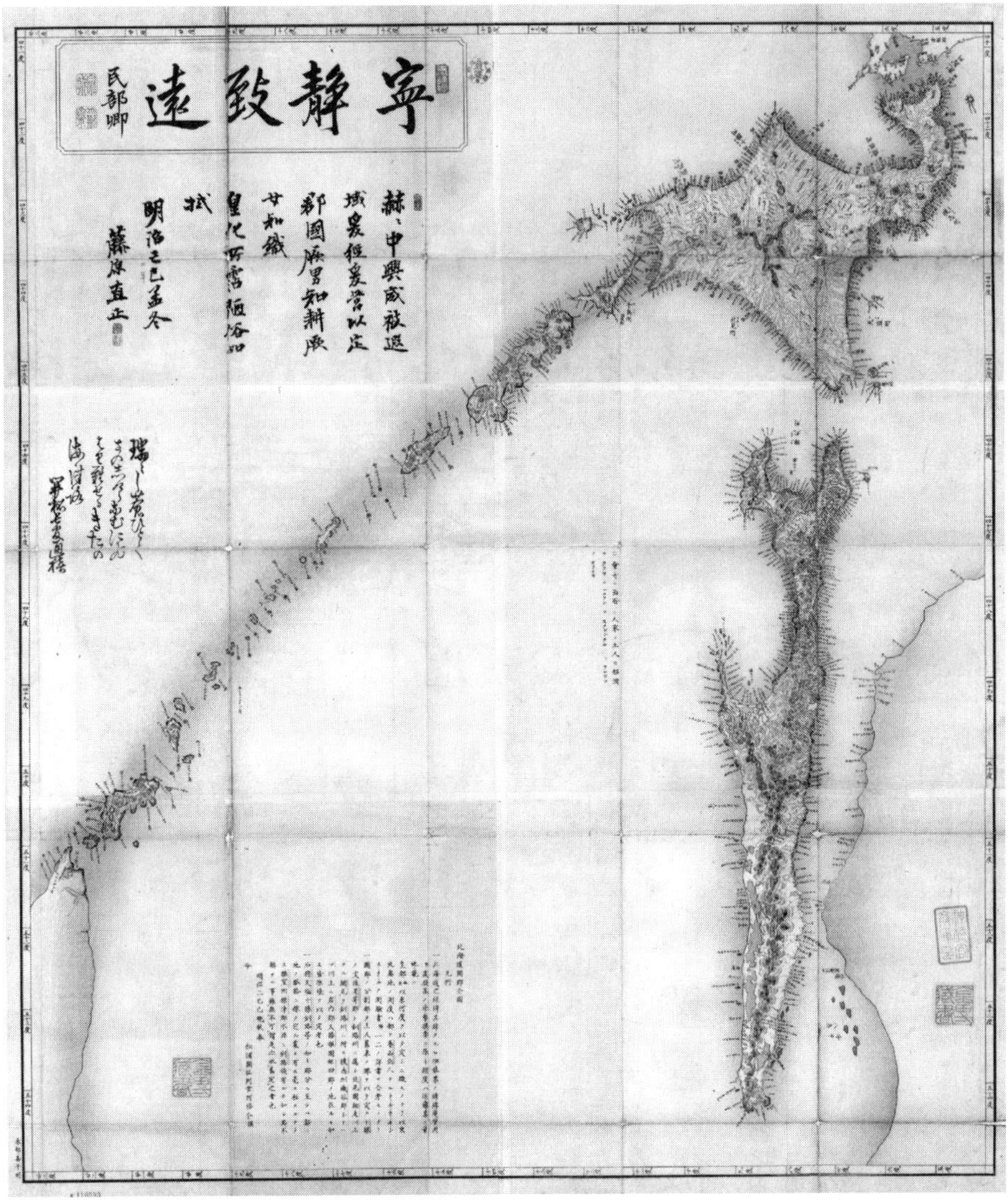

図 5 松浦武四郎「北海道国郡全図」（北海道立図書館北方資料デジタルライブラリー）

で描く作業を行っていた。しかし、一方で、これらの地図は幕府の書庫に収められた地図であるため、参照できる人は限られていた。この点で、これらの知識人・権力者が作製した地図群が、近世日本の人びとに与えた蝦夷地像の影響は比較的少なかったであろう。

さらに幕府の蝦夷地支配のための情報把握として、多くの沿岸図の作製も行われるようになった。沿岸図の作製と地域情報の把握というコンテクストでは、測量された地図だけではなく、測量されていない絵図や風景画といった画像史料にも着目する必要がある（第四章で詳述する）。すでに述べたとおり、従来これらの資料は、地図作製の発展史を明らかにする研究視点からは脇に置かれてきた。ましてや、すでに伊能図のように測量された沿岸図が存在する時期に、このような画像資料がなお存在したことについて積極的に論じられることはなかった。しかし、これらの画像資料が描いた地域像は、蝦夷地とそれに続く北海道に対して、イメージとして与えた影響が小さくなかった。

以上のことから、日本北方地域を対象とした地図作製史の研究には、大きく二つの課題があると考える。

第一に、地図に表現された蝦夷地像と日本の歴史空間との関係はどのようなものだったのか、という点である。前述のように、日本北方地域は、日本だけでなくヨーロッパやロシアからも注目を浴びた「未知の土地」であった。そこで、ヨーロッパやロシア、日本で描かれた日本図・蝦夷図を取り上げ、それらに描かれた蝦夷地像を検討する。その際、手書き図ではなく出版図を中心に分析することで、地図の社会的意義やそれが人びとの地域像にもたらした影響を考える。また、最先端の地理的知識を得ることのできる知識人層や支配者層の描いた蝦夷地像だけでなく、庶民の蝦夷地像の解明も必要である。この両者の差異を明らかにすることから、描かれた地域像のあり方、社会における地図の役割をより明確にすることができる。

第二に、幕府が直接に蝦夷地を支配した時期（幕府直轄期）以降に行われた地域情報の収集によって、どのような「蝦夷地／北海道」像が生み出されたのか、という点である。一九世紀半ばの和人による「蝦夷地／北海道」の植民地化における地図作製と、その表象を明らかにする。その際、今までの諸研究で手薄だった地域図（蝦夷地沿岸図および内陸図）の作製の意義を明らかにし、地域情報の収集と表象のあり方を論じる。また、これら地域図作製の過程で、先住民族であるアイヌの人びとはどのように表象されていたのか。あるいはどのように協力していたのか。さらに、明治二年の開拓使設置によって蝦夷地から北海道になった当該地域は、内国植民地としてどのように表象されたのか。これらの点を論じてみたい。

本書は、以下の二部で構成される。

第一部では、蝦夷地と日本の歴史空間の関係を論じる。

第一章は、ヨーロッパやロシアで作製された地図上に、日本と蝦夷地がどのように描かれてきたのか、主要な先行研究ごとに、そこで取り上げられている地図とその論点を明らかにする。この作業では、欧米やロシアの地図作製過程で、日本北方地域に関わる問題がどのような点にあったのか、そしてどのように解決されたのかを考察する。

第二章は、蝦夷地を中心とした北方地域がどのように国土に組み込まれてきたのか、近世に作製された日本図をもとに述べていく。地図史上では、蝦夷地が北海道に地名変更される以前より日本図のなかに蝦夷地を組み込む試みがなされており、その具体的な描き方の変遷を明らかにすることで、日本と蝦夷地像の関係を明らかにする。

第三章は、庶民の蝦夷地像がどのようなものだったのか、庶民層の多くが目にすることのできた刊行図や節用集所載の地図を素材として、各地図に描かれた蝦夷地の表現を明らかにする。ここでは、知識人層と庶民層の間にある地理的認識の差異についても言及する。

第二部では、蝦夷地／北海道における地域情報の収集と表象を論じる。

第四章は、主要な先行研究で取り上げられている松前藩と幕府によって作製された絵図・地図と地域情報の収集活動の関係について概観し、なぜ幕末の第二次幕府直轄期における蝦夷地の地域情報収集と絵図や絵画などの画像資料に注目するのか、考察する。第五章以降では、それを踏まえ、幕末の第二次幕府直轄期に行われた松前藩(第五章)・東北諸藩(第六章)・幕府(第七章・第八章)の地域情報活動と絵図・風景画などの画像資料の作製に注目し、開拓使(第九章)に続く風景のポリティクスの流れをおさえていく。

第五章は、蝦夷地への玄関口であった松前三港のひとつである江差を事例とし、江差沖の口役所に備えられた西蝦夷地沿岸部を描いた二五葉の地図群を、政治権力(幕府および松前藩)の地域情報把握の一手段と捉えて、絵図に描かれた蝦夷地像と絵図群が存在した意義を明らかにする。

第六章は、第二次幕府直轄期に蝦夷地警備を命じられた秋田藩と盛岡藩を事例とし、それぞれの藩が作製した西蝦夷地・東蝦夷地の絵図に描かれた地域情報と蝦夷地像を明らかにする。これらの分析から、政治権力(幕府および秋田藩・盛岡藩)による絵図作製の目的と意義を述べる。

第七章は、蝦夷地探検家として有名な松浦武四郎の地誌のひとつである『天塩日誌』を事例として、彼の作製した天塩川流域の地域情報のなかに、どのように先住民族であるアイヌの人びとの空間的情報が隠されているのか、具体的に明らかにする。それらをもとに、幕末日本で最も多くの蝦夷地関連地図・地誌を作製した和人・松浦武四郎とアイヌの人びとの関係を考察したい。

第八章は、第二次幕府直轄期に蝦夷地検分を行った幕府役人である目賀田帯刀が作製した『北海道歴検図』という風景画集を事例として、蝦夷地地域情報の収集と描かれた地域像の特徴、情報活用のあり方を考察する。ここでは、地図だけではなく風景画についても、政治権力による地域情報把握の一手段として大縮尺の地域図と同様の役割を果たしたのではないか、と論じる。

第九章は、明治初期に開拓使お抱えの絵師が描いた風景画である「明治六年札幌市街之真景」を素材として、開拓使が表象された植民都市・札幌の風景を論じる。その際、風景画だけでなく、同じ作者が作製した地図類や開拓使が撮影した写真類などの図像とも比較し、風景画に表現された植民地・北海道の中心都市である札幌像について言及する。

本書では、第一部・第二部の分析および記述を通して、日本の歴史的・空間的領域が拡大・深化し、「蝦夷地」という異域が日本の国土に編入され、新たな国土空間が生み出されていく過程を明らかにする。

現在の日本では、北海道のことを日本の一地方と認識している人がほとんどである。しかし、海外旅行を経験したことのなかった学生時代の筆者にとって、初めての北海道旅行、目の当たりにした風景は衝撃であった。豊かで広大な自然、街の風景も海岸の風景も、ここは本州とはまったく違う土地である（あったのだろう）という、あの時の直感は忘れられない。その後、それまではまったく興味のなかった北海道の歴史について、むさぼるように勉強し、この地域の歴史地理学を研究したいと思うようになった。本書のテーマは、単なる一地方史や一地域史を明らかにする作業ではなく、「日本」という歴史空間を問い直す作業になるという確信をもっている。

注

（1）桑原真人『近代北海道史研究序説』北海道大学図書刊行会、一九八二年、一～二頁。
（2）織田武雄『地図の歴史　日本篇』講談社新書、一九七四年、一一六頁。
（3）織田前掲書、一一七頁。
（4）たとえば、織田前掲書のほか、海野一隆『地図の文化史――世界と日本』八坂書房、二〇〇四年など。

(5) Unno, K.: "Cartography in Japan", in J. B. Harley and D. Woodward ed. *The History of Cartography, vol. 2, book 2, Cartography in the Traditional East and Southeast Asian Societies*, The University of Chicago Press, 1994, pp. 346–477.

(6) 佐々木利和編『アイヌ語地名資料集成』草風館、別冊、一九八四年。

(7) たとえば、菊池勇夫『幕藩体制と蝦夷地』雄山閣、一九八四年、海保洋子「異域の内国化と統合――蝦夷地から北海道へ」、桑原真人・我部政男編『蝦夷地と琉球』吉川弘文館、二〇〇一年など。

(8) 織田前掲書、海野前掲書など。

(9) 江戸幕府撰国絵図研究の代表的な研究は、川村博忠『江戸幕府撰国絵図の研究』古今書院、一九八四年がある。領域把握の視点を中心に論じたものとして、杉本史子『領域支配の展開と近世』山川出版社、一九九九年が参考になる。

(10) Harley, J.B. (1988): 'Maps, knowledge, and power', in D.Cosgrove and S.Daniels eds., *The Iconography of Landscape: Essays on the Symbolic Representation: Design and Use of Past Environments*, Cambridge University Press, pp. 277–312.（山田志乃布（米家志乃布）訳「地図と知識、そして権力」、千田稔・内田忠賢監訳『風景の図像学』地人書房、二〇〇一年、三九五〜四四一頁）

(11) 秋月俊幸『日本北辺の探検と地図の歴史』北海道大学図書刊行会、一九九九年など。

(12) 秋月前掲書、三五一頁。

(13) 田中修『日本資本主義と北海道』北海道大学図書刊行会、一九八六年。小松善雄「現段階での辺境・内国植民地論についての考察（上）（中）（下）」『オホーツク産業経営論集』一―一、二―一、三―一、一九九〇〜九二年など。

(14) 田村貞雄「内国植民地としての北海道」『近代日本と植民地1　植民地帝国日本』岩波書店、一九九二年、八七〜九九頁。

(15) 桑原前掲書、一〜一七頁。

(16) 永井秀夫編『近代日本と北海道』河出書房新社、一九九八年、一八頁。

(17) Butlin, R. A. *Historical Geography: Through the Gate of Space and Time*, Edward Arnold, 1993, pp. 163–164.

(18) アイヌ民族の歴史については、多くの著作がある。通史では、榎森進『アイヌ民族の歴史』草風館、二〇〇七年が最も詳しい。一般向き、教科書としては加藤博文・若園雄志郎編『いま学ぶ アイヌ民族の歴史』山川出版社、二〇一八年がある。また、近世日本と蝦夷地との関係のなかでアイヌ民族を論じたものとして、菊池勇夫『アイヌ民族と日本人』朝日新聞社、一九九四年がある。また、人文地理学の分野では、遠藤匡俊『アイヌと狩猟採集社会』大明堂、一九九七年がある。

(19) 地図史と北方領土問題を関連付けて編集されたものとして、高倉新一郎編『北方領土――古地図と歴史』北方領土問題調査会、一九七一年がある。

(20) Harley, J. B. "New England Cartography and the Native Americans", *The New Nature of Maps*, pp. 170–195, The Johns Hopkins University Press, 2001.

(21) 黒澤明監督による日ソ合作映画である。一九七五年公開。原作は、アルセーニエフ(長谷川四郎翻訳)『デルスウ・ウザーラ』平凡社東洋文庫、一九七五年。

(22) たとえば織田前掲書など。多くの地図史研究の著作はこの流れにある。

(23) 上杉和央「想像世界の歴史地理」、竹中克行編著『人文地理学への招待』ミネルヴァ書房、二〇一五年、二〇二~二一八頁。

(24) 日本北辺の地図史を扱った主要な文献として、船越昭生『北方図の歴史』講談社、一九七六年、同『鎖国日本にきた康熙図の地理学史的研究』法政大学出版局、一九八五年、高倉新一郎編『北海道古地図集成』北海道出版企画センター、一九八七年、秋月俊幸『日本北辺の探検と地図の歴史』北海道大学図書刊行会、一九九九年、高木崇世芝『近世日本の北方図研究』北海道出版企画センター、二〇一一年などがある。

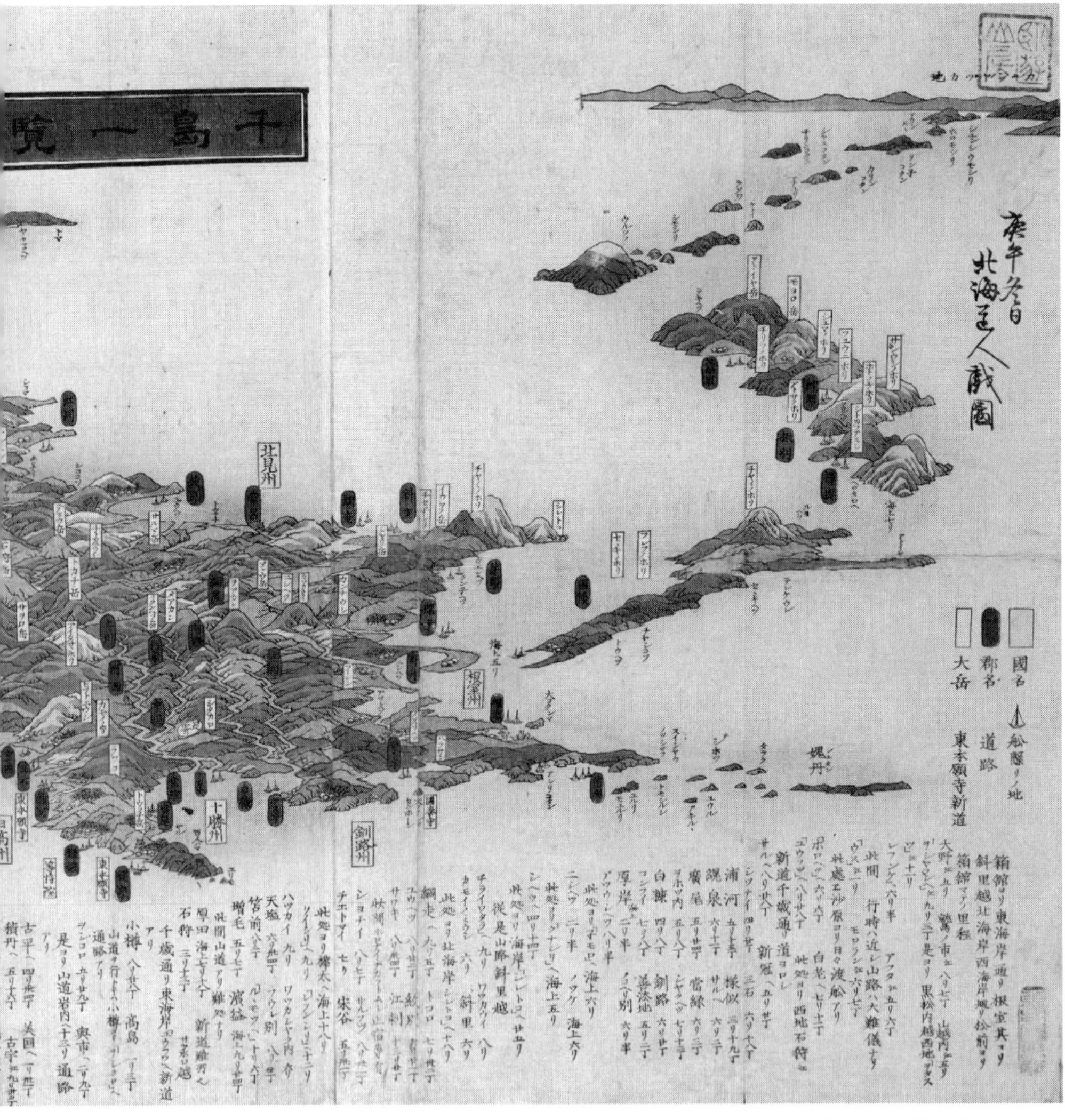

松浦武四郎「千島一覧」（函館市中央図書館デジタル資料館）

第一部

日本の歴史空間と「蝦夷地」

第一章　ヨーロッパおよびロシア作製の地図にみる蝦夷地像

まず、ヨーロッパやロシアで作製された地図上に蝦夷地がどのように描かれてきたのか、これまで主要な先行研究が取り上げてきた地図とその論点を整理したい。それをもとに、欧米やロシアの地図作製史において、日本北方地域にかかわる問題がどのような点にあり、どのように解決されたのかを考える(1)。

蝦夷地および樺太（サハリン）は、日本の地図史上では、長らく「不正確な」かたちで描かれていた「未知の土地」であった。一七世紀の松前藩による正保国絵図の蝦夷地部分を見ても、現在の北海道のかたちとはかけ離れた狭小な島として描かれ、その周囲には、千島列島や樺太がさらに小さな島々として描かれていたのみである。しかし、一九世紀初めの江戸幕府の蝦夷地直轄下における伊能忠敬の蝦夷地沿岸測量、間宮林蔵の樺太調査、それにもとづいた幕府天文方による「新訂万国全図」、「日本辺界略図」、そして『大日本沿海輿地全図』の作製によって、地図上での蝦夷地や樺太の混乱は、ある一定のレベルで解決された(2)。

一九世紀のこれらの地図作製に至るまでにも、日本国内では、この地域を対象とした多くの地図が作製され、さまざまな蝦夷地が描かれてきた。日本図(の蝦夷地部分)および蝦夷図は、手書図・刊行図として、知識人層や庶民層にさまざまな状況や媒体で流布し、これらの地図をもとにした蝦夷地像が多くの人びとに影響を与えてきた。前述の松前藩や江戸幕府作製の地図に描かれた蝦夷地はもちろんのこと、それ以外にも、たとえば一七世紀後半には、刊行日本図として大ベストセラーになったと言われる石川流宣の日本図があり、そこには「夷狄《いてき》」が地図の北東部分に描かれている。また、一八世紀後半の林子平『三国通覧図説』にある「蝦夷国図」と同著者の「三国通覧輿地路程全図」は、多くの知識人層がこの地図を参照したとされ、近世日本の人びとの描く蝦夷地像に大いに貢献した(3)。

他方、日本の北方フロンティアは、日本だけでなくヨーロッパやロシアの地図史上でも、長らく未知のままであった。そのため、ヨーロッパやロシアで作製された当該地域を対象とした地図上にも、蝦夷地や樺太は「不正確な」かたちで描かれており、多くの地図作製者がそのかたちを模写し、それらの情報をもとに手書図・刊行図が作製された。日本では、長崎を通じてヨーロッパ文化を輸入していたので、ヨーロッパ諸国作製になる地図のなかの日本の北辺にあたる地域、地図の図幅中の最も北東にあたる部分の描図を、ヨーロッパ製地図から受け入れた(4)。

そのため、日本の北方地域を対象とした地図作製史を明らかにするにあたって、日本国内のみに注目することは適切ではない。つまり、地図とは画像情報であり、新しい地図がすべてまったくのオリジナルで作製されることはなく、より後世の地図には、すでに作製・印刷され世に存在する複写元の地図情報が引き継がれているからである。つまり、日本で作製された地図は、それら欧米の先進的・近代的な地図の影響を色濃く受けている。この点については、先行研究によって具体的に明らかにされているため、必要に応じて触れるにとどめる。

一　ヨーロッパおよびロシアの地図と蝦夷地

まず、主要な先行研究ごとに取り上げられている主な地図と地図作製者、各地図の論点についてまとめてみよう。**表1**では、あくまで各先行研究で主に取り上げられているヨーロッパやロシアで作製・出版された地図のみを対象とし、日本での各図の「訳図」や日本でそれらの情報をもとに作製されたと想定される地図群は対象外とした。取り上げる主要な先行研究は、左記の1〜5の著作である。

1　秋月俊幸『日本北辺の探検と地図の歴史』（一九九九年）

この書は、近世から近代初期の日本北辺の探検と地図作製の歴史を、日本国内で作製された地図だけではなく、欧米やロシアの地図作製史も合わせて、その歴史的な流れをまとめた研究である。他の類書よりもはるかに多くの地図の図版をカバーし、各地図の作製者や作製状況を詳細に説明している。現段階では、この分野で日本で出版されたものとしては最も詳細な地図の解説書となっている。以下、秋月俊幸の著作の記述をもとに、ヨーロッパおよびロシア作製の地図にみる蝦夷地についてまとめる。

まず、最も年代の古い地図には、一五五〇年代のオルテリウスの北東アジア・太平洋を対象とした地図がある。その日本部分には、蝦夷地らしき島は存在しないことが確認されている。しかし、一六一七年のクリストフェルス・ブランクスの日本図には、奥羽地方の北側に「エゾ（Yezo）」の一部が描かれており、この日本図がヨーロッパの日本図に「エゾ」を置くときの標準的なかたちとなった（**表1**①）。この日本図に、それまでの地図上には見られなかった「エゾ」が現れた理由には、京都で二年間日本地理を研究したイエズス会士のイグナシオ・モレイラ

(4) 海野 (1999)	(5) ルッツ・ワルター (1993)	備考 (蝦夷図・日本図など)
		申叔舟『海東諸国紀』の夷島 (1471)
	オルテリウス「韃靼図」(1570) オルテリウス「太平洋図」(1589)	
②*アンジェリス蝦夷図 (1621) ㉞*アルベルナス・ヨアン・テイシェラ一世アジア図 (1630) ④*フリース蝦夷地方図 (1643)	①ブランクス「日本図」(1621) ②*アンジェリス「日本および蝦夷図」(1621) ③ダッドレー「日本図」(1646)	松前藩が正保国絵図を提出 (1644)
	㊶ジンナーロ「日本図」(1641) ㊷カルディム「日本図」(1646) ヨアン・ブラウ「世界地図」の蝦夷部分 (1645・1646) ㊱ヤンソン「日本および蝦夷図」(1651) マルチーニ「中国図」(1655) マルチーニ「日本図」(1655) ㊸サンソン「日本図」(1652) ㊺N. サンソン「アジア図」(1652) ㊹G. サンソン「アジア図」(1669) カロン「日本，蝦夷，韃靼および朝鮮図」(1661・1663) モルデン「日本および蝦夷図」(1680) マレ「蝦夷図」(1683) ㊻ロッシ「大韃靼図」(1683) ⑧ウィツェン「大韃靼新図」(1692) ㊼コロネリ「日本および朝鮮図」(1692)	石川流宣「本朝図鑑綱目」(1687) 石川流宣「日本海山潮陸図」(1691)
⑬ストラーレンベルグ「大韃靼図」(1730) ⑳デュ・アルド『シナ帝国全誌』所載シナ韃靼全図 (1735)	シェーラー「アジア図」(1705 頃) ㊵モル「日本図」(1712) ㊳ファン・デア・アー「蝦夷図」(1714) ⑫ホーマン「カスピ海図およびカムチャツカ図」(1725) ㊿ケンペル／ショイヒツァー「日本図」(1727) ㊾ケンペル／ショイヒツァー「日本図」(1729) ㊶ベラン「日本およびカムチャツカ図」(1735)	松前藩が元禄国絵図を提出 (1700) 寺島良安『和漢三才図会』「蝦夷之図」(1712) 新井白石『蝦夷志』「蝦夷図」(1720)

表1　主要文献にみるヨーロッパおよびロシア作製の地図

年代	(1) 秋月（1999）	(2) 船越（1976）	(3) 船越（1986）
1550以前			
1550	オルテリウス「東インドおよび隣接諸島図」（1570） オルテリウス「タターリアすなわち大汗王国地図」（1570） オルテリウス「太平洋最新図」（1589） オルテリウス／テイセイラ「日本諸島図」（1595）	オルテリウス「北東アジア地図」（1570） オルテリウス「太平洋新図」（1589）	
1600	マテオリッチ「坤輿万国全図」（1602） ①ブランクス／モレイラ「日本図」（1617） ②＊アンジェリス「日本およびエゾ地図」（1621） ③ダッドレー「日本，蝦夷および朝鮮図」（1646） ④＊フリース「エゾ地図」（1643）（**図6**）	マテオリッチ「坤輿万国全図」（1602） ②アンジェリスの第2回報告書付録地図 ④フリースの探検図	
1650	⑤ヤンソニウス「日本・エゾ新図」（1650） サンソン「日本諸島図」（1652） マルチーニ「シナ帝国新図」（1655） ⑥デ・ウィット「大タターリア・モンゴル帝国・日本・中国新図」（1657） ＊グラーフ「日本諸島，中国沿岸，朝鮮半島図」（17世紀中葉） コロネリ「東アジア図」（1690頃） ⑦ウィツェン「東タターリア地図」（1692） ⑧ウィツェン「大タターリア新地図」（1692） ⑨＊レーメゾフ「シベリア全図」（1697頃）	⑤ヤンソニウス「日本図」（1650） マルチーニの中国地図（1655） ㉚シベリア地図（1667） ㉛シベリア地図（1673） ㉜スパファリイの地図（1678） ㉝シベリア地図（1687） ウィツェン「北東ユーラシア新地図」（1687） ⑦ウィツェン「東韃靼地図」（1692） ⑧ウィツェン「大韃靼新図」（1692）	
1700	⑩＊レーメゾフ「カムチャダール新地図」（1701頃） ⑪＊レーメゾフ「カムチャダール地方陸海新地図」（1712頃） ㉞＊エヴレイノフ・ルージンの千島探検図（1722頃） ㉟＊シェスタコーフの地図（1725頃） ⑫ホーマン「カムチャツカすなわちエゾ地図」（1725） ケンペル『日本誌』所載「日本帝国図」（1727） ⑬ストラーレンベルグ「大タターリア新地図」（1730） ⑲ダンヴィル「中国領タターリア，朝鮮および日本王国全図」（1734）（**図10**） ⑰＊ドゥリール「北太平洋地図」（1733） ⑭キリーロフ「ロシア帝国全図」（1734） ベラン「日本およびカムチャツカ地図」（1735） ⑯＊シュパンベルグ「日本および千島列島探検図」（1739頃） ⑮ロシア科学アカデミー「ロシア帝国全図」（1745） ＊ベーリング第2次探検隊「北太平洋探検総括図」（1746頃）	⑨シベリア地図（1701） ⑩カムチャダール地方新図（1701） ⑪カムチャダール地方陸海新図（1713） ㉞エヴレイノフの地図（1722） ㉟シェスタコーフの地図（1726頃） ⑬ストラーレンベルグ「ロシア帝国全図」（1730） ⑲ダンヴィル図（1734） ドゥリールの世界地図（1740） ㊱ベーリング，チリコフの航海を示す地図（1741） ㊲ベーリング第二次探検隊の北極海方面総括図（1742） ⑮「ロシア帝国全図」（1745） ㉒ダンヴィル図（1752）	「タルタリア図」（1709–10）（ドイツ語） ㉑ダンヴィル「中国領タターリア図」（1737） ㉑ダンヴィル「中国領タターリア，サハリン島図」（1737） ⑮「ロシア帝国全図」（1745）

⑷ 海野（1999）	⑸ ルッツ・ワルター（1993）	備考 （蝦夷図・日本図など）
㉒ダンヴィル「アジア第三図」（1753） ㉕ラペルーズ「シナ海韃靼海域発見全図」（1797）	㊽ベラン「日本，蝦夷および周辺図」（1752） ブアーシュ「蝦夷およびカムチャツカ図」（1753） ㉕ラペルーズ「蝦夷，カムチャツカおよび千島列島図」（1797） ブロートン「アジアの北東岸」の部分（1796・1797）	林子平『三国通覧図説』「蝦夷国図」（1785） 近藤重蔵「蝦夷地絵図」（1799 頃）
㉗クルーゼンシュテルン「太平洋西北部海図」（1815） ㉘シーボルト『日本』所収「日本辺界略図」（1832）	アロースミス「日本図」（1807）	伊能忠敬，蝦夷地南岸の測量開始（1800） 近藤重蔵『辺要分界図考』（1804） 高橋景保『北夷考証』（1809） 間宮林蔵「北蝦夷島地図」（1810） 伊能忠敬の『大日本沿海輿地全図』（1821）
	㊿*シーボルト「蝦夷図」（1850 頃） ㊿*シーボルト「樺太図」（1852） ㊿*シーボルト「蝦夷および千島列島図」（1852）	松浦武四郎『東西蝦夷山川地理取調図』（1859） 開成所『官板実測日本地図』（1867） 松浦武四郎「北海道国郡全図」（1869）

表中の*は「手書図」を示す
各文献より筆者作成

年代	⑴ 秋月（1999）	⑵ 船越（1976）	⑶ 船越（1986）
1750	⑱ドゥリール「南海の北部，シベリア東部およびカムチャツカにおける新発見の地図」（1750） ベラン「日本・エゾおよび周辺諸国図」（1752） ㉒ダンヴィル「アジア地図の第三の部分」（1752）（**図11**） ビュアーシュ「エゾ島およびその周辺地図」（1754） ㉔ミュラー「クリル諸島地図」（1755） ㉓ミュラー「北アメリカおよび周辺の未知の沿岸におけるロシア船の新発見地図」（1758） ロシア科学アカデミー「アメリカ北部および周辺海域におけるロシア航海者たちの発見地図」（1773頃） ㉕ラペルーズ「タタール海峡探検図」（1797）（**図7**） アロースミス「太平洋図」（1798頃）	㉓ミュラー「北部太平洋図」（1758） ㉕ラペルーズの日本周辺海図（1797） ㉜アロースミス図（1798）	㉚ロシア科学アカデミー「ロシア航海者たちの地図」（1773）（フランス語） ㉚ロシア科学アカデミー「ロシア航海者たちの地図」（1774）（ロシア語） ㉛「ロシア帝国一般図」（1794頃）（ロシア語） ㉜アロースミス「太平洋海図」（1798）（英語）
1800	㉝ロシア帝国地図部「太平洋におけるロシア航海者たちの発見地図」（1802） ㉖ブロートン「アジア北東沿岸および日本諸島の海図」（1804）（**図8**） ㉗クルーゼンシュテルン「ナデジダ号による発見と測量図」（1813）（**図9**） ゴロヴニーン「サハリン海地図」（1819）	㉖ブロートンのサハリン探検航海図（1804） ㉗クルーゼンシュテルン「太平洋北西新海図」（1806） ゴロヴニーンのサハリン海地図（1811） ㉘シーボルト『日本』所収「日本辺界略図」（1832）	㉝「太平洋におけるロシア航海者たちの発見地図」（1802）（ロシア語） ㉘シーボルト『日本』所収「日本辺界略図」（1832）
1850以降	㉙シーボルト「カラフト島およびアムール河口の図」（1852）		

の地図が存在した。

また、一七世紀初めに日本で布教活動を行っていたイタリア人神父のジェロニモ・デ・アンジェリスは、一六一八年と一六二一年に松前に渡り、蝦夷地に関する情報を得た。一六二一年のアンジェリスの報告書の付図には、日本の北側に扁平で巨大な「エゾ（Yezo）」島が描かれ、島の東端にメナシ、西端にテッソイ、南端にマツマイの地名が書き込まれている（同②）。このアンジェリスの地図は、海野一隆[5]や織田武雄[6]などの先行研究にも紹介されており、北海道を単独の「島」として描いた地図としては、『海東諸国紀』についで古いものである。しかし、アンジェリスの地図は印刷されなかったので、ヨーロッパ製の地図に彼の描いた蝦夷地が影響を及ぼしたことはほとんどなかった。唯一、フィレンツェ在住のダッドレーがアンジェリスの報告書を読む機会があったため、彼が一六四六年に刊行した地図（同③）にその影響が見られる。

一七世紀半ばには、バタヴィアの東インド総督であるファン・ディーメンの命を受けた東インド会社所属の船長マールテン・ヘルリッツ・フリースによって、タタールリア沿岸の測量と金銀島の探索を目的とした航海調査が行われ、一六四三年に日本北辺の最初の実測図が作製された（同④）。この地図の蝦夷地像は、その後一八世紀末までヨーロッパの探検調査が行われなかったこともあり、東アジアの地図に生き続けた。この地図を利用した最初の刊行地図は、一六五〇年のヤンソニウスによる「日本・エゾ新図」（同⑤）であり、その後もデ・ウィットの「大タタールリア・モンゴル帝国・日本・中国新図」（同⑥）、ウィツェンの地図（同⑦・⑧）、ホーマンの「カムチャツカすなわちエゾ地図」（同⑫）、ストラーレンベルグの「大タタールリア新地図」（同⑬）など、フリースの地図は何らかのかたちで、一七世紀後半から一八世紀のヨーロッパ製刊行地図に大きな影響を与えていたことがわかる。

一方、ロシアは一六世紀末からシベリアへの東進を開始し、一七世紀前半にはオホーツク海に到達した。さらにアムール川沿いから河口方面を目指すものの、清との衝突を招き、一六八九年にネルチンスク条約を結んで、スタノヴォイ山脈以南のアムール地方全域は清の領地となる。この状況は、一八五八年のアイグン条約まで変動がなかった。南への進出を阻まれたロシアは、ヤクーツクを拠点とし、一六四八年にはセミョン・デジニョフの一行がベーリング海のアナドイルスクに到達、このとき彼らはコルイマ川からアジア北東端のデジニョフ岬を航行し、ベーリング海峡を通過した。この一七世紀末から一八世紀初めにかけてロシアで作製された地図として、レーメゾフのシベリア地図がある（同⑨・⑩・⑪）。これらの地図では、ロシア人によるカムチャツカ半島の「発見」とともに、その南に日本列島のかたちが付加されていることに特徴がある。ただし、千島列島のシュムシュ、パラムシル、松前（マツマイ）と日本は記述されているものの、「エゾ」については明記されていない。

ロシアでは、レーメゾフ以後の地図として、一七三四年のキリーロフの「ロシア帝国全図」（同⑭）や一七四五年のロシア科学アカデミーによる「ロシア帝国全図」（同⑮）など近代的な実測図の作製が行われた。キリーロフの地図には、ロシア製の地図としては初めてフリースの蝦夷地が描かれ、サハリンや沿海地方については（早くも）中国の「皇輿全覧図」（後述）の影響が見られる。しかし、一七四五年のロシア帝国全図になると、フリースの蝦夷地は消え、カムチャツカ半島や蝦夷地の部分に、一七三八年に第二次ベーリング探検隊の別隊として日本への調査を行ったシュパンベルグによる成果（同⑯）が取り入れられている。また、ロシア科学アカデミーのドゥリールによる一七三三年の「北太平洋地図」（同⑰）は、ベーリングの調査のために、当該期のヨーロッパ製の地図情報を駆使して作製されており、そこにはフリースの蝦夷地が描かれている。しかし、ベーリングの調査が終了した後の同じくドゥリールによる一七五〇年の「南海の北部、シベリア東部およびカムチャツカにおける新発見の地図」（同⑱）には、ベーリングの成果は参照されず、相変わらずフリースの蝦夷地が生き続けている。

さらに、一八世紀にヨーロッパで刊行された地図のなかで最も多くの影響を及ぼしたものとしては、フランスのダンヴィル作製の地図があげられる。ダンヴィルの地図の主なものには、一七三四年の「中国領タタ―リア、朝鮮および日本王国全図」（同⑲）、一七三五年にデュ・アルド編纂の『シナ帝国全誌』に付図として刊行された地図（同⑳）、一七三七年にオランダのハーグで『シナ新地図帳』として出版された地図（同㉑）、さらに一七五二年に刊行した「アジア地図の第三の部分」（同㉒）がある。このダンヴィル図のサハリンと沿海地方は、一七〇八年に在清のイエズス会士たちの建議によって、康熙帝の命で中国全土の測量と地図の作製が始まり、一七一七年に「皇輿全覧図」として出版された地図にもとづいている。「皇輿全覧図」、いわゆる「康熙図」のサハリンのかたちはくの字型をしており、このサハリン島は、多くのヨーロッパやロシア製の地図だけでなく、日本の地図にも大きな影響を与えた（第二節で詳述）。しかし、このダンヴィルの地図も、中国製地図やロシア製地図は参照しつつも、蝦夷地のかたちはフリースの蝦夷地から脱していなかった。

ロシアで作製された地図がヨーロッパに大きな影響を与え始めたのは、一七五八年のロシア科学アカデミーのミュラーによる「北アメリカおよび周辺の未知の沿岸におけるロシア船の新発見地図」（同㉓）からであり、そのうちカムチャツカ半島とクリル諸島の部分については、クラシェニンニコフの『カムチャツカ誌』付図（同㉔）が参照されている。この地図は、北太平洋におけるロシア人の探検・調査の成果を総括したものであり、ヨーロッパ各国で翻訳されたため、各地で参照された。このロシア製の地図の特徴は、一七四五年のロシア科学アカデミーの「ロシア帝国全図」（同⑮）と比べると、丸くて小さな「マツマイ」島が描かれていることである。さらにテッソイ海峡をはさんで大陸東岸にマツマイ島があり、その北方にある「くの字型」のサハリン島との間に大きな空白があることである。しかし、前述のダンヴィルの地図はやはり影響力があったようで、一七七〇年代以降には、ダンヴィルの地図で描かれたフリースの蝦夷地が復活した。ダンヴィル図は、フリースの蝦夷地を北緯四四度で南北に分割し、北半分を「康熙図」のようなくの字型のサハリン島とし、南半分を半島としたものであり、その南側に東西に長い「エゾガシマ」を描いた。このかたちは、実はロシア製の他の地図や日本製の地図にも広く影響を与えていた。

一八世紀後半になると、イギリスはクック隊による三回の探検調査を実施する。最初と二回目の南太平洋での成果は、オーストラリア、ニュージーランド、ニューギニアの測量調査、南極圏外延部の確認による「未知の南方大陸」の存在の否定などで知られるが、三回目は北太平洋での調査だった。しかし、このクックの三回目の調査では、アジア沿岸部にまでは到達できず、相変わらず日本の北方は未知の土地のままであった。その後、この地域の調査に大きな成果をあげたのは、フランスが派遣したラペルーズである。一七九七年のラペルーズの調査による「タタール海峡探検図」(同㉕)では、「皇輿全覧図」のくの字型のサハリンとフリースの蝦夷地の北半分が合体して、ひとつの島として描かれており、その南半分が「エゾ」として切り離された。この地図では、沿海地方の沿岸部とサハリン島西南部分が初めて実測されているため、それまでの地図の欠点を大きく訂正したものの、多くの部分でまだフリースの蝦夷地の輪郭を残していた。

ラペルーズの次に日本北方地域の調査に訪れたのは、イギリスのブロートンである。一七九六～一七九七年にかけての探検の成果は、一八〇四年出版の『北太平洋への発見航海記』の付図である「アジア北東沿岸および日本諸島の海図」(同㉖)に描かれている。この地図を見ると、北海道の西岸・南岸や南千島、サハリンの西岸などをかなり正確に描いている。しかし、ブロートンは、サハリンを島ではなく、大陸から延びる「タタール半島」とした。この誤解は、ロシアのクルーゼンシュテルンの調査による地図にも見られる。一八〇四年、ロシアの使節であるレザーノフが長崎に到来した。その際の船長がクルーゼンシュテルンであり、彼はその帰途に日本海を航行して、蝦夷地の西岸やサハリンの南東岸、千島列島などを測量した。その結果を示した一八一三年の「ナデジダ号による発見と測量図」(同㉗)には、測量によって一段と正確になった蝦夷地の姿を見ることができる。この地図では、サハリンはラペルーズの測量に合わせて描かれており、やや細長いものの、今日の地図に描かれているサハリンに近いかたちを見ることができる。しかし、サハリンと大陸との関係については、両者は砂州によって繋がっており、サハリンは半島として描かれていることがわかる。また、現在の北海道部分のオホーツク海沿岸には、中間に二つの岬が突出した奇妙なかたちをしており、このかたちは一九世紀半ばまで他の地図にも引き継がれていくことになる。

この秋月書では、ここまでがヨーロッパおよびロシアの地図作製史における蝦夷地に関わる記述である。しかし、一九世紀日本の地図作製史を詳述したのち、ヨーロッパで出版された地図として、シーボルト作製の地図にも触れられている。シーボルト事件は、日本の地図史上あまりに有名な事件である。注目すべきは、シーボルトが国外に持ち出した地図をもとに、その著書である『日本』の付図として、いくつかの地図が刊行されたことである（同㉘㉙）。秋月は最上徳内との交流から得た地図をもとにした一八五二年の「カラフト島およびアムール河口の図」（同㉙）が特に詳細に当該地域を描いていることに注目している。シーボルトは、樺太図・蝦夷図を最上徳内から受け取り、また、高橋景保からも伊能図や間宮林蔵のカラフト図などの写しを受け取っている。

2　船越昭生『北方図の歴史』（一九七六年）

この書は、各国の探検・調査や地図作製の流れをおさえつつ、日本の北方地域が世界の近代地図のなかで最後まで未知の土地であったことに注目し、これらの土地が日本国内での北方探検や北方問題によって解決してきたということを、一般向けに平易に説明した最初の書である。二十数年後に出版された前掲秋月俊幸の著書も、大筋ではこの著作の説明の流れを踏襲したものだといえる。ちなみに、この書には掲載されていない図版が、秋月の著書には多数掲載されており、さらに各図に関する説明も詳細に行われている。両書が取り上げている地図とその解説の概略がほぼ一致するのはそうした事情による（**表1参照**）。

秋月著書との大きな違いは、初期シベリア図の詳細な解説（**同㉚・㉛・㉜・㉝**）、ベーリング探検の意義や日本への影響（同㉞・㉟・㊱・㊲）、近代的地図帳とロシア全図の詳細な分析（同⑮）が記述の多くの部分を占めていることである。つまり、ロシアによる探検事業と地図作製史に、著者の関心が高かったことが窺える。これは、一七世紀末から一八世紀にかけてのロシアの地図作製のレベルの高さそのものに注目し、日本や蝦夷地といった特定の地域の記述にこだわるのではなく、世界の探検調査事業と地図の発達史そのものを重要視しているからである。一方、各地図の図版の掲載や説明は、秋月の記述に比べてわかりにくく、その意味でも、地図の内容そのものの説明というよりは、地図作製自体の科学的な発展史を説明したものであることがわかる。

3　船越昭生『鎖国日本にきた「康熙図」の地理学史的研究』（一九八五年）

著者が京都大学に提出した博士論文で、ハイレベルな学術書の体裁をなしており、あくまで地図作製を通した近世日本の地理学史的研究の集大成であることに特徴がある。前半では、「鎖国日本にきた『康熙図』の地理学史的研究」として、一八世紀前半に中国で作製・出版されたイエズス会士による実測図である「皇輿全覧図」（通称「康熙図」）が日本の地図作製に与えた影響を論じている。その際、二つの点で「康熙図」の伝来を検討している。ひとつは、「康熙図」特有の日本北方地域の表現を踏襲したロシア製・イギリス製・フランス製・オランダ製・清国製の地図の「訳図」がどの程度日本に存在するのかを精査し、間接的な「康熙図」の受容を明らかにした。この「康熙図」特有の日本北方地域の図像表現とは、前述のように、くの字型のサハリン島であり、このかたちには「軸を一にする定型が存在する」ことを、各地図の検討から実証的に明らかにしている。もうひとつは、実際に「康熙図」そのものがどの程度利用されていたのか、一八世紀末に日本で当該地域の情報収集に努力を重ねていた近藤重蔵、馬場貞由、高橋景保、山田聯の著作を検討し、それぞれの著作に述べられている「十六省九辺図」が「康熙図」に該当することを論証し、その伝存についても検討している。さらに後半は、「江戸時代後期地図交流関係資料の研究」とし、「新訂万国全図」の原拠となったアロースミス図の所在と種類、間宮林蔵の探検による地図内容、シーボルトのカラフト図の内容、ベーリング探検の日本へ伝わった情報、一七四五年の『ロシア地図帳』の具体的な内容、『大清一統誌』のロシアに関する地理的知識、一九世紀初期の地方測量家である石黒信由の地図作製など、多岐にわたる検討が行われている。

このなかで、特に後半部分からヨーロッパおよびロシア作製の地図に関する具体的な検討を見ると、一七三七年のダンヴィル図（**表1**㉑）、一七四五年のロシア科学アカデミー『ロシア地図帳』のなかの「ロシア帝国全図」（**同**⑮）と「ロシア航海者たちの地図」（**同**㉚）、一七九三年・一七九四年頃のロシア帝国地図部の「ロシア帝国一般図」（**同**㉛）、一七九八年のアロースミス図（**同**㉜）、一八〇二年のロシア帝国地図部による「太平洋におけるロシア航海者たちの発見地図」（**同**㉝）、シーボルト『日本』の「日本辺界略図」（**同**㉘）などが取り上げられている。これらの地図は、秋月前掲書や船越前掲書でも挙げられているが、より書誌的で詳細な検討になっていることに特徴がある。

4　海野一隆『地図に見る日本』（一九九九年）

地図史研究の第一人者である著者がエッセイとして書いたものを集めた地図史の啓蒙書であり、地図に興味をもつ一般読者にとっては平易な読みやすい著作となっている。「倭国――近隣諸邦での日本地理像」「ジパング――西洋人の日本地理像」「大日本――日本人の国土像」「蝦夷地――地理情報をめぐる東西の鍔ぜりあい」と四部構成になっており、蝦夷地の部分に関する記述についてまとめる。

西洋による日本北方に関する地理情報の収集について、最初に取り上げられている地図はアンジェリスの地図（**表1**②）である。また「西洋人」（海野著書では一貫してそう表現しているのでそれに倣う）の初めての蝦夷地探検航海として、オランダ人フリースを紹介し、一六四三年のフリースの地図（同④）を重要な地図史上の画期としつつも、一六三〇年のポルトガル人テイシェラのアジア図（同㉞）に初めて北海道を彷彿させる「エゾ」が表現されたことにも注目している。アルベルナス・ヨアン・テイシェラ一世が描いた地図には、「YEZO」と明記された島が描かれており、その西南部と半島の表現から北海道のかたちに近い。一六三〇年以前にすでに西洋人による北海道沿岸部の探検航海が行われていた可能性があるとして、その人物をオランダ人ウイリアム・アダムス（三浦按針）としている。徳川家康に信任され、北緯四五度の地点まで航海したと語った記録が残っているからである。しかし、アダムズが自分の得た蝦夷地情報をポルトガル人に直接に伝えるはずもなく、どのように伝わったのか、このあたりは実証されているわけではないので、情報の出所までは明確な回答がない。しかし、海野著書における本地図への注目は興味深い。

その後、西洋人が地図上のカラフト表現に貢献したものとしては、一七九七年のフランス人ラペルーズの地図（同㉕）と一八一五年のロシア人クルーゼンシュテルンの地図（同㉗）が評価される。ラペルーズの地図の見出しには、「西洋人、遂にカラフト西海岸を測量」とあり、フランス国王ルイ一六世の命で当該地域を探検し測量したラペルーズの航海調査が取り上げられている。また、クルーゼンシュテルンの地図の見出しは「シーボルト事件を誘発した地図」とされている。ロシアによる世界海洋調査の一環であったこの航海事業は四年間にもわたり、その航海の成果は図帳とともに公刊されたのだが、周知のようにシーボルトはこの地図帳を高橋景保に贈り、代わりに伊能図を入手したのである。高橋は、すでにそのとき「日本辺界略図」や「新訂万国全図」を刊行しており、間宮林蔵の調査をもとにした樺太の地図から当該図を作製していたにもかかわらず、それでもクルーゼンシュテルンの調査や地図に大きな関心をもっていたことがこの事件からわかる。最後に、「間宮海峡の命名者シーボルト」として、シーボルトの『日本』所収の日本辺界略図が紹介され、これによって、西洋人の蝦夷地に関わる記述の混乱が解決したことを著者は評価している。

5　ルッツ・ワルター編『西洋人の描いた日本地図――ジパングからシーボルトまで』（一九九三年）

一九九三年にドイツ東洋文化研究協会の一二〇周年記念事業として行われた展覧会の図録であり、展示は日本国内では東京、長崎、神戸の三会場で行われた。図録の目次を見ると、ヨーロッパの地図の歴史における日本の地名や日本地図、ケンペルのヨーロッパ地図学への貢献やシーボルト研究など、主要な地図史のテーマが並んでおり、さらにそれぞれのテーマに関する図版が掲載され、企画展示の図録ではあるが、ヨーロッパで描かれた日本地図の流れをこの著作一冊で把握できる構成となっている。なかでも、蝦夷地に関する説明は、アドリアーナ・ボスカーロ、ルッツ・ワルター共著の「ヨーロッパ製地図における蝦夷とその周辺」および図版の「南と北――琉球と蝦夷」のなかで示されている。これらをもとに内容をまとめてみたい。

ヨーロッパの史料に初めて蝦夷地が登場したのは、一五八五年の遣欧少年使節が持参した行基図であり、本州の東に「蝦夷が島」と記されているのが最初である。この地図は印刷されたものではなかったので、蝦夷地の知識を広めるためには役立たなかった。もうひとつ、イエズス会の古文書のなかの失われた報告書の付図にも、「蝦夷の人びとの島」が描かれた地図があったことも記録に残っている。一七世紀になると、アンジェリスの地図（表1②）が挙げられる。ヨーロッパで、蝦夷という名前とその島の存在を示した初めての刊行地図も、イエズス会の流れのものであった。イエズス会の地図作製者であったモレイラの地図をもとにした、一六一七年のブランクスの日本図（同①）である。中国に滞在していたイエズス会士のマルティーニも中国図（同㉟）を作製し、そこには蝦夷が独立した島として描かれている。一六四三年にはオランダのフリースが蝦夷地近海を航行し、そこで「ステータンランド」と「カンパニースランド」の間をフリース海峡とした。この航海での地図の原図は失われたものの、写しが何枚か残されている。すでに述べたように、このフリースの地図はその後、特に北ヨーロッパで作製された多くの地図に組み入れられた（同㊱・㊲・㊳・㊴・㊵）。

一方、南ヨーロッパで作製された地図には、フリースの地図よりもブランクスの地図の表現が生き続けたことに留意する必要があろう（同②・㊶・㊷・㊸）。これは、オランダの新しい情報を取り入れるより、イエズス会の流れを汲む情報が相変わらず優先されていたからだと指摘されている。つまり、地理的情報とは、つねに新しい情報によって改訂されていくとは限らず、作者による（何かの意図での）情報の取捨選択があることがわかる。

この点に関連して、一七世紀の興味深い事例として注目されているのが、一六九二年のコロネリの地図にみる「ユピの韃靼」である。これは、サンソンの一六六九年の「アジア図」（同㊹）にある「ユピ（Yupi）」の影響を受けている。その父親サンソンの一六五二年の「アジア図」（同㊺）では、アンジェリスの蝦夷地から影響を受けたのだろう、本州の北に巨大な陸地が広がっている。しかし、息子のサンソンの地図では、アジア大陸につながった半島があり、フリースのカンパニースランドの部分にエゾとあり、半島は「Yupi」となっている。この今までにない新しい表現が、その後のロッシによる一六八三年の「大韃靼図」（同㊻）や、コロネリによる一六九二年の「日本および朝鮮図」（同㊼）にも引き継がれている。

一七二五年のホーマンによる「カムチャツカまたは蝦夷図」（同⑫）では、カムチャツカと蝦夷が同じ半島として描かれている。ここでは、千島列島の南端として描かれている「マツマンスカ」を別にすれば、蝦夷という名前だけが残っている。ケンペルの『日本誌』を編纂したショイヒツァーは、ホーマンの地図を評価した。また、ショイヒツァーは、日本地図上で松前を小さな島とし、その北側に蝦夷地の南端を描いている（一七二九年・同㊾）。一七三五年のベランの地図では、巨大なカムチャツカ半島の南にいくつかの小さな島々と本州、そしてフリースのカンパニースランドがあるが、一七五二年の同じベランの地図では、フリースの「Yezo」が復活している（同㊶・

⑱)。ショイヒツァーがケンペルの著作に挿入した地図には、前述の日本図だけでなく、一七二七年版の日本図がある（同㊿）。この地図には、左上部分に、カムチャツカ半島図と蝦夷・松前図が挿入されている。この地図の蝦夷地部分は、ラテン諸国やイギリスの地図作製者間でも評判になったとされる。

一八世紀前半にはロシアの探検航海が行われたので、ロシア人の地理的知識は増大した。さらに一七七九年、イギリスのクックによる第三回探検航海では日本北方に関する新しい成果はなかったが、それに触発されて行われたフランスのラペルーズの航海調査では、樺太と蝦夷の間をラペルーズ海峡と名付けているように、蝦夷がひとつの島として証明された（同㉕）。イギリスは、今度は一七九六年と九七年にブロートンを派遣し、樺太の南岸に沿って航行させた。ブロートンは、樺太を半島と考えていた（同㉖）。ロシアのクルーゼンシュテルンも、一八〇五年に世界周航の一環として、樺太と大陸の間にある海峡に近づいたものの、通過はしなかった（同㉗）。樺太が島か半島かという問題を解決したのは、シーボルトである。間宮林蔵と最上徳内の作製した地図を手に入れたシーボルトは、これらの情報をもとにした地図を出版し、樺太がひとつの島であることをヨーロッパで確定させたのである（同㉛）。

ワルター書の記述のおおよその流れは、先の日本の学者による四つの著作のそれと同様である。しかしこの書では、日本の研究者による著作よりもヨーロッパで出版された日本図の図版を史料として多く取り上げている。また一七世紀を中心に、その図像の系統を北ヨーロッパの系統と南ヨーロッパの系統に分類していること、一八世紀のケンペルとショイヒツァーの作製した日本図の地図学的な貢献や、そのなかでの蝦夷地に注目していることが特徴として挙げられる。また、手書図よりも刊行図に注目していることから、当時のヨーロッパの地図を通した蝦夷地像の社会的普及を意識した編集になっていることも重要である。

以上、各先行研究で取り上げられている主な地図とその論点をまとめ、蝦夷地やその周辺地域の表現について、年代別・地図作製者別に論点整理を行った。

それでは次に、それぞれの地図に描かれた蝦夷地の特徴と極東をめぐる地理的認識の歴史、実際の各国の動きについて地図学史上の問題点を考えていこう。

二　描かれた蝦夷地像の変遷とその問題点

各著作に独自の論点部分についてはすでにおよそ示したので、四つの著作で共通して取り上げられている地図とその地図史上の意義について確認する。まずは、ヨーロッパ製の地図で蝦夷地を描いた初めての手書きのものとしては、一六二一年のアンジェリスの地図（表1②）がある。刊行図には、一六一七年のブランクス／モレイラの日本図に描かれた島としての蝦夷地がある（同①）。また、ヨーロッパ製の地図にもっとも長い期間にわたって影響を及ぼした地図としては、一六四三年のフリースの地図（同④）がある。このフリースの地図に影響を受けつつ、さらに中国製の測量図である「康熙図」におけるサハリン島のかたちを持ち、ヨーロッパだけでなく日本の地図にも大きな影響を与えたものとしては、一八世紀のダンヴィルの一連の地図がある（同⑲・⑳・㉑・㉒）。一八世紀末の測量図としては、一七九七年のラペルーズの地図やブロートンの地図、一九世紀初めでは、一八〇六年のクルーゼンシュテルンの地図が挙げられる。そしてクライマックスは必ず、どの著作でもシーボルトの地図が挙げられた（同㉘・㉙・㉛）。これは、高橋景保や最上徳内から贈られた最新図をもとに作製されたものであり、当該地域を正確に描いた地図の到達点であった。

以上の流れを見ると、フリースの地図以降、当該地域の探検調査の成果としての「測量図」が権威をもち、その地理情報を用いる傾向が強くなったことがわかる。つまり、先行する全著作に共通する傾向として、科学的な地図作製史への注目がある。前節では、各研究者の細かい部分での論点の差異とともに、ある一定の共通の見解を読み取ったのだが、そこからはまた、地図作製史をめぐる問題点も浮かび上がってくる。それはまさしく、「正確な」地理的情報の把握、科学的な地図の完成へ向けた、ヨーロッパおよびロシアにとっての「未知の土地」をめぐる地理的情報の混乱、という問題である。なぜ、この地域の図像はこれほど混乱していたのだろうか。また、ヨーロッパやロシアによって、ユーラシア大陸の東に位置する日本とその北方の島である蝦夷地と樺太は、そもそもどのような意味をもっていたのだろうか。そのなかでなぜ、フリースの地図の蝦夷地像が長く生き続けたのか、蝦夷地の北側に位置するサハリンの混乱がなぜ起きたのか。これらを考えるためには、世界史的な視点で極東地域をめぐる各国の動きを振り返ってみる必要がある。

プトレマイオスの世界図以来、ヨーロッパの人びとの地理的知識はゆっくり拡大しつづけてきた。「東方」の「黄金」への憧れに関する記述はすでに、黄金半島が描かれている二世紀のプトレマイオスの地図上に見ることができる。九世紀以降のイスラム社会における文献にも、「東方」には豊富な黄金を有する「ワクワク」や「シラ」の島々があるとされた。船越昭生によれば、これはあくまで黄金と理想郷が結合した観念的な記載であり、現実ではないにもかかわらず、「東方の黄金の土地」はヨーロッパの人びとの地理的観念のうちに根強く存在したとされる。(7)

一三世紀の中国に滞在したマルコ・ポーロによって、「東方」の島国「ジパング」が紹介されたことが、日本の情報がヨーロッパに伝わった最初であるとされる。しかし、マルコ・ポーロの著作である『東方見聞録』にはジパングの図像は掲載されておらず、ヨーロッパの地図における「ジパング」の初見は、一四五九年頃のフラ・マウロの世界図のなかの「Ixola de cimpagu（日本島）」であるという。(8) フラ・マウロの地図について早い地図上のジパングは、一四八九年のマルテルスの世界図のなかのジパングである。これらの世界図にはもちろん、「エゾ」は長らく存在しなかった。

ヨーロッパ人の東方進出は一六世紀以降、スペイン、ポルトガル、オランダなどが航海者を派遣して行われた。これによって、観念的な金銀島ジパングというよりも、具体的な「東方」、そのなかでの日本が、現実としての地理的情報として収集されていくことになる。そしてさらに、この幻の島を追い求めるなかで、日本のさらに北方に金銀島があるのではないか、つまり日本図のなかにある「エゾ」が関心を集めるようになる。たとえば、一七世紀にオランダ東インド会社が派遣したフリースの探検航海も、日本の北方にあるとされる金銀島探索の流れのなかにあったことを忘れてはならない。現実の金銀島はなかったものの、彼が到達した北海道、千島、サハリン東部に関する調査結果の地図が、地図史上、大きな影響を与えることになるのである。ここに、観念的な「エゾ」から、測量調査を経た現実的な「エゾ」がヨーロッパの人びとのなかで重要な意味をもつようになったといえよう。フリースの描いた「エゾ」のかたちは、ヨーロッパで刊行された数多くの「編集図」において、他のどの地図よりも長く生き続けていくことになる（図6）。そして、オランダ人であるフリースの地図は、オランダ製の地図や地図帳に顕著な影響を及ぼしたことからも、当該期の北ヨーロッパやロシア、そしてオランダとの貿易関係を保ち続けた日本にまで、世界中に広がっていったことが推測される。

さらに興味深いのは、一八世紀後半のラペルーズ、一九世紀のクルーゼンシュテルンの探検航海になってもなお、金銀島発見の夢が終わっていなかったことであろうか。ロシアによるこの探検調査もまた、実は金銀島探検のために行われていた。しかし、ラペルーズは金銀島の存在を信じていたが、クルーゼンシュテルンは信じていなかったとされる。(9) クルーゼンシュテルンは、金銀島の発見にはさほどの熱意をもってはいなかったようである。

このように、日本北方の未知の土地が、東方にある金銀島発見への最後の希望となっていたこと、そのためにい

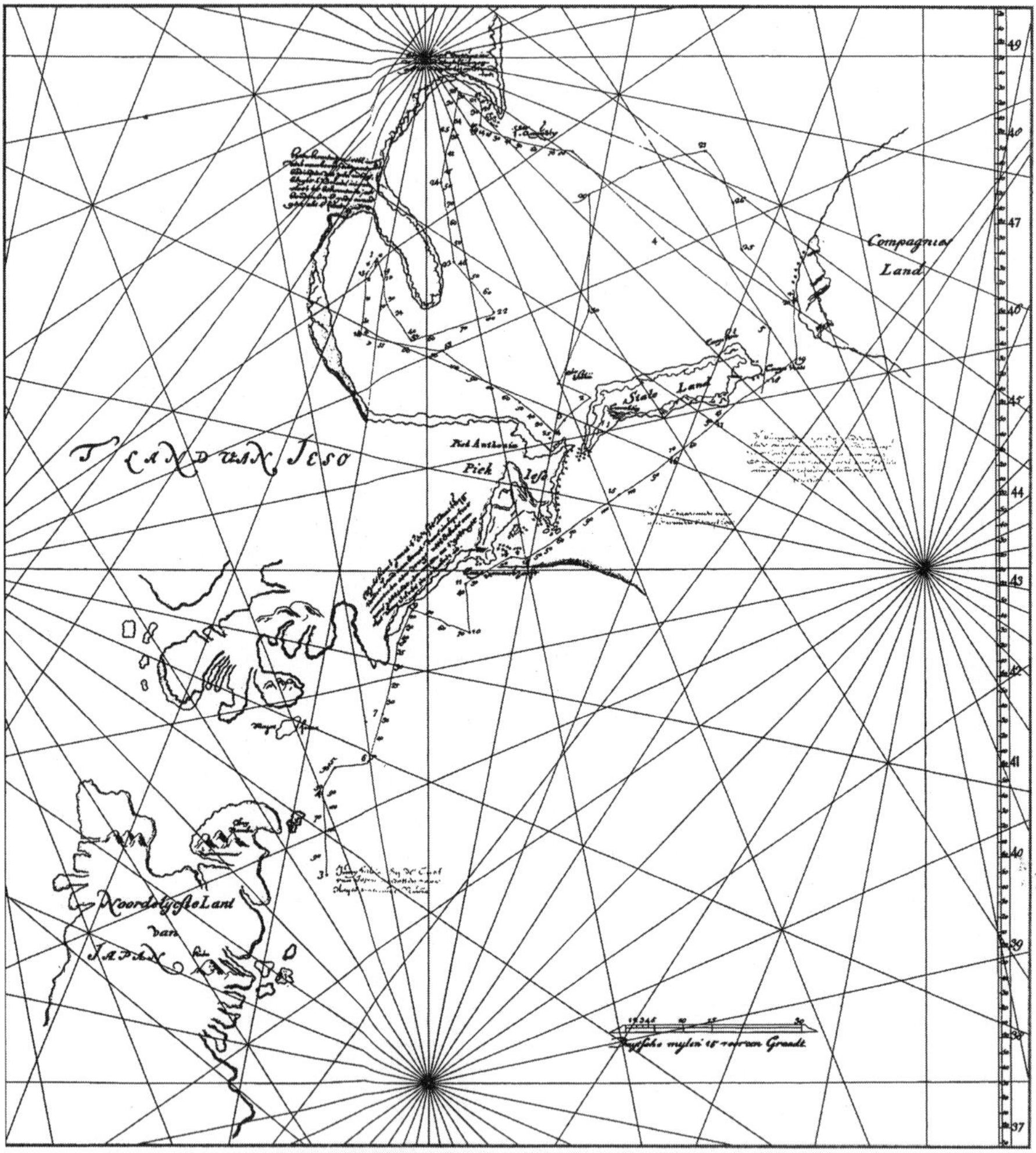

図 6　フリース「エゾ地図」(1643)
(秋月俊幸（1999）『日本北辺の探検と地図の歴史』北海道大学図書刊行会，55 頁)

くつかの探検調査が行われたことにも留意する必要があろう。その結果、「測量図」が作製されることになった。

それではまず、秋月俊幸の著作に引用されたフリースの地図の蝦夷地像を確認してみよう。この図では、北海道の太平洋沿岸とオホーツク海沿岸を描いてはいるものの、オホーツク海沿岸部は途中からサハリン島のアニワ湾とタライカ湾につながっている。[10] 北海道の東方の海には、「ステータンランド」と「カンパニースランド」があり、その間がフリース海峡である。カンパニースランドは、東方に伸びる巨大な陸地として描かれ、後世の「編集図」上では、アメリカ大陸とつながって描かれたケースもある。このフリースの蝦夷地を取り入れて、初めて刊行したのは、ヤンソニウスである（**表1⑤**）。

一八世紀は科学的な調査と探検の時代であった。[11] 一八世紀半ばには、ロシアのベーリングによる北太平洋への調査が組織され、カムチャツカ半島や日本近海の沿岸部分の測量も行われている。地理的発見と地図作製事業だけでなく、より広い視野からさまざまな分野の科学者を派遣し、総合的な調査が行われた。しかしそれでもなお、フリースの蝦夷地が権威をもっていたのだろう。これらの調査以後も、フリースの描いた蝦夷地がロシア製の地図にも描かれていたことは前述した通りである。[12] 一八世紀後半には、イギリスによるクックの探検調査が行われるが、当該地域の地理情報収集としてはそれほどの成果は挙げられなかった。ここで調査の成果をあげ、蝦夷地像を変えたのが、ここに示すラペルーズの探検による地図（**図7**）である。これを見ると、フリースの描いた北海道部分の北側がサハリンとして独立した島となり、その間に「ラペルーズ海峡」が加えられている。ただし、このラペルーズ図の蝦夷地のかたちや、クナシリ、エトロフにあたる部分はフリースのままである。ラペルーズが実測したのは、沿海地方の沿岸部とサハリン島の西南海岸であり、そこは詳細に描かれていることがわかる。

次に、ブロートンの地図の図像（**図8**）を確認してみよう。この地図では、ブロートンが測量した部分が明確に示されており、それ以外については、フリースの地図や他の地図を参照した書き込みはない。そのため、北海道の

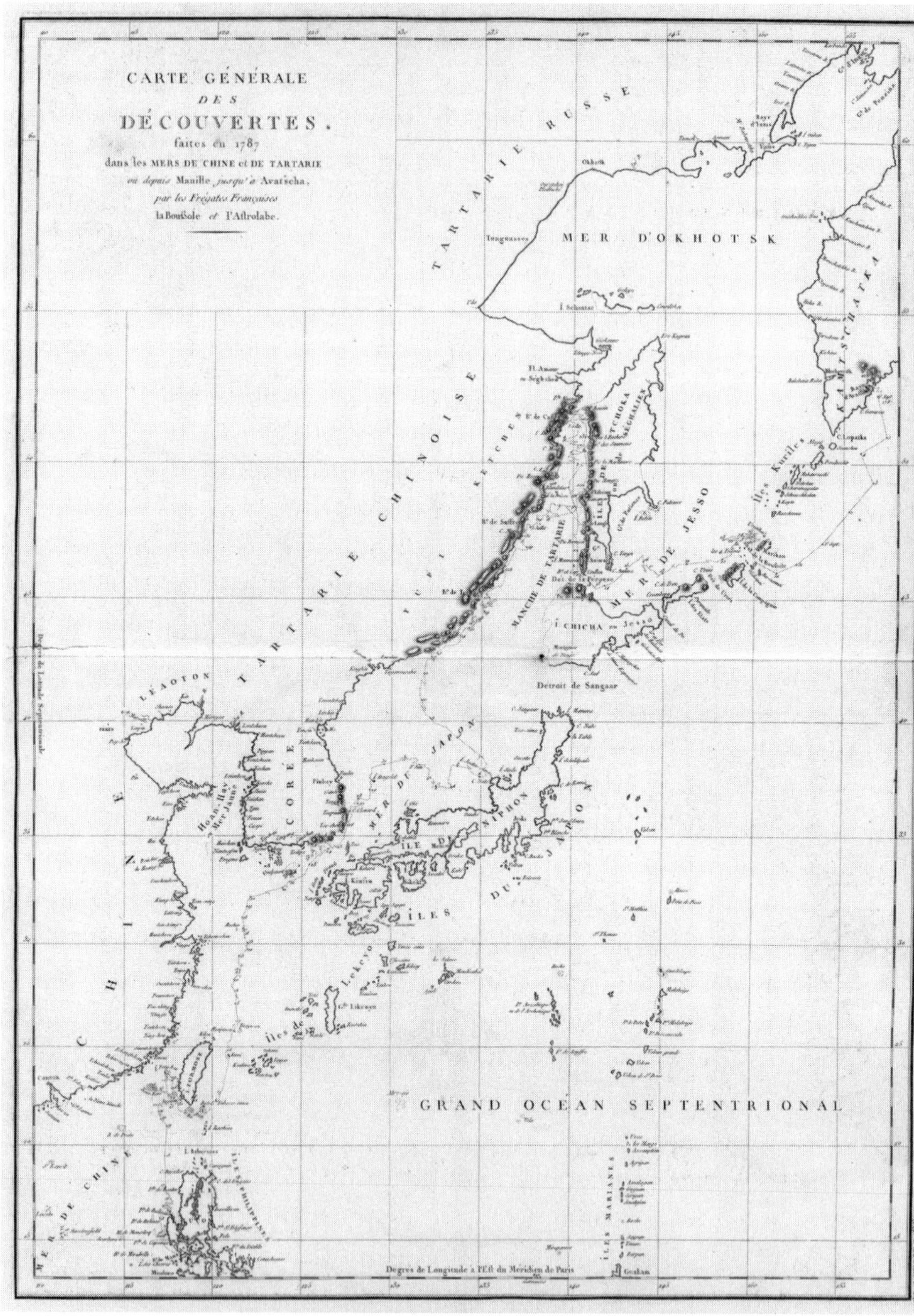

図 7　ラペルーズ「タタール海峡探検図」(1797)
(David Rumsey Historical Map Collection より　https://www.davidrumsey.com/)

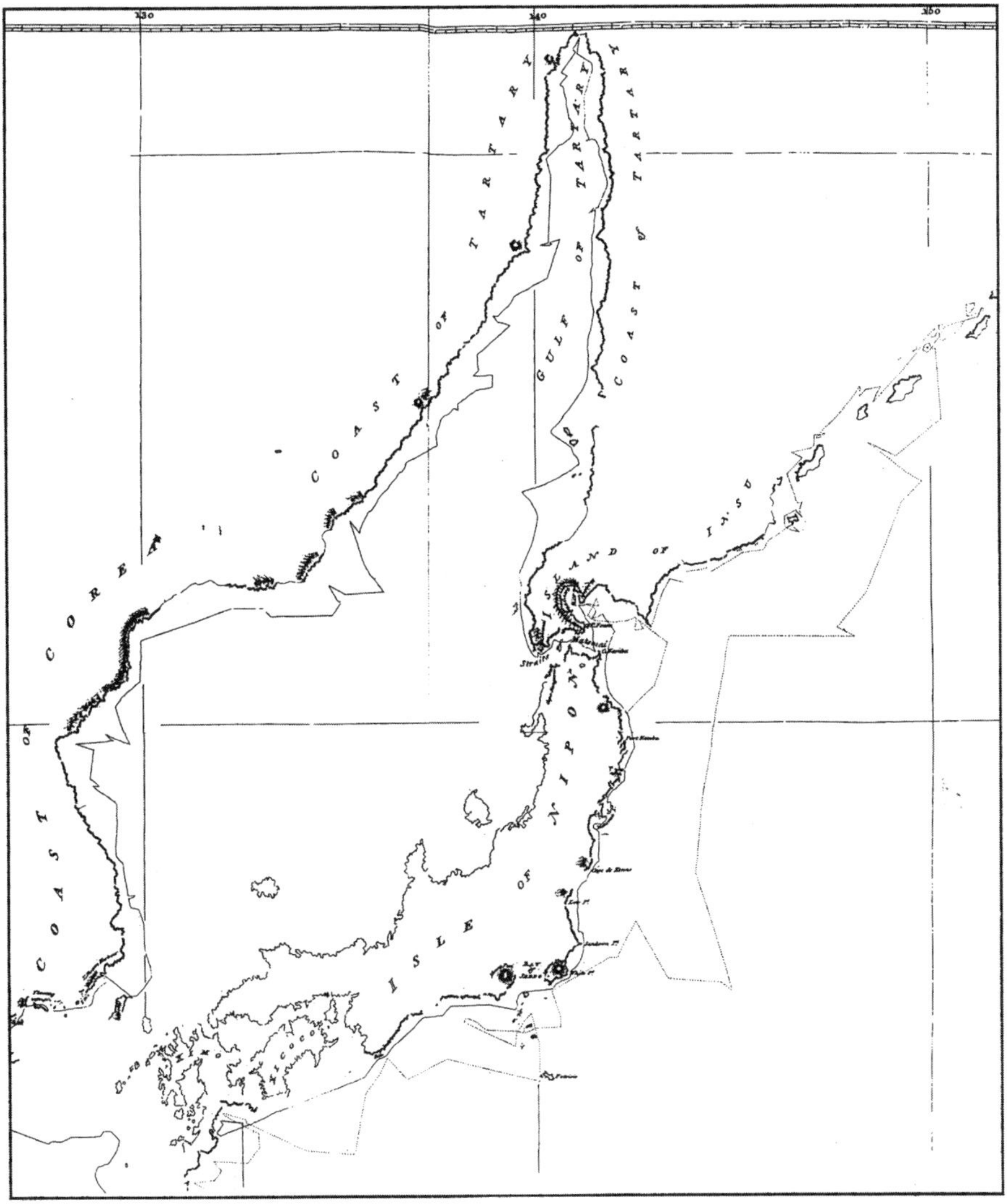

図 8　ブロートン「アジア北東沿岸および日本諸島の海図」（1804）
（秋月俊幸（1999）『日本北辺の探検と地図の歴史』北海道大学図書刊行会，201 頁）

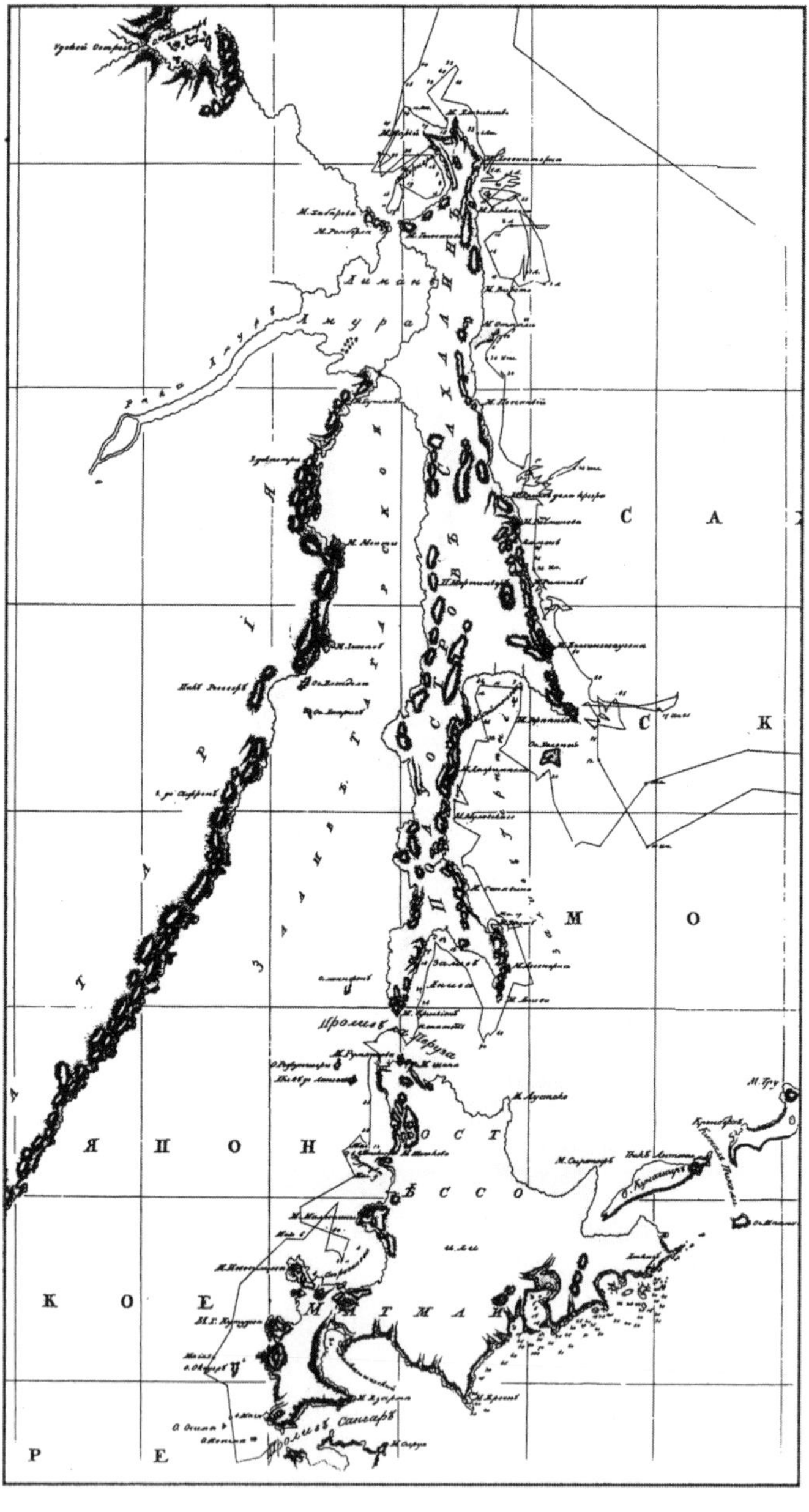

図 9　クルーゼンシュテルン「ナデジダ号による発見と測量図」(1813)
(秋月俊幸 (1999)『日本北辺の探検と地図の歴史』北海道大学図書刊行会, 213 頁)

太平洋岸部分と津軽海峡、日本海沿岸部分、サハリン南西岸、沿海地方の沿岸部が正確なかたちに近く描かれている。しかし、この地図では、前述のように、サハリン島がタタール半島として描かれていることに特徴がある。同地域を測量したクルーゼンシュテルンの地図の図像も確認してみよう（図9）。ブロートンの図像のように欠けている部分はなく、むしろ、全体が正確なかたちにより近づいている感がある。これは、クルーゼンシュテルン自身の測量部分が北海道西岸部分とサハリン島東岸部分であり、それ以外の沿海地方はラペルーズの地図、北海道南岸はブロートンの地図を用いることで、完成度をあげているからである。

このように、フリースの「測量図」としての評価は高く、それが後の「編集図」に繰り返し用いられていたことが確認できた。ラペルーズのように、自ら測量しつつも、それ以外の部分にはやはりフリースの測量部分を用いていたことも確認できた。最新の「測量図」と他の探検者がかつて作製した地図をもとにした「編集図」との関係は、同じくクルーゼンシュテルンの地図にも見られる。ヨーロッパやロシア各国の探検航海による地図作製は、このようにお互いの成果を補完・修正しながら、より「正確な」地図の完成度をあげていく作業でもあった。

日本北方フロンティアを対象とした地図で、最新の「測量図」とフリースの地図にもとづいた「編集図」を接合したものという点では、一八世紀のダンヴィル図についても確認しておく必要がある。ダンヴィルの地図の図像（図10、図11）を見てみよう。まず、一七三四年の地図では、フリースの蝦夷地の南半分を「エゾガシマ」としてサハリンの南岸と切り離し、現実のサハリン部分もまた、「エゾ」として別の島に描いている。そして、さらに北方に康熙図のサハリン島を描いている。この地図は、一八世紀末になって再び復活し、ヨーロッパやロシアの地図に描かれるようになった。同じダンヴィルの一七五二年の地図を見ると、フリースの蝦夷地の南半分を「エゾガシマ」、現実のサハリン部分を大陸とつなぎ、サハリン島のアニワ湾部分が半島として描かれている。北方には、くの字型のサハリン島がある。この「サハリン」の地図上での混乱は、中国で作製された康熙図のくの字型のサハリ

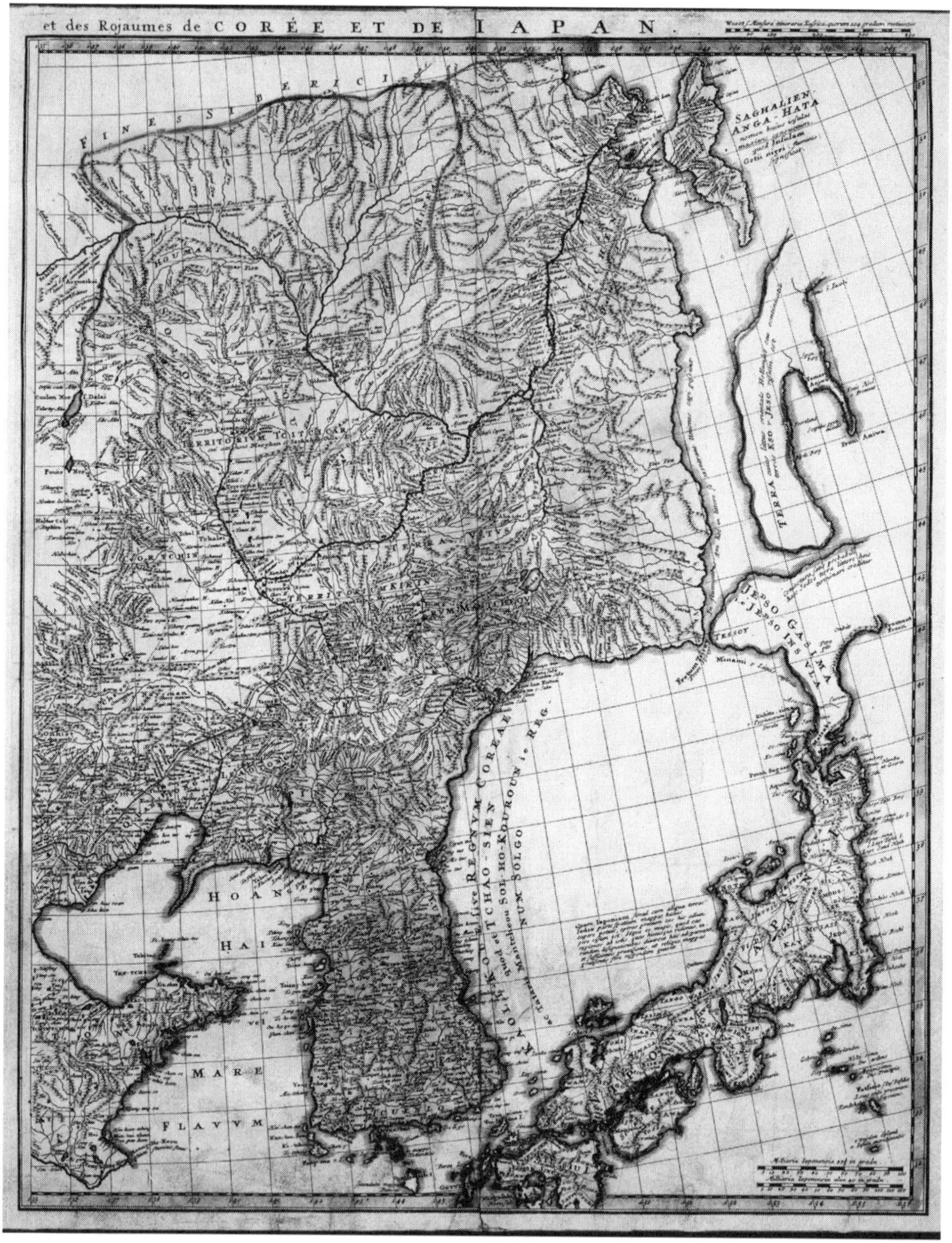

図 10　ダンヴィル「中国領タタ－リア，朝鮮および日本王国全図」(1734)
(北海道大学附属図書館北方資料データベース)

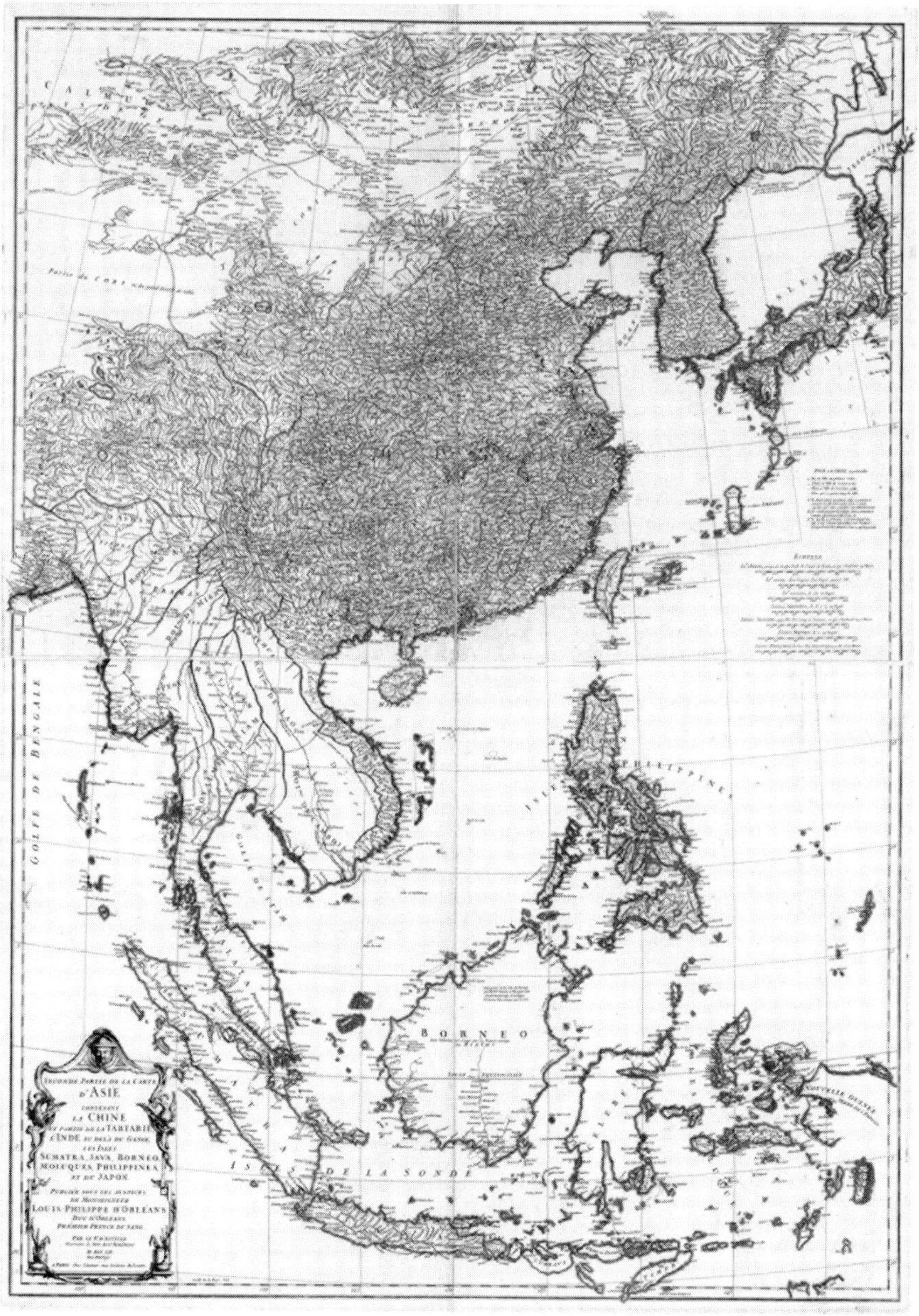

図 11　ダンヴィル「アジア地図の第三の部分」(1752)
(Barry Lawrence Ruderman Antique Maps より　https://www.raremaps.com/)

ン島とフリースの地図にある蝦夷地を組み合わせたために起きたものである。

ダンヴィルの描いた「エゾガシマ」は、それまでのヨーロッパ製の地図のなかでは実際の北海道部分のかたちにもっとも近く、ドゥリールやビュアーシュの描いた細長いフリースの蝦夷地とは異なる。これについて秋月俊幸は、北海道の南端部分について、ダンヴィルがケンペル『日本誌』のなかの地図を参照したことが理由であるとしている[13]。一七二七年のケンペル／ショイヒツァーの地図の左上に掲載されている地図である（**表1㊿**）。これ以後、ラペルーズやブロートン、クルーゼンシュテルンの地図を経て、最後に、間宮林蔵による樺太の探検調査を反映させたシーボルト著『日本』の付図である「日本辺界略図」によって、ヨーロッパの蝦夷地、樺太の図像は「正確な」かたちになった。そこには、くの字型のサハリン島も大陸から出る半島もなく、実際のかたちに近いサハリンが描かれていたのである。

以上、ヨーロッパやロシアの地図に見る蝦夷地像の変遷を追っていくと、他者としての東方をめぐる彼らの地理的認識を読み取ることができる。そして、この地理的知識の獲得は、各国による探検隊の派遣、調査、測量、さらには政治的・経済的野心をもった植民地支配へとつながっていく。また、その後の日本の本格的な北方進出をうながし、日本人による蝦夷地の地図作製にもつながっていったのである。

日本北辺の探検の地図と歴史をテーマとした秋月俊幸の著作では、一八五〇年代以降になると、ヨーロッパやロシアの地図作製史の詳細な記述はなくなり、日本国内での北方図の作製についての記述が中心になる。これについては、船越昭生、海野一隆も同様である。つまり、日本北方の「未知の土地」は、幕府天文方が主導した日本の地図作製により解決された、ということである。ここに、この分野をリードしてきた日本人研究者たちによる地図史研究のシェーマを読み取ることができる。

そして、これは大きな意味での、ヨーロッパあるいはロシア、そして日本の植民地主義の議論に結びつく。当該地域の地図を作製することは、各国による政治的・経済的な野望をもった地理的知識の獲得でもあった。日本の北方フロンティアは、まさにヨーロッパ、ロシア、日本という国々による領土獲得の野望の矛先となった地域なのである。まさしく、北方にある「未知の土地」が日本人による地図作製で解決したという研究のシェーマそのものが、当該地域が領土になったという事実に由来しているのである。

一八世紀以降、ヨーロッパ、ロシア、日本における科学的な測量技術の発展にともない、地球上の土地を正確に計測して描く「測量図」が作製された。それに伴い、彼らの「他者」への地理的認識は、観念から現実へ転換していく。つまり、ひたすら観念で描くのではなく、現実へ近づける工夫をしながら、「測量図」をもとにしたさまざまな「編集図」が作製されたのである。地図の社会的意義を見る上では、「正確な」地図であるかどうかだけでなく、「手書図」「刊行図」「測量図」「編集図」といった地図の形態と社会における利用目的や意義について検討することが必要なのである。

注

（1）本章で参考にした先行研究は次の通りである。
秋月俊幸『日本北辺の探検と地図の歴史』北海道大学図書刊行会、一九九九年。
海野一隆『地図の文化史——世界と日本』八坂書房、一九九六年。
海野一隆『地図に見る日本——倭国・ジパング・大日本』大修館書店、一九九九年。
織田武雄『地図の歴史——世界篇』講談社新書、一九七三年。
織田武雄『地図の歴史——日本篇』講談社新書、一九七四年。

⑴ 織田武雄『古地図の博物誌』古今書院、一九九八年。
高木崇世芝『近世日本の北方図研究』北海道出版企画センター、二〇一一年。
船越昭生『北方図の歴史』講談社、一九七六年。
船越昭生『鎖国日本にきた「康熙図」の地理学史的研究』法政大学出版局、一九八五年。
三好唯義・小野田一幸『図説世界古地図コレクション 新装版』河出書房新社、二〇一四年。
ルッツ・ワルター編『西洋人の描いた日本地図――ジパングからシーボルトまで』OAG・ドイツ東洋文化研究協会、一九九三年。
⑵ 船越昭生『北方図の歴史』講談社、一九七六年、二四九～二六九頁。
⑶ 米家志乃布「近世日本図の北辺・『蝦夷地』表象」『文学』一六～七、二〇一五年、七頁。
⑷ 船越前掲『北方図の歴史』、二七九～二八七頁。
⑸ 海野前掲『地図に見る日本』、一五六～一五七頁。
⑹ 織田前掲『地図の歴史――日本篇』、一一七頁。
⑺ 船越前掲『北方図の歴史』、三三～四〇頁参照。
⑻ 海野前掲『地図に見る日本』、五二頁参照。
⑼ 船越前掲『北方図の歴史』、二一八頁参照。
⑽ 秋月前掲書、五四頁参照。
⑾ 船越前掲『北方図の歴史』、一〇八～一五三頁参照。
⑿ 秋月前掲書、五四頁参照。
⒀ 秋月前掲書、一二三頁参照。

第二章　日本図からみる蝦夷地像の変遷

「日本」という歴史空間を考えるうえで、日本図を対象とした地図作製の歴史を概観することは有益である。本章では、現在の私たちが北海道と呼んでいる日本の北方地域がどのように日本の国土に組み込まれて描かれてきたのか、近世に作製された日本図をもとに述べていこう[1]。

北海道は、明治二（一八六九）年の開拓使設置までは、蝦夷地と呼ばれていた。蝦夷地とは、「蝦夷」と呼ばれた人びとの住む地域」のことであり、「蝦夷」とは、現在のアイヌ民族と呼ばれる人びとの名称とされている。「蝦夷」には「野蛮人」という意味合いがあり、「異民族」「他者」というニュアンスも帯びる。この呼び方は、あくまで和人側からの呼び名であり、蝦夷地という地域名は、和人の当該地域に対する意識を示すものにすぎない。つまり「蝦夷地」とは、支配者側である和人からみて、自分たちとは異なる他者の居住する異域という意味であった。

この異域としての蝦夷地が北海道という古代日本の五畿七道・国郡制を彷彿とさせる地名に変更され、名実ともに日本の国土に編入されるのは、開拓使設置と同年の明治二年である。命名は幕末の蝦夷地探検家として多くの地誌・地図を作製した松浦武四郎である。彼は明治二年に明治政府によって開拓判官に任命され、開拓使の命により、蝦夷地に日本の国土の一部分としてふさわしい地名を充てることになった[2]。

しかし、蝦夷地が北海道に変更される以前から、近世日本では、日本図のなかに蝦夷地を描く試みがなされていた。以下では、その具体的な描き方を追い、異域としての蝦夷地に対する日本の意識の変遷を明らかにする。

一　日本図における蝦夷地の登場

前章で見たように、ヨーロッパで作製された日本図に蝦夷地がはっきりと描かれた最初のものは、元和四（一六一八）年と同七（一六二一）年に松前を訪問したイエズス会士アンジェリスの描いた、手書きの地図であるとされる[3]。その地図に描かれた蝦夷地と思われる地域は、本州の北側に、東西に長い島として存在している。東端を「メナシ」、西端を「テシオ」としており、正確な情報を得ていたとは思われない。その後、ポルトガル人であるテイシェラ一世が一六三〇年に編集した地図帳のなかの日本部分には、「YEZO」と注記された島が描かれている[4]。また、太平洋海域にあるとされる金銀島の探索のためにオランダから派遣されたフリースの描いた地図（一六四三年手書き）には、大陸と地続きに描かれた「Yezo」があり、その東側には択捉島らしき島が「State Land」、さらに「Compagnies Land」と記載されている[5]。このフリースの地図が、その後の欧米で作製される地図に描かれる蝦夷地の形に大きな影響を及ぼし続け、蝦夷地が長らくユーラシア大陸の東部と連続する半島と考えられ続けたことはすでに述べた[6]。

これにさらに混乱を及ぼしたのは、「皇輿全覧図」のなかの、「黒龍江口図」にある「く」の字型のサハリン島である。中国で発行されたこの図はフランス語に翻訳され、一七三五年刊行のデュ・アルドの『シナ帝国全誌』に掲載されるのだが、その際、「く」の字型のサハリン島の南には「JEZO」と注記された（フリースの図にもとづく）半島のかたちをした蝦夷地が描かれ、さらにその南にはアンジェリスの図に基づく「JESOGASIMA」が描かれる。[7]しかし、一七五三年刊行のダンヴィルの地図では、一七四五年のロシア科学アカデミー編集のロシア帝国図による情報が盛り込まれ、本州の北側には東西に長い「JESOGASIMA」とカムチャツカ半島に連なる千島列島、蝦夷地の北側には、「く」の字型のサハリンが描かれることになる。[8]

ところで、朝鮮では一四七一年、申叔舟によって『海東諸国紀』が出版されたが、そのなかにある「海東諸国総図」の本州北側に、「夷島」という独立した島がすでに描かれている。これが、現存する最古の日本図であり、[9]蝦夷地を描いた最初の地図でもあると言われている。[10]この日本図のかたちは、明らかに行基式日本図であり、[11]日本の国土の周辺には、「雁道」「羅刹国」などの行基式日本図特有の実在しない地名が存在している。しかし、この「夷島」のかたちは、素朴で横に長い扁平な楕円形をしており、島のかたちを描いた地図としては明らかに心もとない。

それでは、日本の地図作製史では、蝦夷地はいつごろから日本の一部として描かれるようになったのだろうか。先行研究では、桃山時代の「日本図屛風」（浄得寺蔵）に初めて蝦夷地の一角が現れたとされる。[12]しかし、この日本図屛風には渡島半島南側の一部分が描かれているのみであり、そこには「松前」と注記されているのみである。この「日本図屛風」の対となる「世界図屛風」のなかの日本部分には、「夷」と注記された陸地が描かれており、こちらは明らかに「えぞ」と表現されたものである。[13]しかし、いずれも島の一部分が描かれているのみであり、全体像を詳細に表現したものとして現存するのは、幕府が編纂した正保日本図の北方部分が最も古いものとされている。[14]

二　幕府による地図作製と蝦夷地

幕府は五回にわたって国土基本図としての国絵図の調製事業を行っており、幕府編纂の日本総図は、各藩が提出したこの国絵図を基本として編集された。[15]国絵図の縮尺は六寸一里であり、蝦夷地部分以外はすべてこの縮尺で統一されている。この蝦夷地部分の地図作製を担ったのは松前藩である。近世初期からの松前藩による蝦夷地支配は、当該地域を日本の国土空間に組み込む契機のひとつになったともいえる。松前藩は、一六世紀を通じて渡島半島における和人勢力のリーダーであった蠣崎氏が松前氏と改名して藩主となり、その領地である現在の北海道部分を、和人が居住する「和人地」(「松前地」ともいう。渡島半島の南部)と、アイヌ民族の居住する蝦夷地とに区分した。

正保日本図における松前藩が作製した蝦夷地部分の図(現在の北海道・樺太・千島列島)は、和人地に比べて縮小されて描かれており、その後の元禄日本図でも同様である。縮尺を無視した松前藩作製の蝦夷地図を幕府が受理した理由として、ひとつには、国絵図は課税基準としての石高を記載した郷帳とともに提出されたものであって、無石無高の地である蝦夷地が軽視されていたからであるという。[16]さらには、松前藩がアイヌの人びとから得た知識や地名に基づいた概念図にすぎなかったとか、あるいは幕府に蝦夷地が広大であることを知られるのを恐れた松前藩が、故意に蝦夷地を縮小して描いたとも言われている。[17]そして、続く元禄日本図にも、この正保日本図の蝦夷地のかたちは引き継がれた。しかし、天保の国絵図になると、それらをもとにした日本総図は編集されなかったものの、国絵図として提出された蝦夷地部分は実測された巨大な図面となっている。これは、一八世紀末の幕府による蝦夷地直接支配の時期以降、積極的な情報収集と地図作製が行われたことの結果である。

幕府がそれまで松前藩に一任していた蝦夷地支配に大きな関心をもつようになった理由は、一八世紀におけるロシア帝国の東方進出である。一七世紀後半には、すでにロシア人によってカムチャツカ半島は「発見」され、一八世紀に入ると、一七一一年コズイレフスキーによる千島列島の調査、一七一九年のピョートル一世の命によるエヴレイノフとルージンの千島列島探検、さらにベーリング探検隊の一七二八年の第一次調査、一七四一年の第二次調査などによる積極的な探検調査が行われた[18]。

日本への影響としては、第二次ベーリング調査隊の別隊であるシュパンベルグによる探検調査が重要であろう。シュパンベルグ一行は、元文四(一七三九)年に牡鹿半島の南方になる田代島の沖合で仙台藩士千葉勘七郎の一行と情報交換を行っている[19]。また明和八(一七七一)年にはロシアの流刑囚だったハンガリー人のベニョフスキーがロシア船を奪って逃亡中に土佐、阿波、および奄美大島に立ち寄り、その際に長崎のオランダ商館長宛てに書簡を送った。その内容はロシアの南下を警告するもので、幕府はこの警告を無視したものの、長崎の知識人たちには大きな影響を及ぼした[20]。この事件が契機となり、仙台藩医工藤平助の『赤蝦夷風説考』が著され、そのなかで工藤は、ロシアとの交易とその利益による蝦夷地の開発を提案している。これが老中田沼意次の耳に入り、幕府がはじめて直接に蝦夷地に調査隊を派遣したのが天明五(一七八五)年である。天明五~六(一七八六)年にかけてのこの調査の結果をもとに作製された「蝦夷輿地之図」(一七八六年作製・手書き)では、現在の北海道部分と千島列島の南部分が格段に詳細になっており、樺太も島として描かれている[21]。その後、幕府は田沼の失脚によって、当該地域への関心を減退させたものの、寛政元(一七八九)年にはクナシリ・メナシの戦いが起きたことをきっかけに、再び寛政三~四年にかけて調査を実施した。その際、天明年間の調査に参加した最上徳内がエトロフ島に渡り、アイヌの人びとや山丹人からさまざまな情報を得ており、漂流ロシア人からも地図を写している[22]。

寛政四(一七九二)年には、ロシア使節ラクスマンが日本との国交樹立を求めて根室に来航した。その際、ラクスマンが大黒屋光太夫ら日本人漂流者を伴っていたことは有名な話である。幕府はこのとき、ロシア側の国書の受け取りを拒否したものの、長崎への入港許可証は発行した。その入港許可書を携えたロシア使節レザーノフが長崎に来航するのは文化元（一八〇四）である。また、寛政八（一七九六）年にはイギリス人ブロートンが日本沿岸の海図を作製するために室蘭に来航し、翌年にかけて日本近海の測量を行った。ラクスマン、ブロートンと蝦夷地を中心とした日本北方地域の海防に危機感を覚えた幕府は、寛政一一（一七九九）年には東蝦夷地を上知し、直接の蝦夷地経営に乗り出す。文化四（一八〇七）年には西蝦夷地と松前藩の領地であった和人地を含めて上知し、松前藩を奥州へ転封する（第一次幕府直轄期）。文政四（一八二一）年に幕府はいったん蝦夷地および和人地を松前藩に戻したものの、嘉永六（一八五三）年六月にペリーが来航、翌月にはロシアの全権大使プチャーチンが長崎に来航して国交樹立を求めたため、再び危機を感じた幕府は和人地を除く蝦夷地全域を安政二（一八五五）年に直轄とした（第二次幕府直轄期）。こうして、幕府の蝦夷地直轄は開拓使設置まで続いた。

ブロートン来航の翌年にあたる寛政一〇（一七九八）年、幕府は蝦夷地に三度目の調査隊を派遣する。この調査隊のなかで千島列島の探検調査を行った中心人物が、その後エトロフ開発を担った近藤重蔵だった。近藤重蔵が作製した「蝦夷地絵図」（一七九八～九九年頃作製・手書き）[23]は、「これまでにない優れた輪郭をもっている」地図とされ、それまでの調査の成果や最上徳内らが作製した実測図などを参照して描かれているという。[24]前述のように、寛政一一年には第一次幕府直轄が開始されており、この地域情報の詳細な「蝦夷地絵図」は、幕府による蝦夷地経営の基礎資料として用いられたことが想像される。

さらに寛政一二（一八〇〇）年には、伊能忠敬による蝦夷地太平洋岸の測量が始まり、幕府による本格的な実測図作製が開始した。伊能忠敬による測量は東蝦夷地のみに終わり、西蝦夷地については、伊能に測量術を学んだ間宮林蔵の調査で完成した。また、それ以降も日本各地の測量調査が行われ、日本図としての完成は文政四（一八二一）年になる。この測量事業は、まさに蝦夷地の第一次幕府直轄期に行われた。この伊能図の蝦夷地は、これまで

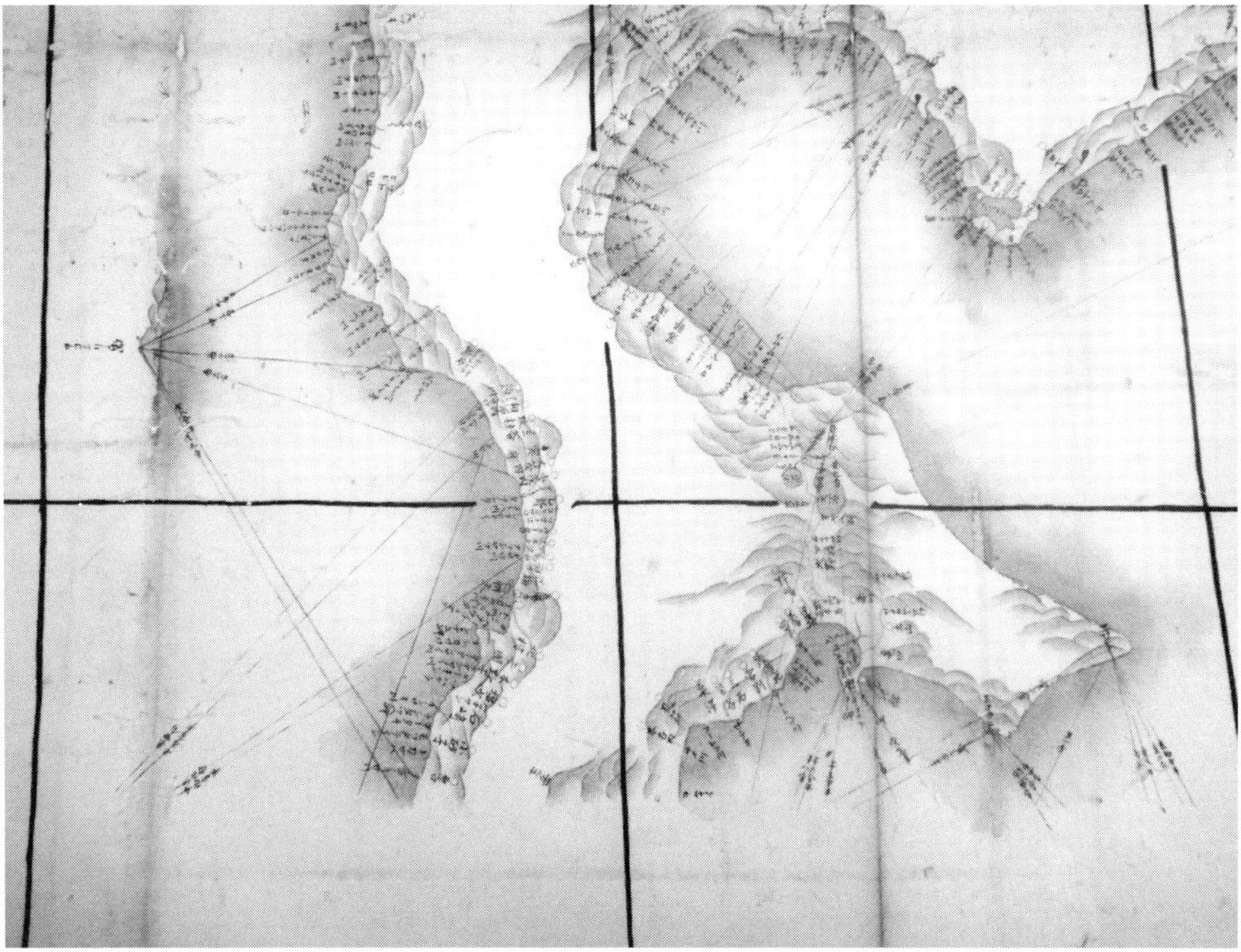

図12　「実測輿地全図」松前蝦夷部分（文政4（1821）年）（神戸市立博物館所蔵，筆者撮影）

の地図にはない正確な輪郭をした北海道部分を見ることができる図である。

図12は、文政四年頃に作製されたとする「実測輿地全図」の「松前蝦夷」部分（手書き）を示したものである。伊能図の場合、海岸線の測量は正確で詳細に描かれているものの、内陸部に空白地域が多いことが特徴である。この空白部分を埋めた地図としては、松浦武四郎が安政六（一八五九）年に作製・出版した『東西蝦夷山川地理取調図』（木版）が重要である。伊能図が第一次幕府直轄期における代表的な地図とするならば、松浦武四郎の地図は第二次幕府直轄期の代表作ともいえる。

松浦武四郎の蝦夷地調査は、弘化三（一八四六）年から安政三（一八五六）年の六回に及び、後半の三回は幕府の第二次直轄期にあたる。松浦は、幕府御雇に

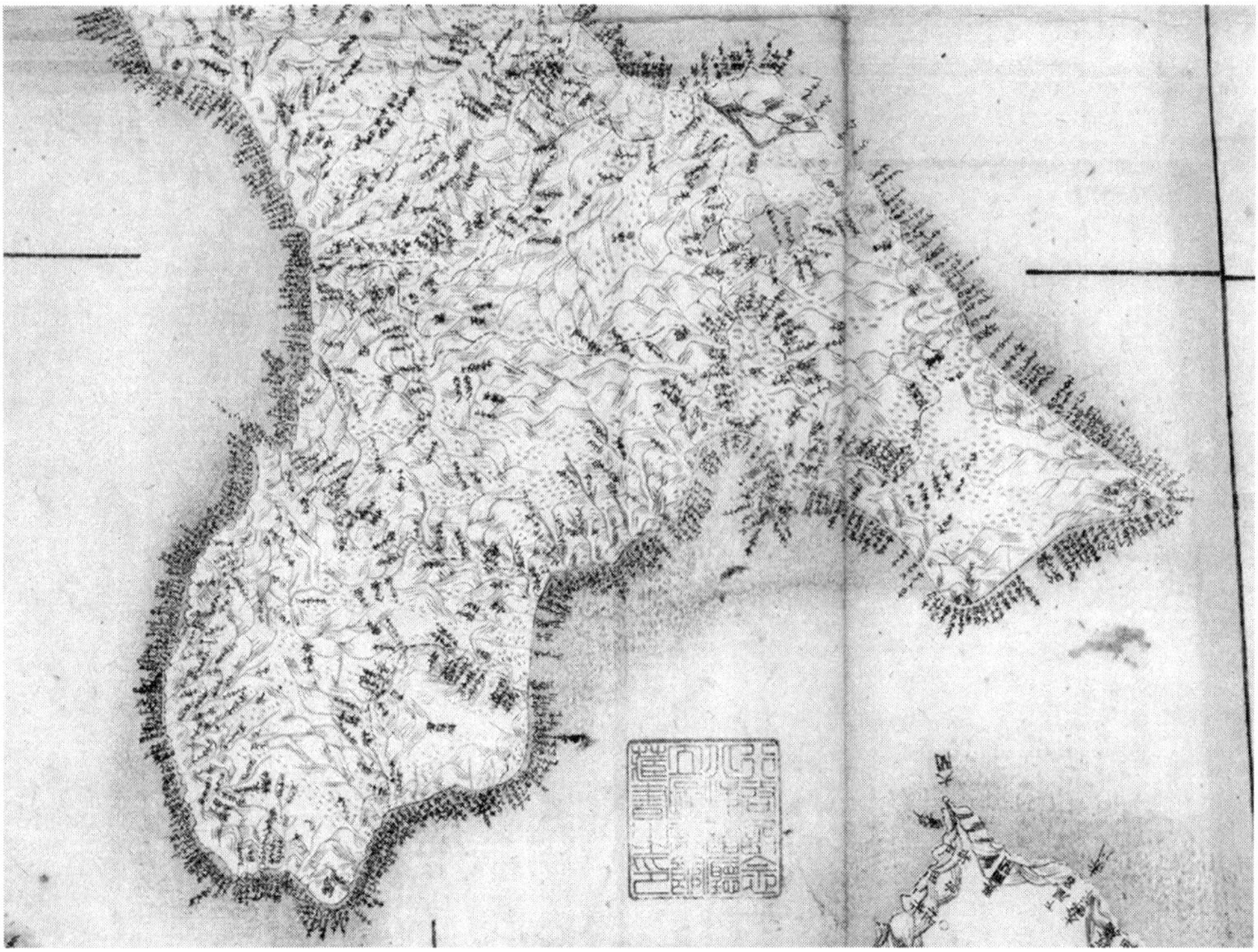

図 13　「官版実測日本地図」「蝦夷諸島」渡島半島部分（北海道立図書館北方資料デジタルライブラリー）

任じられていたため、この調査は幕府の事業として行われた。安政六年に出版された『東西蝦夷山川地理取調図』をもとに、江戸時代末には「官板実測日本図」（木版）の「蝦夷諸島」「北蝦夷」が発行された。この「蝦夷諸島」における渡島半島を比較すると、沿岸部および内陸部の地名の記載が**図13**では大幅に増加していることがわかる。

以上のことから、正保日本図および元禄日本図の段階では、松前藩によって地図が作製されていたため、蝦夷地の地図上での輪郭は現実とは異なる素朴なかたちをしており、この地域への認識も江戸幕府からさほど重要視されていなかったことが確認できた。しかし、一八世紀後半以降、主にロシアとの対外関係を契機として、江戸幕府による蝦夷地の情報収集が始まった。この直接の調査が行われたことにより、地図作製のレベルも向上し、伊能図段階では、かなり正確な蝦夷地の輪郭が描かれるようになったといえる。さらに松浦武四郎作製の地図になると、蝦夷地の輪郭は伊能図を利用し、内陸部の地域情報もさらに詳細になってきたことがわかる。このように国家権力側の関心にもとづいた海防・国防的な立場からの日本図作製においては、それまでは異域と認識されていた蝦夷地部分の情報収集が、まさに日本の国土空間に組み込むうえで重要な作業だったのである。

三　近世における刊行日本図と蝦夷地

近世日本は、地図印刷技術の発達によって、民間刊行の地図が数多く発行された時代である。幕末には、それら民間発行の地図は庶民レベルまで普及するようになった。近世に出版された地図は、世界図・日本図・都市図・旅行案内図など多岐にわたる。これら出版図のなかでも、主に日本図を取り上げ、そのなかで蝦夷地がどのように組み込まれていたのか、あるいは組み込まれていなかったのかを見ておこう。

近世に出版された日本図に関わる研究は数多く存在する。[25] どの研究でも、日本最初の刊行図として紹介されているのが、慶長版『拾芥抄』所収の「大日本国図」（慶長一二（一六〇七）年）である。しかし、この図は「一枚刷りの日本図」ではなく、あくまで百科事典としての『拾芥抄』の挿図であった。「一枚刷りの日本図」として最も古いものとしては「南瞻部州大日本国正統図」（寛永年間（一六二四〜四四）刊行）であるという。[26] この日本図は南を上にして描かれており、典型的な行基式日本図のかたちをしている。そのなかの本州のもっとも東側に「夷地」の記述が確認できる。「夷地」の文字は、独立した島のなかには描かれておらず、本州の一部に書き込まれている。このように、蝦夷地を本州のなかに描く日本図は他にも存在することが指摘されている。[27]

一方、前述の『海東諸国紀』のなかにある、もっとも古い出版された日本図（一四七一年）では、明確に島のかたちをした「夷島」が描かれている。他に日本に残る図として、出版図ではないけれども、朝鮮の役のときに加藤清正が献納したとされる熊本の本妙寺所蔵「大明国地図」の日本部分にも、「夷島」が本州北側の海域に浮かぶ島として描かれている。この図は、『海東諸国紀』を参照して描かれたとされている。(28) この『海東諸国紀』は、おそらく日本で描かれた「行基式日本図」を模写したものであると思われるため、一五世紀後半には、日本で作製された日本図に島のかたちをした「夷島」が描かれていたのではないか、と推測できる。

以上、近世初期までの段階では、本州の一部に「夷地」を描くタイプの地図と、本州の北側の海上に島として「夷島」を描くタイプの二通りの描き方が存在したことを確認した。それでは近世を通して、この描き方はどのように変化していったのだろうか。

表2は、神戸市立博物館所蔵の江戸時代に出版された膨大な日本図のなかから、筆者が出版年代のばらつきを考慮して選択し、実際に地図を閲覧した上で、蝦夷地の記載特徴について確認した一覧である。

まず、一七世紀に出版された代表的な日本図を見てみよう。寛文二（一六六二）年発行の「新改日本大絵図」（**表2－13**）では、「松前」「てしおふろ」「めなしふろ」「えぞのちしま」と記された大きな大陸が地図の東端に横たわっている。(29) この図では、蝦夷地が島なのか大陸と地続きなのか、不明である。延宝六（一六七八）年の「新撰大日本図鑑」（**表2－17**）は、南を上に描いた日本図であり、北東の端に「松前」と記された渡島半島の南端と、それに続く「恵そ可嶋　長サ上方道三百里」と書かれた地域が連なっている。他にもいくつかの地名が書き込まれており、「恵そ可嶋」の隣には「四方十五里　大沼」も見える（**図14**）。貞享三（一六八六）年以前に出版されたといわれる「新板日本国大絵図」（**表2－20**）では、「松前」と「夷狄」を陸続きとして、地図上の北の端に描いている。(30)

その他、一七世紀後半には、浮世絵師の石川流宣による多種多様の日本図が出版され、一八世紀後半まで流宣の版による地図の刊行は続いた。(31) その代表的な日本図とされる「本朝図鑑綱目」（貞享四（一六八七）年）では、「松

表2　刊行日本図一覧

目録番号	刊行年（和暦）	（西暦）	名称	蝦夷・松前の記載の特徴	法量（縦×横）cm	備考
13	寛文2	1662	新改日本大絵図	「松前」「えぞのちしま」「てしおふろ」「めなしふろ」	59.1 × 88.3	木版
17	延宝6	1678	新撰大日本図鑑	「松前」「恵そ可嶋」周辺に地名あり（図14）	69.1 × 92.5	木版手彩
20	貞享3	1686	新板日本国大絵図	「松前」「夷狄」（図15）	70.8 × 163	木版手彩
38	宝永5	1708	日本回国六十六部縁起	—	27.4 × 300.7	木版
62	宝暦3	1753	大日本国大絵図	「松前」「夷狄」	108.8 × 173.5	木版手彩
77	安永年間	1772-1781	安永改正大日本画図	「松前」「夷狄」（図16）	32.5 × 39.5	木版手彩
83	安永8	1779	改正日本輿地路程全図	「松前」周辺に地名あり	82.8 × 134	木版手彩
95	寛政3	1791	改正日本輿地路程全図	「松前」周辺に地名あり（図17）	85.2 × 132.6	木版手彩
97	文化5	1808	大日本細見指掌全図改正増選	「松前」「ハコ立」などの地名あり	139 × 227.5	木版手彩
128	文化8	1811	改正日本図　五采分図	「松前」周辺に地名あり	44.7 × 61.4	木版手彩
116	天保2	1831	銅版増補日本輿地全図	「松前」周辺に地名あり	47.2 × 79.5	銅版手彩
117	天保2	1831	旅行必用　大日本諸州道程附全	「蝦夷」「松前」	34.2 × 51.5	木版
148	弘化4	1847	銅鐫日本輿地全図	「松前」周辺に地名あり	39.1 × 36	銅版手彩
155	嘉永2	1848	増訂大日本輿地全図	「松前」周辺に地名あり「蝦夷カラフト紙中狭キガ故ニ爰ニ略ス」（図18）	137.1 × 241.8	木版刷彩
163	嘉永5	1852	増訂大日本国郡輿地路程全図　全	「松前」「箱館」など周辺村落の地名あり）	104.9 × 186.9	木版刷彩
176	文久2	1862	大日本郡国全図　完	「蝦夷」「松前」と周辺村落の地名あり	51.2 × 68.7	木版刷彩
178	文久4	1864	大日本海陸全図　完	「蝦夷地」全体の地図あり（図19）	72 × 98.6	木版刷彩
184	元治2	1865	新刻大日本路程全図	「蝦夷」「松前」周辺村落の地名あり	75 × 99.3	木版刷彩
186	慶応3	1867	大日本輿地全図	「松前」「箱館」など地名あり	72.4 × 172.5	木版刷彩
181	江戸時代末		南瞻部州大日本国図	「松マヘ」	36.3 × 49.3	木版刷彩

神戸市立博物館『館蔵品目録　地図の部1　南波コレクション』「日本図」部分より筆者作成

図 14　「新撰大日本図鑑」部分（延宝 6（1678）年）（神戸市立博物館所蔵　Photo : Kobe City Museum / DNPartcom）

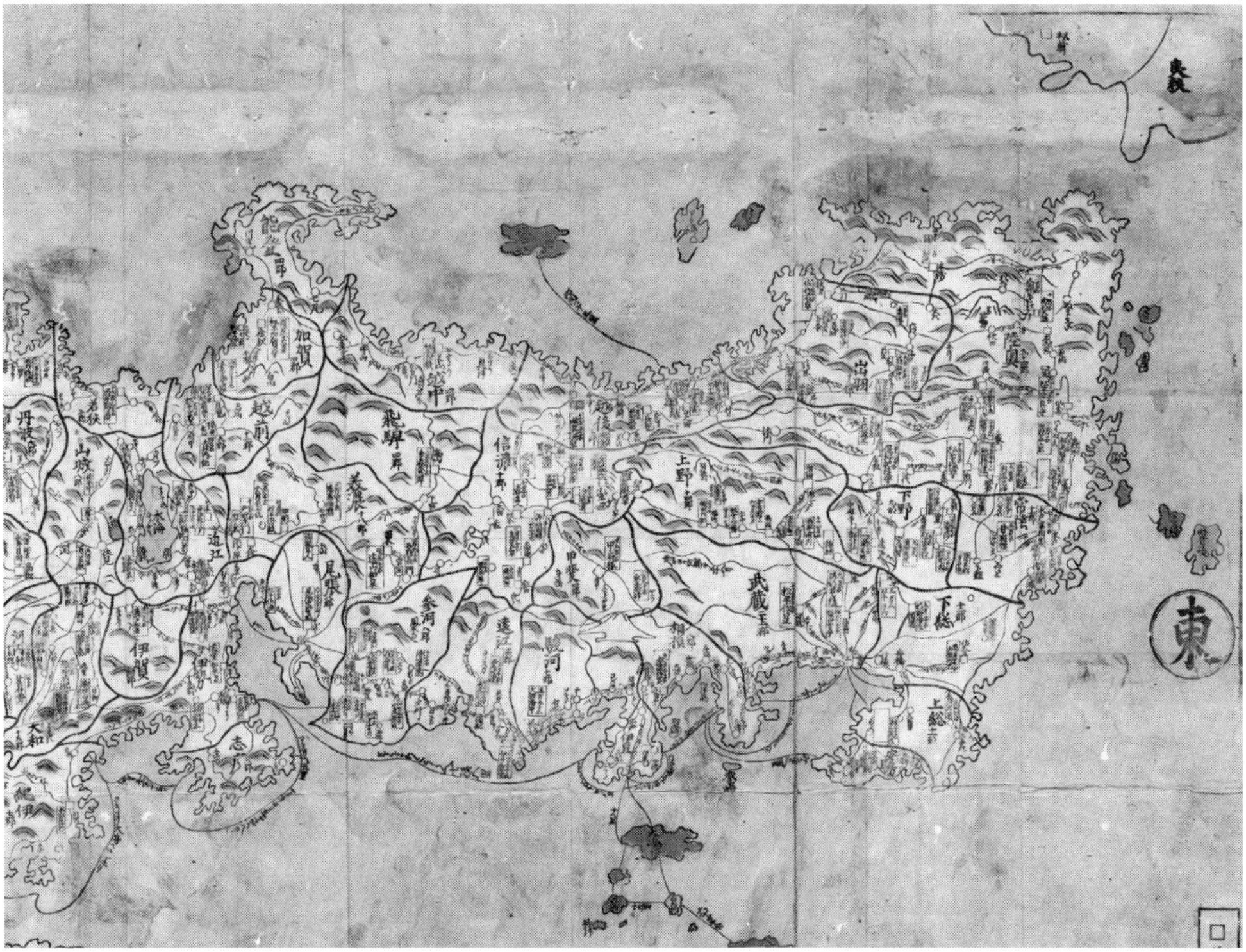

図15　「新板　日本国大絵図」部分（貞享3（1686）年）（神戸市立博物館所蔵　Photo : Kobe City Museum / DNPartcom）

前」は「夷狄」と本州の間にある小さな島として描かれている。一方、一八世紀半ばに出版された同じ石川流宣による「大日本国大絵図」（宝暦三（一七五三）年、**表2－62**）および「日本海山潮陸図」（元禄四（一六九一）年）に描かれた「夷狄」と「松前」は、陸続きに地図の北東の端に描かれている（**図15**）。一八世紀後半の他の刊行日本図では、安永年間（一七七二～八一）作製の「安永改正大日本画図」（**表2－77**）の北方部分をみると、「夷狄」と本州の間に「松前」が島として描かれている（**図16**）。このように、一七世紀後半から一八世紀にかけては、「夷狄」と「松前」を陸続きに描いているタイプと、「夷狄」と本州の間に「松前」を島として描いているタイプの二通りが確認できた。いずれにしても、「夷狄」＝「蝦夷地」と「松前」は明らかに分かれており、これは「松前」＝松前藩の領域を

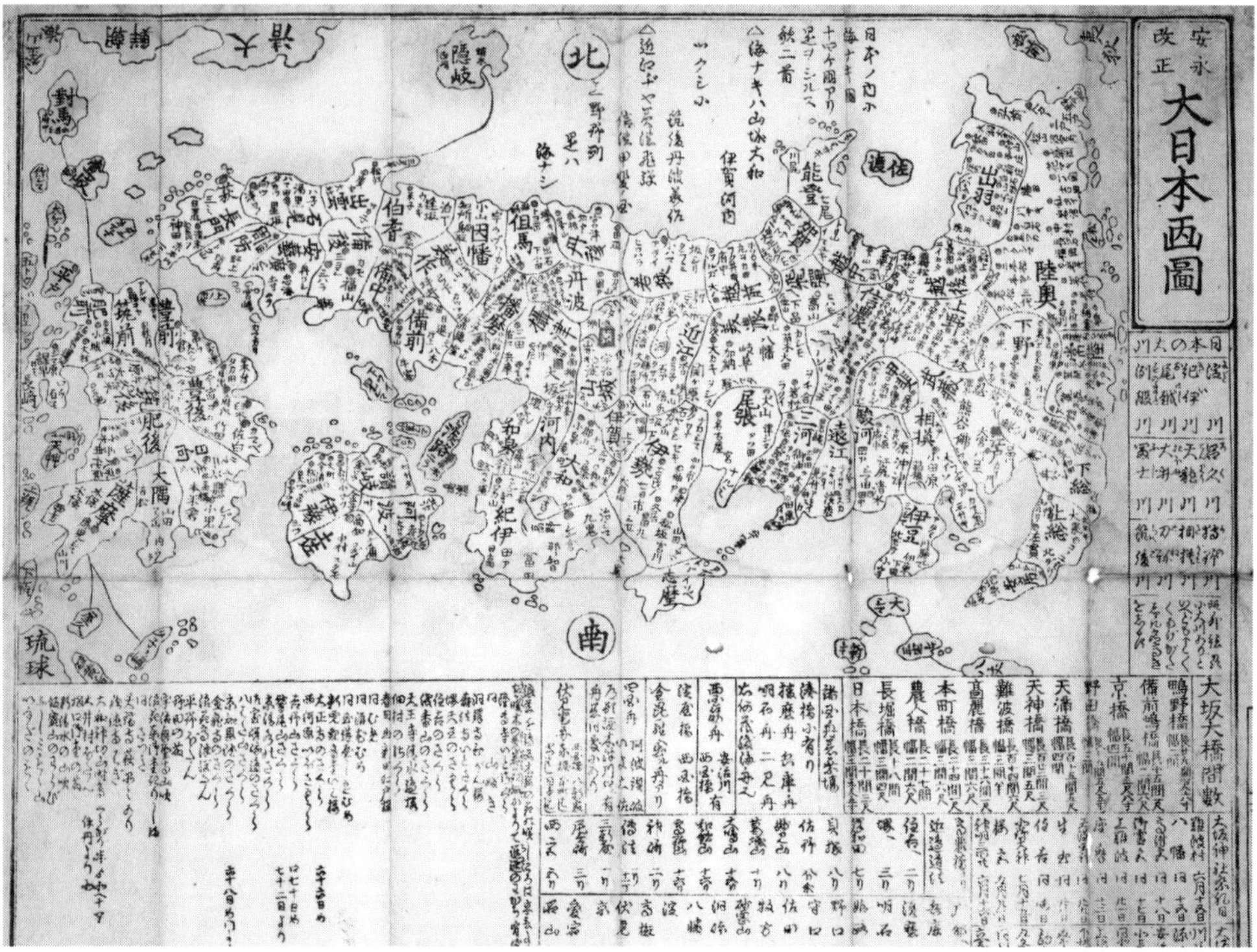

図 16　「安永改正　大日本画図」（安永年間（1772 〜 1781））（神戸市立博物館所蔵　Photo : Kobe City Museum / DNPartcom）

表すものとしての表現であるといえる。

次に、一八世紀末に出版された日本図として有名な長久保赤水による日本図[32]の「蝦夷地」部分を見てみよう。安永八（一七七九）年の「改正日本輿地路程全図」（**表2－83**）、寛政三（一七九一）年の「改正日本輿地路程全図」（**表2－95**）などを見ると、「松前」城下の記号が記され、その周辺に地名がいくつか書き込まれ、渡島半島の南端部分のみが描かれている（**図17**）。蝦夷地に関する記載は存在しない。なおこの描き方は、多くの赤水日本図に共通して見られ、嘉永五（一八五二）年の「増訂大日本国郡輿地路程全図　全」にも同様の描き方が確認できる。

なお、長久保赤水は、このような日本図とは別に「蝦夷松前図」（寛政七（一七九五）年頃）を刊行しており、この図は注21で触れた「蝦夷輿地之全図」をもとに作

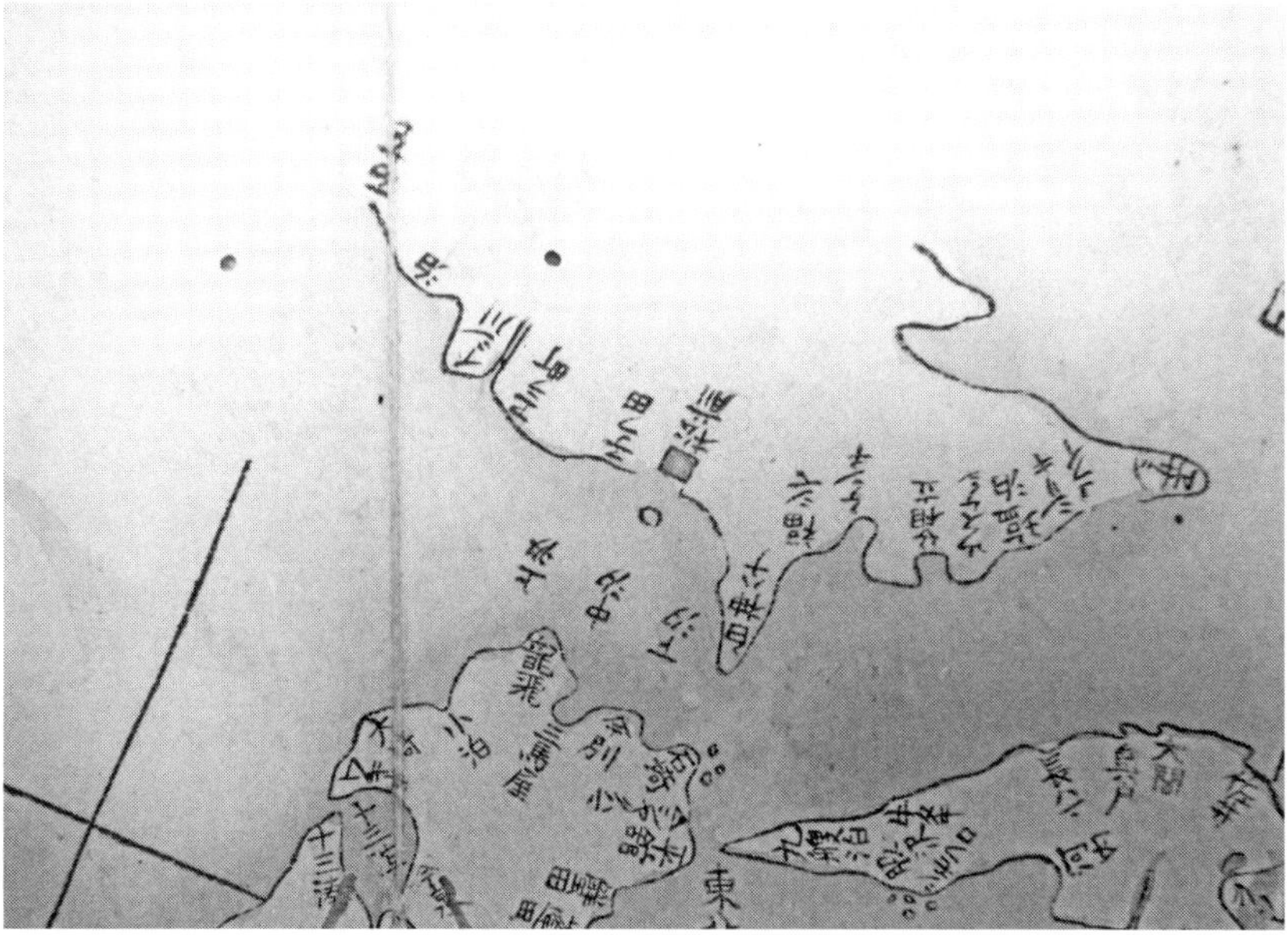

図 17 「改正日本輿地路程全図」部分（寛政 3（1791）年）（神戸市立博物館所蔵，筆者撮影）

製・出版された地図である。[33] しかし、同じ赤水作製の出版日本図では、日本図のなかに蝦夷図を組みこむことはなく、あくまで「松前」とその周辺のみを描いていることが特徴的である。

一九世紀には、赤水日本図と同様に、「松前」周辺地域のみを描いた地図の出版が続くことが確認できる。たとえば、文化五（一八〇八）年刊行の「大日本細見指掌全図改正増選」（**表2-97**）や文化八（一八一一）年刊行の「改正日本図五采分図」（**表2-128**）、天保二（一八三一）年刊行の「銅板増補日本輿地全図」（**表2-116**）、弘化四（一八四七）年刊行の「銅鐫日本輿地全図」（**表2-148**）などである。いずれも、**図17**と同様に、「松前」とその周辺を描いているものの、渡島半島の沿岸部分は簡単な輪郭であり、正確な沿岸線を表現しているとはいえない。

一方、当該期で最大の木版日本図とされる、[34] 逸見豊次郎作製、嘉永二（一八四八）年の「増訂大日本輿地全図」（**表2-155**）では、「蝦夷カラフト紙中狭キガ故ニ爰《ココ》ニ略ス」と注記されているものの、「松前」を中

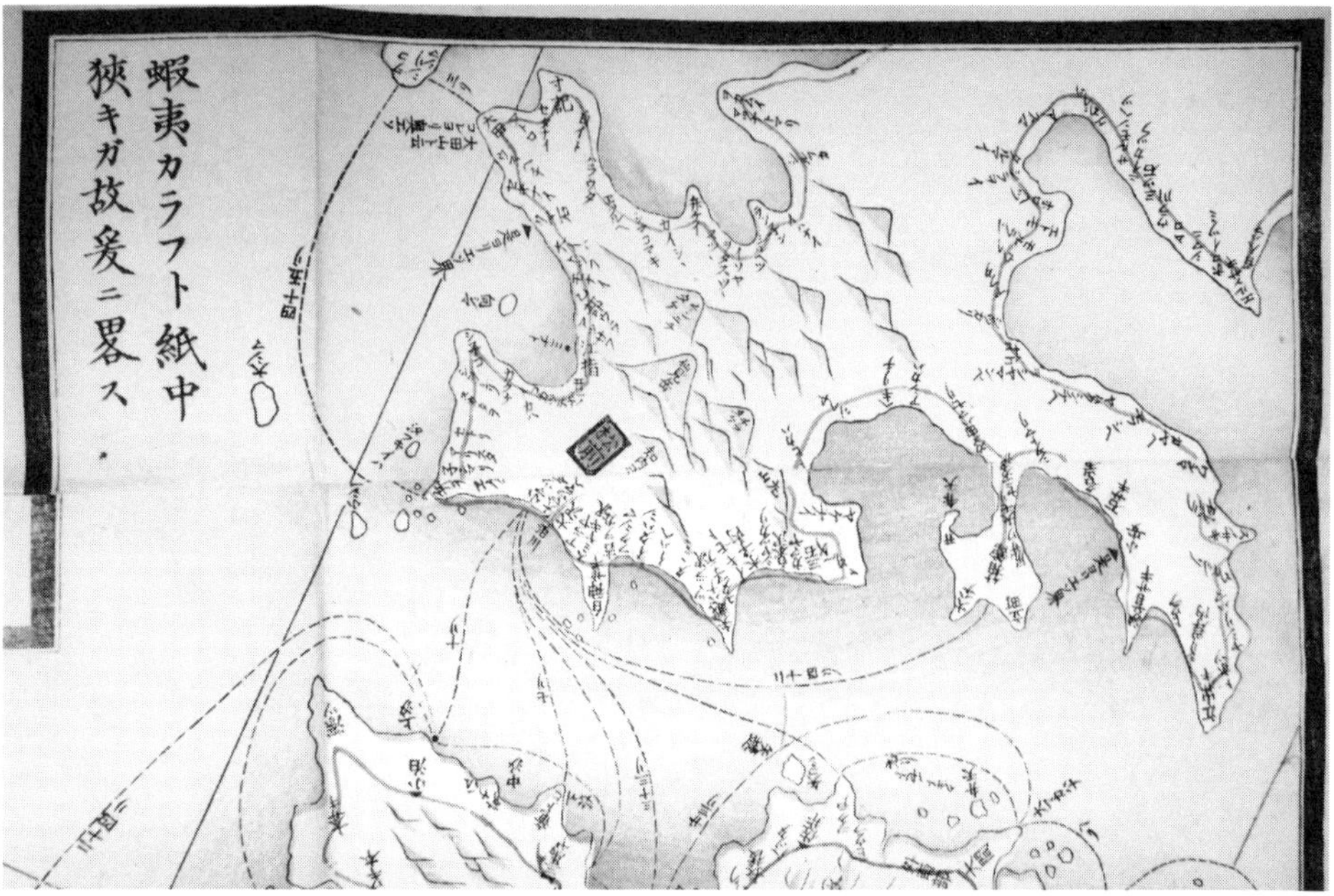

図 18　「増訂　大日本輿地全図」部分（嘉永 2（1849）年）（神戸市立博物館所蔵，筆者撮影）

心とした周辺村落の地名や位置、内陸部の山々の表現、「箱館」や周辺村落の地名や位置など、渡島半島の南端部分が、それ以前の日本図の表現よりも詳細に正確に描かれていることがわかる（**図18**）。また、前述の赤水日本図は、明治になる以前、蝦夷地の情報を付け足して発行された改訂版・模倣版が多数存在している。[35]狂歌作家で絵師である整軒玄魚が赤水日本図に倣って作製したという嘉永六（一八五三）年刊行の「大日本海岸全図」には、日本図の北側に「蝦夷国」が大きな附箋で付け足されている。この図は、文化一三（一八一六）年の「大日本摂攘三国之図」の「蝦夷国」に模して描かれているとされる。[36]また、「大日本海岸全図」には、嘉永七年版もあり、それも同様である。しかし、同じ作者の文久四（一八六四）年発行の「大日本海陸全図」（**表2－178**）では、嘉永年間版のものとは異なった蝦夷地が描かれている（**図19**）。「蝦夷地ハ大方ノ縮図ニシテ度数ニ因サレハ狭ク地名モ猶少シトイエモ紙中限アレハ略ス」とあり、樺太と千島列島は省略されているものの、「松前」城下とその周辺地域の地名、

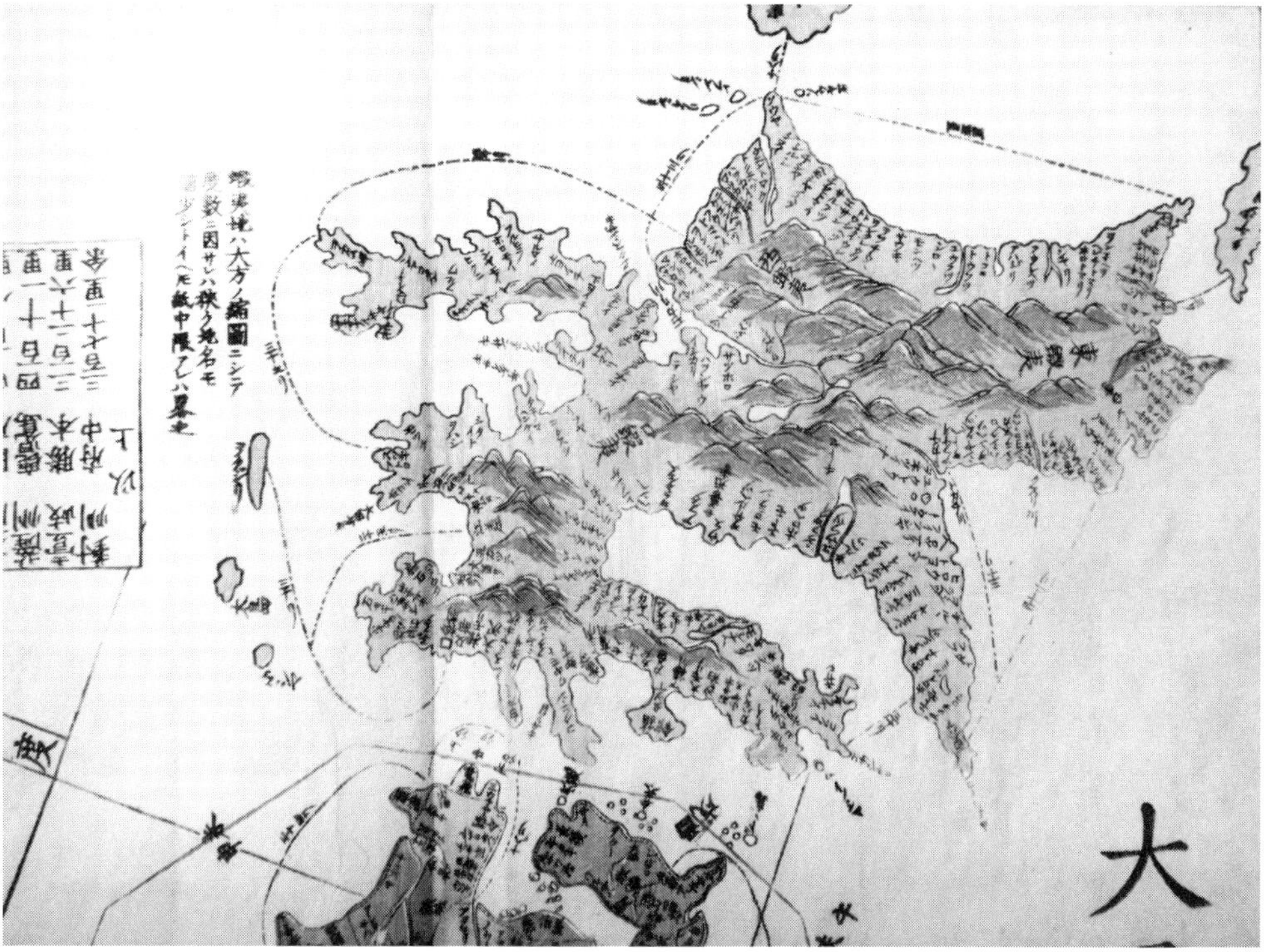

図 19　「大日本海陸全図　完」部分（文久 4（1864）年）（神戸市立博物館所蔵，筆者撮影）

「東蝦夷」「西蝦夷」「口蝦夷」と蝦夷地沿岸部分の主な地名は書き込まれている。この蝦夷地のかたちを見ると、翠堂彭による嘉永七（一八五四）年八月発行の「日本輿地全図」に附箋で付け足された蝦夷地と同様のものであると推察できる。[37] この蝦夷地の地図のもととなる蝦夷図は、その蝦夷地や樺太（北蝦夷）、千島列島の形や情報量などから、嘉永七（一八五四）年四月に江戸で発行された藤田良の「蝦夷闔境輿地全図」（嘉永六（一八五三）年一〇月の識語《しきご》あり、**図20**、次章八三頁）に描かれた蝦夷地の形に類似しており、この図をもとに作製したことが推察できる。[38]

ところで、これらの蝦夷図は、江戸で嘉永六年末から始まる蝦夷図発行ブームともいえる現象のなかの、主要なものでもあった。幕末におけるこれらの出版蝦夷図は、天明年間以降、幕府による現地調査や地図作製で得た情報を盛り込んで作製された蝦夷図の模写や再編集であった[39]。それらの蝦夷図を用いて、日本図に新たに蝦夷地を書き加えたものが増えてきたのである。

しかし、同じ一九世紀であっても、天保二（一八三一）年の「旅行必用大日本諸州道程附全」（表2―117）にある日本図のように、「蝦夷」と「松前」を簡単に記載しているものもあり、あるいは、江戸時代末の出版と推定されている「南瞻部州大日本国図」（表2―181）では、渡島半島の南端が描かれ、「松前」と若干の周辺地名があるのみである。また、元治二（一八六五）年刊行の赤水日本図を模したとされる「新刻大日本路程全図」（表2―184）や慶応三（一八六七）年刊行の橋本玉蘭斎による「大日本輿地全図」（表2―186）などの木版図にも、渡島半島の南端が地図上に描かれているのみであり、「松前」とその周辺地域の地名がわずかに書き込まれているのみである。しかも、「新刻大日本路程全図」は、発行元が江戸・大坂で七名にも及んでおり、幕末の出版日本図としては人気のある地図であったことが推測できる。そこには、従来の赤水日本図における「松前」の描き方を変えることはせずにそのまま模写したであろう渡島半島の南端が少し描かれているのみである。

つまり、年代を経るに従って、すべての出版日本図で蝦夷地の地域情報が正確かつ詳細になってくるとは限らず、各地図の種類や用途によってそれらの情報にはばらつきが存在していたといえる。また、これらの地図上には、松前藩の領地と蝦夷地を区別する表現も続いており、人びとの意識のうちで、明らかに渡島半島南端にある松前地（和人地）は日本であるけれども、蝦夷地は異域であるという意識が長らく続いていたことがわかる。

一九世紀に幕府の収集した情報をもとに作製された日本図は、幕末・明治になって刊行されたものがいくつか存在する。たとえば、前述の『官板実測日本地図』（図13）は、江戸時代末に幕府の開成所から出された版のみならず、明治三（一八七〇）年に大学南校から出された版もある[40]。『官板実測日本地図』は、本州、四国、九州に加えて、「蝦夷諸島」と「北蝦夷」（樺太）を「日本」の国土の一部として出版したものであり、この地図表現には、日本の北方地域をめぐる幕府の日本意識を読み取ることができる。

また、明治二年の識語のついた「北海道国郡全図」(図5)は、北海道・樺太・千島列島を含む木版色刷りの大型の地図であり、松浦武四郎によって開拓使に答申された一一カ国名、八六郡名が書き込まれている。この地図には、初代開拓長官鍋島直正、第二代開拓長官東久世道禧、民部卿伊達宗城などの題字・題言・和歌が添えられている[41]。この図で重要な点は、蝦夷地という地域名が北海道という地域名に変化しただけでなく、樺太・千島も単なる北蝦夷ではなく、「樺太州」・「千島州」という表現で、日本の領域に組み込まれていることであろう。地図上のこれらの地域表現にも、明治初期の北海道開拓使が持っていた日本意識を読み取ることが可能である。

一方、一八世紀以降に盛んになる民間の日本図出版では、一九世紀半ばの嘉永年間から蝦夷地が従来の日本図の範囲に付け加えられ始め、少しずつ蝦夷地を国土に組み込む意識が醸成されていったように見受けられる。けれども、そうではない従来型の出版日本図もまた存在し、そこではさほど蝦夷地を日本の国土空間に組み込もうという意識がなかったことも明らかになった。ここに、幕府側の意識と民間の意識とのずれを感じることができる。

そこで次章では、江戸幕府系の知識人層による日本意識と民間レベルでの日本意識との差異をめぐって、本章で主に検討した一枚刷りの刊行日本図だけでなく、地誌や節用集などに掲載されている日本図・蝦夷図からも考察してみよう。

注

(1) 一九世紀の江戸幕府による地図作製と日本の国土の関係に絞って論じた、山田志乃布(米家志乃布)「19世紀の地図作製と『蝦夷地』——北上する〈日本〉」古今書院、『地理』四七—二、八〇~八六頁、二〇〇二年。

(2) 松浦武四郎が開拓使に上程した「蝦夷地道名国名郡名之儀申上候書付」で松浦が提案した道名案は、「日高見道」「北加伊道」「海北道」「東北道」「千島道」の六案だった。これを素案として開拓使の決定は「北海道」となった（山田秀三監修・佐々木利和編『アイヌ語地名資料集成』草風館、一九八八年）。
（3）織田武雄『地図の歴史――日本篇』講談社新書、一九七四年、一一六～一一七頁参照。
（4）海野一隆『地図に見る日本――倭国・ジパング・大日本』大修館書店、一九九九年、一五八～一五九頁参照。
（5）海野前掲書、一六〇～一六一頁参照。
（6）秋月前掲書、六三頁参照。
（7）秋月前掲書、九二～九三頁参照。
（8）海野前掲書、一六六～一六七頁参照。
（9）織田前掲書、二九頁参照。
（10）秋月前掲書、一二頁参照。
（11）「行基式日本図」とは、「日本の国々が俵をならべたような形に画かれ、従って日本全体の輪郭すなわち沿岸線が丸みを帯びた簡単な曲線のもの」であり、「日本図中に記入されている文字は国々名とその当時の郡数、田数だけ」、そして「行基によって作られたものである旨を記している」とある（秋岡武次郎『日本地図史』河出書房、一九五五年、一五四～一五五頁参照）。また、行基自作の日本図が現存していないことから、「行基が描いた地図ではなく、行基という有名な仏僧の名前を借りる形で後世の人々があたかも奈良時代にその図があったかのように見せかけたある種の「古図」なのだ」とも述べられている（京都大学文学研究科地理学教室・京都大学博物館編『地図出版の四百年』ナカニシヤ出版、二〇〇七年、三五頁参照）。
（12）織田前掲書、五〇頁参照。
（13）海野前掲書、一五二～一五三頁参照。
（14）織田前掲書、一一八頁参照。
（15）国絵図研究の最新成果として、国絵図研究会編『国絵図の世界』柏書房、二〇〇五年が重要である。
（16）海野一隆『地図の文化史――世界と日本』八坂書房、二〇〇四年、一三六～一三七頁参照。
（17）織田前掲書、一一八頁参照。

(18) 秋月前掲書「第Ⅳ章　ロシア人の千島地図」、七一～八二頁参照。
(19) 秋月前掲書「第Ⅴ章　北辺地図の進展と新たな空白」、九八～一一二頁参照。
(20) 海野前掲『地図の文化史――世界と日本』、一六二～一六三頁参照。
(21) 秋月前掲書、一五一～一五三頁。なお、長久保赤水による「蝦夷松前図」(一七九五年刊行)は、赤水が「蝦夷輿地之全図」に基づいて木版で刊行したものである。
(22) 秋月前掲書、一五七～一五八頁参照。
(23) 大日本近世史料『近藤重蔵蝦夷地関係史料付図』および『同別冊』によれば、本図は写図もしくは下図であり、作製年代は寛政一〇年の蝦夷地調査を踏まえたうえで寛政一一年正月の東蝦夷地上知までの間に完成したとされる。
(24) 秋月前掲書、二一六～二二二頁参照。
(25) 日本における刊行日本図に関する主な研究としては、秋岡武次郎『日本地図史』河出書房、一九五五年、三好唯義・小野田一幸『図説日本古地図コレクション』河出書房新社、二〇〇四年、京都大学大学院文学研究科地理学教室・京都大学総合博物館編『地図出版の四百年――京都・日本・世界』ナカニシヤ出版、二〇〇七年などが挙げられる。
(26) 前掲『地図出版の四百年――京都・日本・世界』、「Ⅱ　日本図の出版」、三七～三八頁参照。
(27) 秋岡前掲書、八八～九一頁参照。なお、出版図ではなく手書きの地図であるものの、唐招提寺所蔵の「南贍部州大日本国正統図」(一六世紀半ば)にも、陸奥のなかに「夷地」と記されており、その北には「宇曾利」というアイヌ系統の地名が記されている。同じく手書きの地図であるが、龍谷大学附属図書館所蔵の「混一疆理歴代国都之図」(一四〇二年)の日本部分の本州にも「夷地」が記されている。
(28) 宮紀子『モンゴル帝国が生んだ世界図』日本経済新聞出版社、二〇〇七年、二四二～二四五頁参照。
(29) 寛文年間に発行された「新改日本大絵図」は、「扶桑国之図」とも題されており、寛文二年の二種、同五年、同六年の出版地図が確認されている。秋岡前掲書、一八六頁参照。
(30) 「新板日本国大絵図」には、「松前」を「夷狄」と本州の間の島として描いているものも存在する。秋岡前掲書、二一二頁参照。
(31) 石川流宣の日本図については、秋岡前掲書、二一一二～二一一六頁、三好・小野田前掲書、三〇～三一頁、九一～九六頁、

前掲『地図出版の四百年——京都・日本・世界』、四六〜五五頁参照。

(32) 長久保赤水の日本図については、秋岡前掲書、二二四〜二二八頁、三好・小野田前掲書、三六〜三八頁、九六〜一〇一頁、前掲『地図出版の四百年——京都・日本・世界』、五七〜六三頁参照。

(33) 秋月前掲書、一五三〜一五四頁参照。

(34) 秋岡前掲書二三六頁参照。

(35) 前掲『地図出版の四百年——京都・日本・世界』、六二頁参照。

(36) 三好・小野田前掲書、四六頁図版参照および一〇四頁参照。

(37) 三好・小野田前掲書、一〇五頁の図版参照。

(38) 秋月前掲書、三三四頁図版参照。

(39) 秋月前掲書、三三一〜三三八頁参照。

(40) 秋岡前掲書、二三八〜二三九頁参照。

(41) 秋月前掲書、三六二〜三六三頁参照。

第三章　日本図・蝦夷図にみる庶民の蝦夷地像

本章では、近世における庶民の地理的認識としての蝦夷地像がどのようなものであったかを明らかにする。その際、最先端の地図を作製する能力のあった幕府による蝦夷図から述べるのでなく、江戸時代の庶民層の多くが目にすることのできた刊行図を素材とする。利用する史料は、庶民の日本像・世界像に最も影響を与えたと思われる一枚物の刊行地図（蝦夷図および日本図の蝦夷地部分）あるいは節用集付録の地図である。つまり、作製側の意図する蝦夷地像のみでなく、需要側の蝦夷地像を想像することで、幕府知識人層と庶民層との地理的認識の違いについて言及したい。

近世の庶民層にとって身近にあり、一般に親しまれていた地図に関わる先行研究としては、上杉和央が、一枚物の刊行日本図やさまざまな日本図・世界図の歴史をもとに、江戸時代を通した日本像の変化を論じている。(1) また、ポロニコヴァの研究では、近世節用集の付録の世界図や人物図を素材として、近世庶民の世界像や自他認識を明らかにしており、(2) 本章の問題意識と共通した主題を扱っている。しかし、いずれの研究でも、日本の「異域」である蝦夷地と日本像や世界像との関係についての検討は行われていない。

前章までで詳しく述べてきたとおり、現在の北海道は、明治二（一八六八）年の開拓使設置までは蝦夷地と呼ばれる地域だった。蝦夷地という地名は、他者である異民族の住む地域としての、和人側の地理的認識を示したものであった。蝦夷地が北海道という地名に変更され、名実ともに日本の国土に編入されたのは、明治政府の開拓政策によるものである。

ところで北海道の「道」という呼称には、古代日本の五畿七道に付け加えられた、八つ目の「道」という意味がある。樺太と千島列島は、明治二年にはそれぞれ樺太州、千島州とされ、北海道を構成する州（国）となった。北海道には、本州以南と同様に国郡制が導入され、一一国八六郡が設定された。日本の北方に位置する蝦夷地を、日本の国土の一部としての名称である北海道に組みこむ以前から、幕府は、日本図のなかに蝦夷地を組み込んで描く試みを行っている。この直接の契機は、それまではさほど強く意識されていなかった、異国ロシアの存在であった。一八世紀後半になり、ようやく日本はロシアという異国を認識し、それによって蝦夷地への関心が高まり、幕府による蝦夷地内国化へと進むことになる。

それでは、幕府は「国地」（＝日本）と「異国」との境をどのように認識していたのだろうか。寛政年間以前は、明らかに蝦夷地は「国地」ではなかった。しかし、第一次直轄期以降、蝦夷地は「国地」に組み入れられ、蝦夷地の外側に「異国」（この場合はロシア）が存在するという認識に変化する。(3) つまり、蝦夷地の政治的な位置づけは江戸時代を通して不変ではなく、その政治的な立場にもとづいた地理的認識が直接に地図の表象にも表れていた。幕府作製の日本図としての伊能図における測量された蝦夷地が、まさにそれを表現している。(4) そして、この蝦夷地のかたちは、明治二年の北海道への改名以後も生き続ける。

しかし、幕府の蝦夷地政策による地図作製は、同時代的には秘密事項であり、一般には流布しなかった。これは、シーボルト事件による高橋景保の処罰やシーボルトの国外追放にも波及した。(5) 伊能図に見られるような最新の地図情報は、同時代の刊行地図には見られず、あくまで前時代からの蝦夷地表象が生き続けているケースも多かった（第二章参照）。つまり、権力側と庶民側の地理的認識には大きな差異があったのである。

一　刊行蝦夷図と蝦夷地のかたち

幕末になると出版技術の発展により、刊行図は庶民レベルまで普及することになる。このような刊行図は、世界図・日本図・都市図・旅行案内図など多岐にわたる。第二章では、石川流宣や長久保赤水らの代表的な刊行日本図を見てきたが、ここではそれらとは別に、代表的な刊行蝦夷図を振り返ってみたい。

近世日本における代表的な刊行蝦夷図といえば、天明年間に刊行された「蝦夷国全図」（図2）である。天明五（一七八五）年に江戸で出版されたこの図の作者である林子平は、江戸在住の仙台藩士であった。江戸知識人のネットワークを通じてさまざまな蝦夷図や外国製の地図などを参照し、本図を編集したという。(6) おそらくこの図の蝦夷地像は、多くの知識人層に影響を及ぼしたであろう。

しかし、ここに描かれた蝦夷地のかたちは、現在の北海道部分が縦長に不正確に描かれており、江戸幕府からの最新の地図情報を得ていたとはとても言い難い。前章で述べた長久保赤水の「蝦夷松前図」のように天明年間の幕府の調査の影響を受けた地図とは異なり、おそらく当時民間で流布していた別の系統の蝦夷図から影響を受けていたと思われる。(7) 当時、天明八（一七八八）年に奥羽・松前の巡検使に同行した古川古松軒は、その時の紀行文である『東遊雑記』のなかで、林子平の地図の不正確さをたびたび批判している。(8)

このような単独の蝦夷図は、他にも文化年間の刊行図や松浦武四郎の刊行図なども数点存在するが、それまでとは比較にならないほど多くの出版が続き、刊行蝦夷図が隆盛を迎えたのは幕末であった。[9] 主なものを挙げると、嘉永六(一八五三)年に江戸の愛我山房から刊行された「満州魯西亜彊界図」、同年に江戸の播磨屋から刊行された藤田良の「蝦夷闔境輿地全図」、嘉永七(一八五四)年刊行の結城甘泉による「蝦夷地理之図」、同年刊行の新発田収蔵による「蝦夷接壌全図」、安政二(一八五五)年に仙台藩士の学者である小野寺謙が作製した「蝦夷海陸路程全図」、同年に江戸の春樹堂から刊行された「蝦夷地全図」などがある。[10]

秋月俊幸は、「これらの蝦夷図は流行に乗って大急ぎで刊行されたものが多かったために、それまでに達成された地図作製の水準を示すものではなく、手持ちの旧図をそのまま、あるいは他の地図と突き合わせて木版にしたもの」と述べている。[11] そして、天明年間以降の蝦夷図を参照し、蝦夷地の輪郭(かたち)をもとに、六つのタイプに分類している。具体的には①「文化期実測図」型、②「実用蝦夷地図」型、③「加藤図」型(「実用蝦夷地図」旧型)、④「天明期調査図」型、⑤「欧州図」型、⑥その他である(秋月俊幸(一九九九)による分類)。この秋月の分類はあくまで従来の蝦夷図の発展史から分類しており、筆者は、ここで新たな尺度として、(a)江戸幕府系の地図情報を反映させた地図、(b)実測図ではない民間系の地図、(c)外国製の地図情報を反映させた地図、という三つの分類を導入した。その結果、(a)嘉永六年「満州魯西亜彊界図」(①)、安政二年「蝦夷海陸路程全図」(⑥)、安政二年「蝦夷地全図」(④)、(b)嘉永六年「蝦夷闔境輿地全図」(②)、嘉永七年「蝦夷地理之図」(③)、(c)嘉永七年「蝦夷接壌全図」(⑥)となる。

これまで、幕末の刊行蝦夷図は「過去に作製された地図の複製もしくは総合」であり、この時期の「新たな測量の結果ではなかった」ため、地図の発展史という点ではそれほど重要視されてこなかった(本書第一章参照)。実際、おそらく当該期にもっとも刊行部数も多く、世の中に出回った刊行蝦夷図のひとつである藤田良作製の「蝦夷闔境輿地全図」(**図20**)に描かれた蝦夷地のかたちは、近藤重蔵が作製した地図や伊能図のような江戸幕府系の地

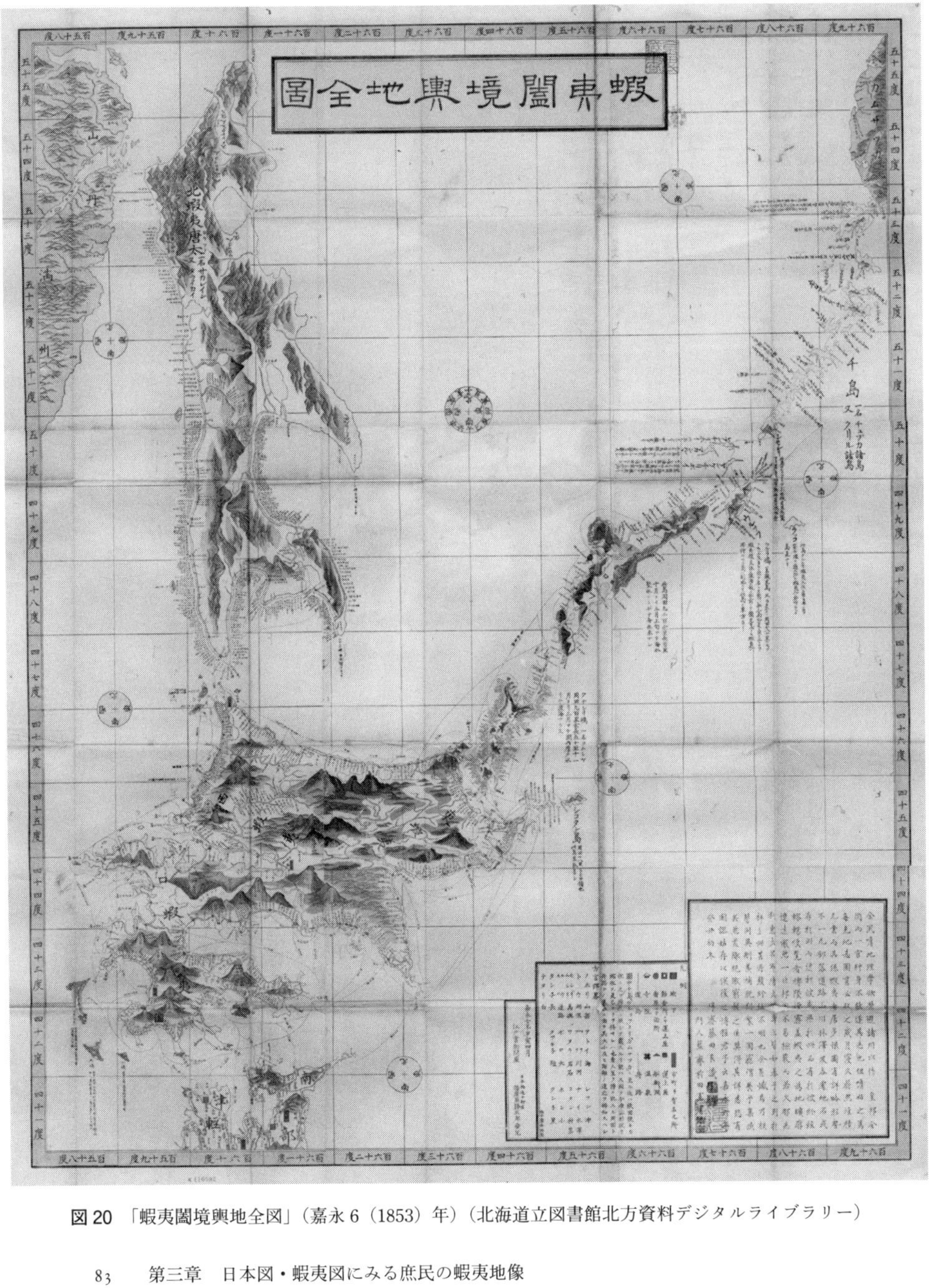

図 20　「蝦夷闔境輿地全図」（嘉永 6（1853）年）（北海道立図書館北方資料デジタルライブラリー）

図に見える蝦夷地のかたちではなく、岬や断崖が強調された扁平なゆがんだかたちである。

(b)の分類の地図は基本的に、江戸幕府系の実測図などの蝦夷地のかたちを模写せずに、各用途に応じて独自に発達してきた「実用蝦夷地図」型であり、民間の需要の大きかった刊行図であるといえる。そもそも、庶民層が蝦夷地のイメージを作りあげるうえでは、限られた人びとしか閲覧できなかった幕府作製図ではなく、こうした刊行蝦夷図こそが力をもったにちがいない。

しかし、本章の目的から考えると、このような刊行図のみの分析では、十分とはいえない。近世日本の庶民たちが、果たしてどの程度、刊行日本図や刊行蝦夷図を見る機会があったのか、あるいは地図を購入していたのか[12]はほとんど不明だからである。そこで、より庶民層にまで普及していたといえる節用集所載の地図を検討することで、さらに議論をすすめよう。

二　節用集所載の地図にみる蝦夷地

近世日本では、知識人層だけでなく庶民層にまで、日常的にさまざまな場面で読み書きの能力が求められ、庶民の日本語運用のための辞書として節用集が普及した。以下、代表的な節用集の付録として掲載された地図を確認し、そこに描かれている蝦夷地のかたちを見ておこう。

1　節用集所載の地図と社会的意義

ここで利用する史料は、大空社発行の『節用集体系』全一〇〇巻である。この全集は、国立国会図書館の亀田文庫から江戸時代の刊本を中心に年代順に編集されたものであり、節用集を集成した国内初の影印史料である。本全集には、近世の庶民史料である節用集の代表的なものが網羅されており、本章の目的である節用集付録の地図を、一定の基準で長期間にわたって比較検討するうえでは、最適の史料集といえる。

本史料の収録全巻の一覧を見ると、江戸時代前期（江戸時代以前のものも含む、元禄年間まで）二九点、江戸時代中期（宝永年間〜寛政年間まで）三八点、江戸時代後期（享和年間〜慶応年間）三六点、明治期（明治四二年まで）一五点と時期区分され、それぞれの時期の代表的な節用集が網羅されている。

立岡裕士は、本全集を利用して、近世における「地理」という用語の掲出状況を検討し、その際「地図」という用語についても確認している。[13]それによれば、節用集で「地図」という語彙がでてきたのは、一六八〇年代以降であった。しかし、そこでは実際の付録としての地図類の掲載状況は分析されていないため、本章ではこの点について具体的に検討する。

『節用集体系』全一〇〇巻の節用集のなかで、付録の地図が掲載されているものを挙げた（表3）。これによれば、日本図が掲載されている節用集は、元禄三（一六九〇）年刊行の『頭書大益節用集綱目』を初めとして、文久三年刊行の『江戸大節用海内蔵』まで二二点の節用集である。このなかで日本図以外の地域図が掲載されている節用集は、元禄一〇（一六九七）年刊行の『頭書増字節用集大成』から、文久三（一八六三）年刊行の『江戸大節用海内蔵』まで一七点ある。各図の掲載数をカウントすると、江戸図一〇点、京都図九点、禁裏図二点、大坂図九点、鎌倉図・金沢図・江の島図・伊勢図が各一点である。世界図（万国図）は四点、蝦夷図・朝鮮図・琉球図・清朝図が各一点である。

以上のように、掲載された種類の地図としては日本図が圧倒的に多い。[14]日本のかたちも、『大日本永代節用無尽蔵』所載「日本図」以外は、石川流宣の日本図に見られるような行基式日本図の系統である。一方、『大日本永代節用無尽蔵』所載「日本図」は、流宣日本図に見られる行基式日本図というよりは、どちらかというと（現在の）

50	寛政11年（1799）	倭漢節用無双囊	**「大日本國圖并属国」**，京図，江戸図，大坂図	「蝦夷　古ノ毛人国也」「松前」「エサシ」 渡島半島の南端部分
51	享和2年（1802）	万宝節用富貴蔵	京図，江戸図，大坂図，**「大日本國之圖」（図3）**	「ゑぞのちしま」「てしおふろ」「めなしふろ」「松前」 ＊「扶桑国之圖」系統か
57・58	文久3年（1863）	江戸大節用海内蔵	「蝦夷全圖」（図4），**「大日本國略圖」**，朝鮮図，琉球図，万国図	日本図に蝦夷地の記述はなし
59-1	文化15年（1818）	字宝節用集千金蔵	**「大日本國之圖」**	「ゑぞ」「まつまへ」 渡島半島の南端部分？
63	文政9年（1826）	倭節用集悉改大全	京図，江戸図，大坂図，**「大日本之圖」**	「松前」「箱立」 渡島半島の南端部分
73・74	嘉永2年（1849）	大成無双節用集	**「大日本國圖」**	「蝦夷」「マツマヘ」 渡島半島の南端部分？
75・76	嘉永2年（1849）	大日本永代節用無尽蔵	世界万国図，**日本図**	渡島半島の南端部分？ 文字は不明瞭
77・78	嘉永3年（1850）	万代節用集	**「大日本國全圖」**・清朝図	「松前」 渡島半島の南端部分
79	嘉永頃	永代節用集	**「大日本國全圖」**	「松前」 渡島半島の南端部分

＊寛政7年（1795）補刻。『節用集体系』大空社より筆者作成

東北地方部分が立ち上がった「赤水系日本図」のかたちである。ただし、いずれの地図にも経緯線はない。また、蝦夷地の部分は両日本図は似ていない（後述）。その他の地域図は、いわゆる三都である江戸図・京図（禁裏図含）・大坂図が多かった。これが節用集読者である庶民層の知的欲求に対応したものであるとすれば、全般的に日本および三都への関心が高かったことが掲載地図の傾向でわかる。年代を見ると、日本図の初出は『頭書大益節用集綱目』の「日本之圖」であり、それ以降に刊行された節用集には、すべてではないものの、コンスタントに地図の掲載がある。また、年代を経るに従い、地図の種類にバラエティがでてきており、『江戸大節用海内蔵』では日本図・世界図だけでなく、朝鮮図・琉球図・蝦夷図[15]なども掲載されていることが特筆される。

　近世節用集に関する研究は膨大に存在するが、本章に関わる論点として、節用集の展開とその付録の近世社会における意義についておさえておこ

表3 『節用集体系』にみる節用集所載の地図一覧

巻数	刊行年 和暦 (西暦)	節用集の タイトル	地図の種類 (掲載頁順)	日本図における「蝦夷地」表現の特徴
22	元禄3年 (1690)	頭書大益節用集綱目	**「日本之圖」**(南が上)	「ゑぞが嶋」 渡島半島の南端部分?
23-1	元禄7年 (1694)	頭書増補節用集大全	**「日本之圖」(図2)**	「ゑぞのちしま」「てしおふろ」「めなしふろ」「松前」 *「扶桑国之圖」系統か
23-2	元禄10年 (1697)	頭書増字節用集大成	**「日本之圖」**, 京図, 江戸図, 大坂図	「ゑぞが嶋」 渡島半島の南端部分?
24-1	元禄12年 (1699)	頭書増補大成節用集	**「日本之圖」**, 鎌倉図, 金沢図, 江の島図, 世界万国総図	「ゑぞのちしま」「てしおふろ」「めなしふろ」「松前」 *「扶桑国之圖」系統か
24-2	元禄13年 (1700)	頭書増補節用集大全	**「日本之圖」**	「ゑぞのちしま」「てしおふろ」「めなしふろ」「松前」 *「扶桑国之圖」系統か
26-2	享保2年 (1717)	大国花節用集珍開蔵	**「大日本國之圖」**, 江戸図	「ゑぞのちしま」「てしおふろ」「めなしふろ」「松前」 *「扶桑国之圖」系統か
27	享保2年 (1717)	大益字林節用不求人大成	伊勢図	
28-2	享保18年 (1733)	大富節用福寿海	**「日本之圖」**	「ゑぞのちしま」「てしおふろ」「めなしふろ」「松前」 *「扶桑国之圖」系統か
29	享保18年 (1733)	悉皆世話字彙墨宝	万国図(人物図)	
31-2	宝暦2年 (1752)	永代節用大全無尽蔵	**「日本国之圖」**, 京図, 江戸図, 大坂図	「蝦夷」「松前」 渡島半島の南端部分?
35-2	明和6年 (1769)	百万節用宝来蔵	**「大日本國之圖」**, 京図, 江戸図, 大坂図	「蝦夷」「松前」 渡島半島の南端部分?
37-2	明和8年 (1771)	満字節用錦字選	**「大日本國之圖」**, 京図, 江戸図, 大坂図, 禁裏図	「ゑぞのちしま」「てしおふろ」「めなしふろ」「松前」 *「扶桑国之圖」系統か
40	天明2年 (1782)*	万代節用字林蔵	禁裏図, 京図, 江戸図, 大坂図, **「大日本國之圖」**	「ゑぞのちしま」「てしおふろ」「めなしふろ」「松前」 *「扶桑国之圖」系統か
43	天明5年 (1785)	日本節用万歳蔵	**「大日本國之圖」**, 万国図,	「蝦夷」「マツマヘ」 渡島半島の南端部分?
49-1	寛政11年 (1799)	大豊節用寿福海	京図, 江戸図, 大坂図, **「大日本國之圖」**	「ゑぞのちしま」「てしおふろ」「めなしふろ」「松前」 *「扶桑国之圖」系統か

う。

節用集の辞書史としての展開について論じている佐藤貴裕によれば、節用集の展開は「室町期の古本節用集」「近世的典型の形成期」「日用教養記事を付録していく教養書化期（一七〇〇年ごろ以降）」「早引節用集に端を発する検索法開発期（一七五〇年ごろ以降）」「早引節用集と大型本による二極化期（一八〇〇年ごろ以降）」「近代」と大略六期であるとしている。[16] つまり、『節用集体系』で日本図が付録として初出する元禄年間は、節用集の展開としては「近世的典型の形成期」にあたる。これは節用集の近世化としての「付録の巻頭配置と図画挿入」という点で、『節用集体系』のみではなく、節用集全体の傾向として位置づけられるといえよう。

また、これら付録の意義として、日本史学の横田冬彦は、庶民層への「参照系の知」の普及を指摘している。このような節用集付録にみられる知識が、元禄期以降急速に庶民に求められるようになったこと、また、元禄年間は、これらの知識を求める人びとの裾野が急速に庶民層まで拡大し、知識の共有が進んだ時代でもあったとされる。[17] つまり、節用集付録の日本図の参照を通して、庶民は日本という領域を、具体的なイメージとして理解することになったといえる。

ところで、これら節用集の作者はどのような人びとだったのだろうか。この問いには、節用集を日本文明との関わりで論じた横山俊夫による「節用集の出版と流布」に関する見解が参考になる。節用集の作者は、「思想史や高踏的な文学史に名の出るような人物ではなく、むしろ江戸前期以前では僧職が多く、後期では往来物、女訓や重宝記などの啓蒙書、あるいは戯作などを手掛けたもの」であり、「彼らは、知識層とそうでない人びととの接点であり、知識を簡略化し普及させる媒介者」であった。さらに版元も、江戸の須原屋や大坂の河内屋、京都の山城屋など著名な版元であり、売捌所も各地にあったため、三都はもちろん、多くの節用集が地方にも普及していた可能性は高い。[18]

たとえば、節用集付録の日本図をもとに、実際に日本図を描いた事例としては、ロシアにおける大黒屋光太夫によって作製された日本図が興味深い。大黒屋光太夫は、伊勢国白子村の船頭であり、天明二（一七八二）年に紀州藩の積荷を江戸へ運ぶために出帆、その後駿河沖で遭難、アリューシャン列島へ漂着した。その後、カムチャツカ半島からイルクーツクを経て、当時のロシア帝国の首都であるサンクトペテルブルクへ到着した。大黒屋光太夫がロシアで描いたとされる日本図五枚の現存が確認されている。

この大黒屋光太夫が作製した日本図に関しては、その粉本《ふんぽん》について諸説あるが、岩井憲幸は、享保一四（一七二九）年発刊の『広大節用字林大成』掲載の日本図の系統であろうと結論づけている。[19]大黒屋光太夫の描いた日本図は、そのかたちや地名の書き方などは流宣日本図系統（行基式日本図）ではあるが、蝦夷地の描き方をみると、いわゆる「扶桑国図」系統の図である。このタイプの地図が、実は多くの節用集に掲載されていた日本図であった（後述）。『広大節用字林大成』のものを本当に利用していたのかどうか、光太夫の生きていた年代には、さらに後年に刊行された新しいバージョンの節用集を用いていたのではないか、という点についての疑問は残るものの、岩井による詳細な地名考証の分析から、大黒屋光太夫が節用集付録の日本図を参照していたのはほぼ間違いないと思われる。[20]つまり、庶民である大黒屋光太夫の「日本」像は、節用集付録の日本図に大きな影響を受けていたのである。

以上のことからも、節用集における日本図の掲載は、これらを利用したであろう庶民層への日本像の理解、それに付随した日本意識の普及に大きな影響を及ぼしたと考えられる。

2　節用集所載の地図から見た蝦夷地像の変遷

『節用集体系』のなかの節用集所載の日本図のなかで、蝦夷地のかたちの特徴はどのようなものだったのか、さらにどのように変化したのか。実のところ、各日本図を見ると、地図のなかにはっきりと独立したかたちで蝦夷地が描かれているものはない。しかし、北東部分に横たわる陸地の上にそれぞれ地名が記されているものや地図の北方部分に渡島半島の南端部分らしき陸地が描かれているものがある。そこで、各日本図中の蝦夷地らしきものの描き方について確認する（**表3**）。

『頭書大益用節用集綱目』所載「日本之圖」は、南が上、そのため地図の左下隅に「ゑぞが嶋」と記入された陸地の一部分が描かれている。南が下の地図は、『節用集体系』の他の節用集付録の地図には見られない。しかし、『頭書増字節用集大成』所載「日本之圖」も、北が上ではあるが、「ゑぞが嶋」と記入された陸地の一部分が地図の右上隅に描かれており、両者の蝦夷地のかたちはよく似ている。

ところで、南が上の刊行日本図が珍しいというわけではなく、前者の日本図のように、南が上の刊行日本図は存在した。たとえば、寛文年間頃の刊行とされる「大経師加兵衛版日本図」や延宝六（一六七八）年刊行の『大日本図艦』であり[21]、特に『頭書大益用節用集綱目』所載の日本図は、そのかたちなどから、『大日本図艦』の影響を受けていることがうかがえる。刊行年を確認すると、『頭書大益用節用集綱目』は元禄三（一六九〇）年刊、『大日本図艦』は延宝六（一六七八）年刊なので、『頭書大益用節用集綱目』の作者は、これらの刊行日本図を参照することができたと思われる。しかも、『大日本図艦』は、大坂が版元のものと版元不明のものを含めて数版の出版が確認されている刊行図であり、広く社会に流通していた可能性が高い[22]。

ここで、節用集所載の日本図における蝦夷地のかたちを分類し、それをもとに、近世日本の代表的な刊行日本図からの影響を考察していく。

まず、『節用集体系』の節用集所載「日本図」のなかの蝦夷地表現としてもっとも多いのは、寛文二年刊行の「扶桑国之圖」に描かれた「蝦夷地」のタイプである。これは、地図の右側、北東部分に横たわる陸地の上に、「まつまへ」「てしをふろ」「ゑぞのちしま」「めなしふろ」などの地名が書き込まれているものである。『節用集体系』所収の節用集には、この「扶桑国図」タイプの蝦夷地表現がもっとも多く、『頭書増補節用集大全』（図21参照）、『頭書増補大成節用集』、『頭書増補節用集大全』、『大国花節用集珍開蔵』、『大富節用福寿海』、『満字節用錦字選』、『万代節用字林蔵』、『大豊節用寿福海』、『万宝節用富貴蔵』（図22参照）と九点にのぼる。節用集に付録がつくようになってからの元禄年間から享和二（一八〇二）年のおよそ一〇〇年間、つまり一九世紀の初めまで、節用集所載の地図では「扶桑国図」に描かれた蝦夷地表現が生き続けていたのである。前節で述べた大黒屋光太夫の描いた蝦夷地も、そのかたちから、この「扶桑国図」系統の蝦夷地表現であったと思われる。

菊田紀郎は、節用集は先行節用集の収録語を踏襲する部分が大きく、付録の地図にもこのような「守旧性」があることを述べている。(23) この節用集所載の地図に見られる蝦夷地像の「守旧性」も、情報が更新され

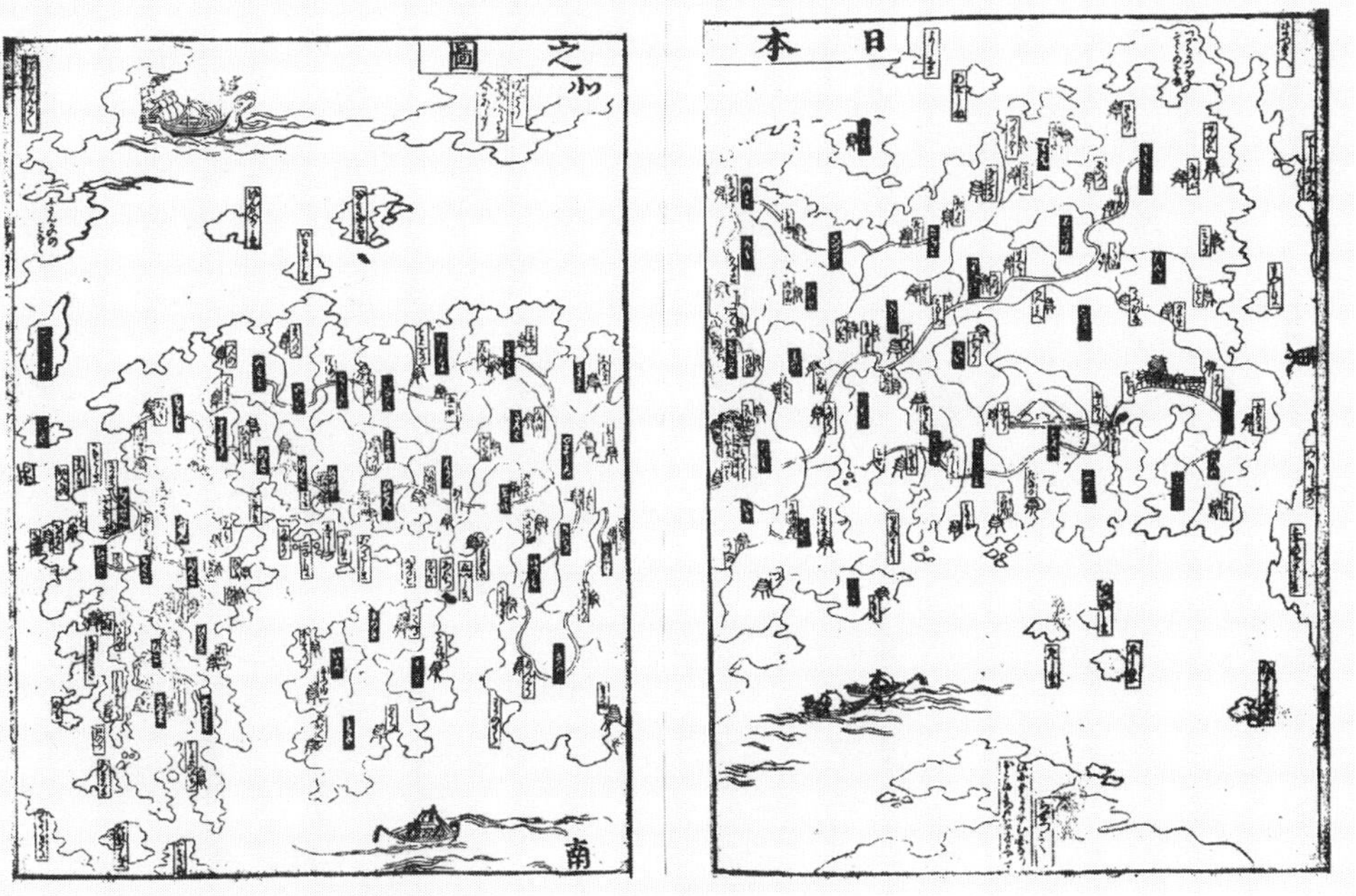

図 21 『頭書増補節用集大全』所載　日本図（『節用集体系』から引用）

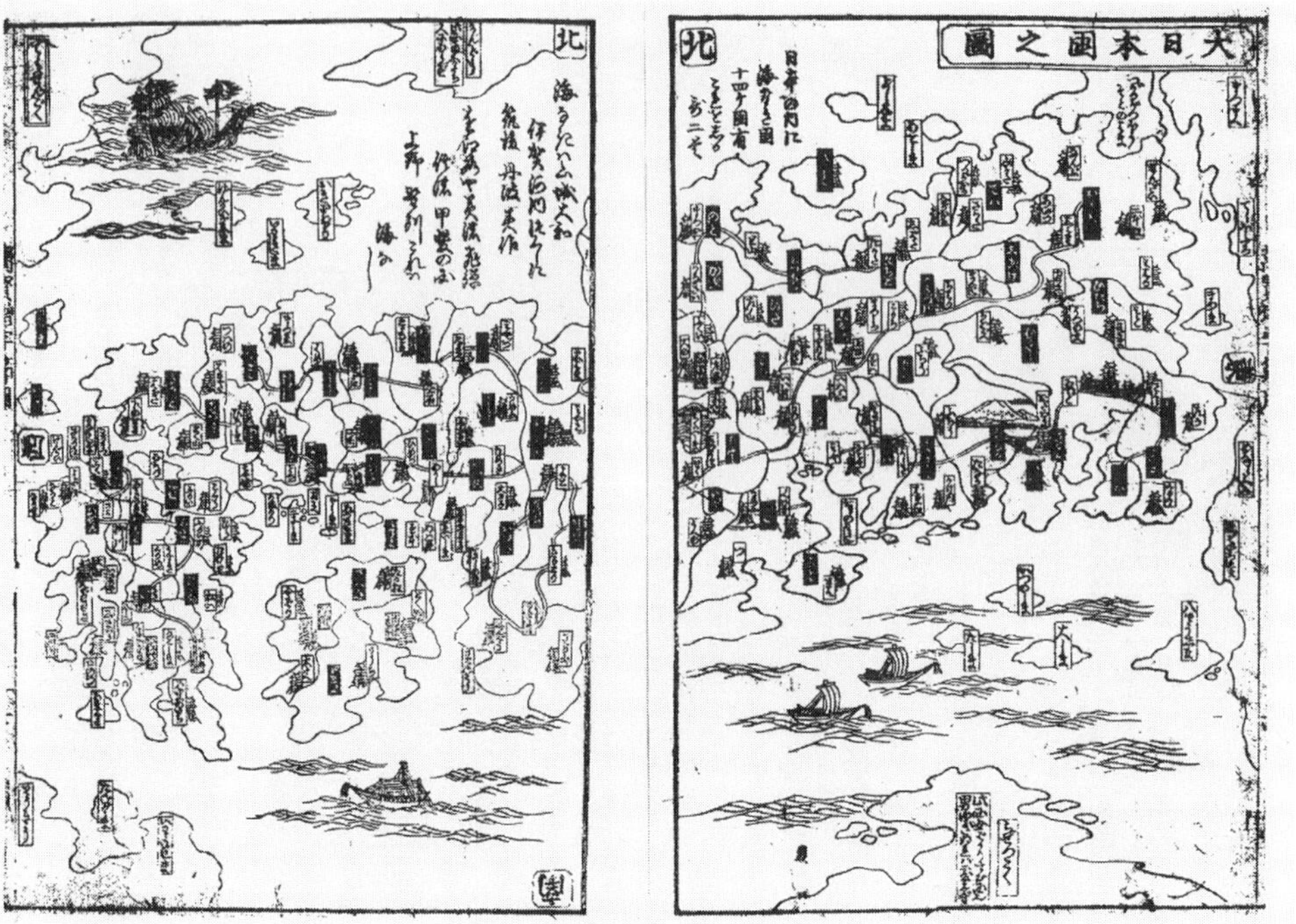

図22　『万宝節用富貴蔵』所載　日本図（『節用集体系』から引用）

ない、節用集の読者にとっては最新の情報を得ることができないという意味ではマイナスであるかもしれないが、節用集を手にすることのできた庶民層の多くの人びとにとっては、この蝦夷地像こそが、もっともなじみ深い蝦夷地像であったともいえよう。

「扶桑国図」の蝦夷地タイプほどではないものの、次に多かった分類としては、地図の北方部分に渡島半島の南端らしき部分が描かれ、そこに「蝦夷」「松前」（「マツマヘ」）と書き込まれているものである。『永代節用大全無尽蔵』、『百万節用宝来蔵』、『日本節用万歳蔵』、『字宝節用集千金蔵』、『大成無双節用集』などである（**表3**参照）。これは、刊行日本図の影響という点で考えてみると、前述した「流宣日本図」や「赤水日本図」の日本のかたちには似ているものの、「流宣日本図」における「夷狄」と「松前」の描き方を比較すると、その蝦夷地の描き方はまったく似ていない。しかもこれらの地図の蝦夷地の描き方はとても単

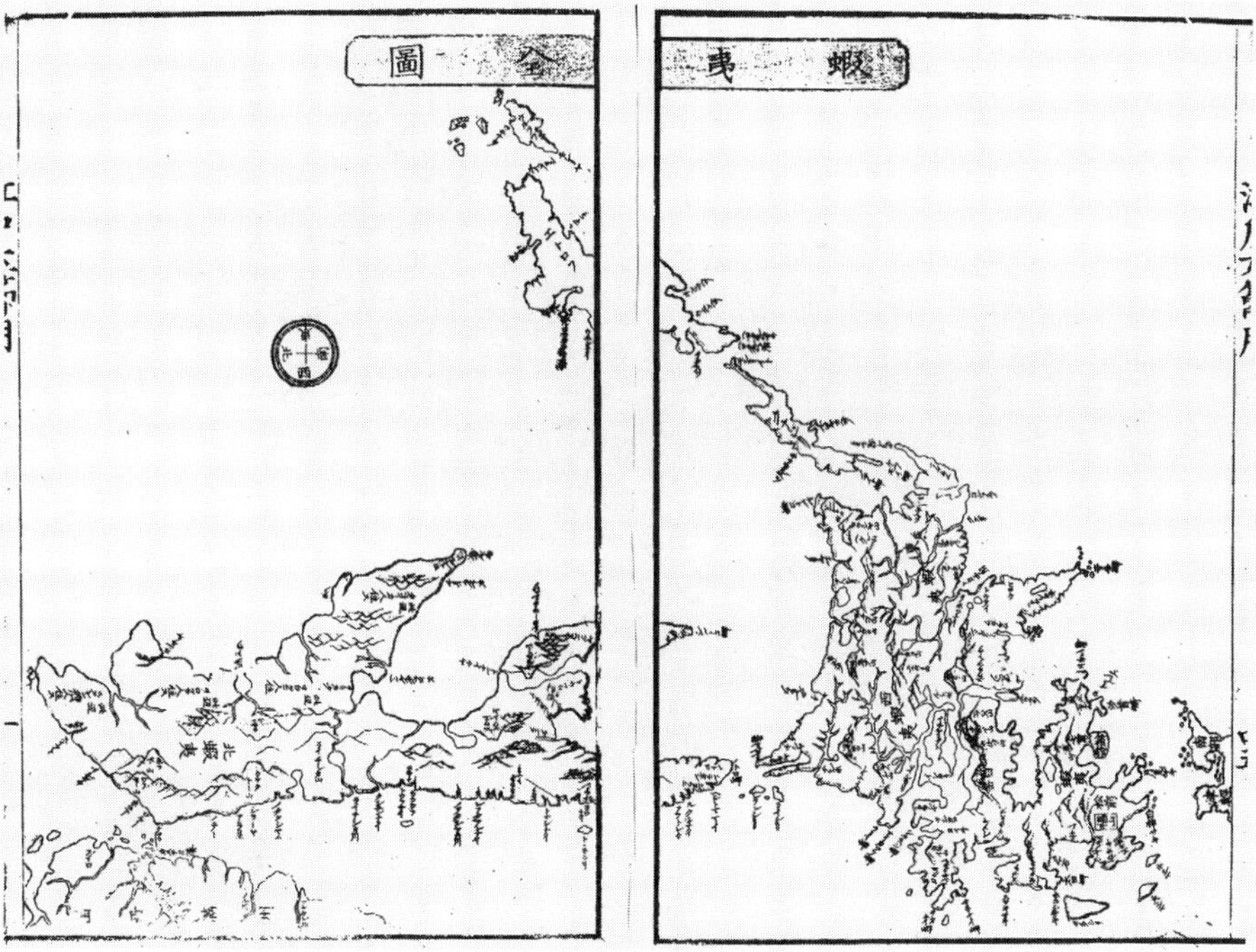

図 23『江戸大節用海内蔵』所載　蝦夷図（国文学研究資料館 オープンデータ）

純で、そもそも何か地図を模写しなければ描けない表現とも言えず、それでは具体的にどの刊行日本図の影響を受けているのかという点では不明である。前述のように、菊田の指摘する「守旧性」で考えれば、いずれかの先行節用集の図を踏襲したため、このような表現になったと思われる。

ところで、節用集所載の地図のなかで、「蝦夷図」として単独で掲載されているのは、文久三年刊行の『江戸大節用海内蔵』の「蝦夷国図」（**図23**参照）のみである。前述した日本図のケースのように、やはりこの地図もオリジナルとして描かれたというよりは、江戸時代に刊行された代表的な刊行蝦夷図を模写している可能性が高い。この図が参照したと思われる刊行蝦夷図を探してみると、そのかたちからいって、前述した「蝦夷闔境輿地全図」（**図20**）の系統と考えられる。このタイプの刊行蝦夷図は、増刷されて大量に出回ったことが確認されており、しかも他にもよく似た地図が同時期にいくつか刊行されたため、おそらく容易に入手できたと思われる。しかし、蝦夷地の表現はよく似ているものの、刊行図の「蝦夷闔境輿地全図」にある経緯線や識語、沿岸部にびっしりと書き込まれた詳細な地名などは、節用集所載の本図には記されていない。

『江戸大節用海内蔵』は、文久三年の刊行ではあるが、明治二七（一八九四）年に東京の博文館編輯局が刊行した『傳家寶典　明治節用大全』の例言に、「高井蘭山の江戸大節用を編輯するや、其寶永元年の元板に就き、天保四年より文久三年まで、三十餘年を経て初めて成り」とあるように、三〇数年かけて編纂されたものである。これは江戸時代を代表する大型の節用集で、各家庭では明治期も利用され続けた。横山俊夫は、このタイプの節用集を「日用百科事典としての節用集」と位置づけ、その記載事項の総合性や色刷りの豪華さなどから、江戸の『江戸大節用海内蔵』と上方の『大日本永代節用無尽蔵』の二冊が、江戸時代の代表的な節用集だとしている。この「日用百科事典としての節用集」の内容は、二つに分類できる。「一つは、読者に自分がどのような国や身分、あるいは時代に属しているのかを知らせる部分。これは彼らに、自意識あるいは自己のアイデンティティを形づくらせる情報を与えるものである。いま一つは、読者が日々の暮らしを営むにあたって知っておくべき、あるいは知っておくと便利なことがらを記した部分」とされ、この場合、日本図や世界図などの地図は前者の部分に属したと考えられる。まさに読者の「自意識」「自己のアイデンティティ」としての地理的認識をかたちづくる重要な要素として、節用集所載の地図は庶民層の間で長らく生き続けたにちがいない。

幕府の作製した日本図や蝦夷図は、明治二年の北海道への改名以前に、すでに最新の情報を駆使し、まさに近代的な測量図として正確なかたちに近づいていた。しかし、刊行日本図や刊行蝦夷図などの一枚物の出版地図では、最新の蝦夷地情報はすぐには反映されず、従来の地図が繰り返し模写され続ける状況が続いた。たとえば、筆者が(b)タイプと分類した刊行蝦夷図は、江戸幕府系の地図にある正確な蝦夷地のかたちではなく、人びとのさまざまな実用に即したものとして流通した地図であり、そのような地図が幕末日本では多くの版を重ね、かつ同様のタイプの地図が量産された。

さらに、節用集所載の日本図では、寛文年間に刊行された「扶桑国図」が、一八世紀から一九世紀の一〇〇年近くにわたって繰り返し模写され利用されており、まさに旧態依然とした蝦夷地像が民間に長らく流布していたと考えられる。そしてこれこそが、近世日本の庶民層のもつ蝦夷地像にもっとも影響を与えた可能性が高い。

しかも幕末の代表的な節用集である『江戸大節用海内蔵』には、新しい蝦夷地のかたちとして、「蝦夷国図」が掲載された。しかし、ここで描かれた東西に扁平なかたちをした蝦夷地像も、江戸幕府が得ていたような最新の蝦夷地情報からはほど遠かったが、それにもかかわらず明治期になってからも広く庶民層に受容されていたことが推察できる。

そして、これは日本人にとっての蝦夷地の地域像を明らかにするためには重要な論点である。蝦夷地をめぐる知識人層と庶民層のこうした地理的認識のずれは、近代以降、「蝦夷地」が「北海道」になることによってどのように解消されていくのだろうか。あるいは近代以降も知識人層と庶民層の間には、この「近世」的な地理的認識のずれは残ったままだったのだろうか。そして近代以降の日本北方地域の地域像がどのようなものだったのかについては、また別の場所で論じることにする。

注

（1）上杉和央「日本図の出版」、京都大学大学院文学研究科・京都大学総合博物館編『地図出版の四百年——京都・日本・世界』ナカニシヤ出版、二〇〇七年、同『地図から読む江戸時代』筑摩書房（ちくま新書）、二〇一五年。

（2）ポロヴニコヴァ・エレーナ「近世庶民の自他認識——節用集の人物図を資料として」『文芸研究』一七六、一～一一

頁。同「近世庶民の『世界』像――節用集の世界図を中心に」『日本思想史研究』四五、二〇一三年、六二～九三頁。

（3）谷本晃久「近世の蝦夷」『日本歴史　近世四』岩波書店、二〇一五年、六九～一〇二頁（谷本晃久『近世蝦夷地在地社会の研究』山川出版社、二〇二〇年、「第一章　近世の蝦夷」に再掲。二〇～五三頁）。

（4）米家志乃布「近世日本図の北辺・『蝦夷地』表象」『文学』一六―七、岩波書店、二〇一五年、一四頁。

（5）織田武雄『地図の歴史――日本篇』講談社新書、一九七四年、一五五～一六〇頁。

（6）秋月前掲書、一四六～一四八頁参照。

（7）秋月前掲書、一四六頁参照。

（8）古川古松軒（一七二六～一八〇七）は備中生まれ、江戸時代の地理学者で、天明八（一七八八）年に幕府の巡検使に同行して、現在の東北地方から北海道まで視察した。その時の記録をまとめたものが『東遊雑記』という紀行文である。『東遊雑記』では、林子平の『三国通覧図説』やそのなかの「蝦夷全図」の記載について、実地見聞にもとづいて細かく批判していることが注目される。

（9）高木前掲書、二五八～二六九頁。

（10）秋月前掲書、高木前掲書、三好唯義・小野田一幸『図説日本古地図コレクション　新装版』河出書房新社（初版二〇〇四年）、二〇一四年など参照。

（11）秋月前掲書、三三一頁より引用。

（12）小野田一幸（「地図の値段」（三好・小野田『図説日本古地図コレクション　新装版』、二〇一四年、一〇六～一〇七頁）では、江戸時代の出版書籍の目録である『書籍目録』から刊行図の値段を拾い出し、元禄九（一六九六）年、宝永六（一七〇九）年、正徳五（一七一五）年で比較している。その表を見ると、「日本之図」（貞享五年と元禄二年刊行の「本朝図鑑綱目」）の値段は二匁であり、値段に変動はない。「世界之図」は五匁、各地域図（大坂図や内裏図など）は一匁三分～五分である。同時期の物価と比較すると、およそ米一キログラム日雇いの日当と同じ程度であるという。

（13）立岡裕士「近世節用集における『地理』の掲出状況」『鳴門教育大学研究紀要』二八、三五六～三六七頁。

（14）柏原司郎は、その著書『近世の国語辞書　節用集の付録』（二〇一三年、一一一頁）において、国会図書館蔵本と著者家蔵本の節用集を合わせて、「刊本節用集の付録事項一覧稿」を作成している。その一覧を見ると、「日本全図」八四点、「世界の図」二七点、「世界万国人物図」一三点、「大坂の図」五四点、「京都全図」五二点、「江戸全図」五一点の節用集に掲載があることが判明している。

(15)「刊本節用集の付録事項一覧稿」(柏原二〇一三年、一〇五〜一一一頁)によれば、節用集の地図としての蝦夷図掲載は、『江戸大節用海内蔵』のみである。「蝦夷(人)」の図としては一一点の節用集が掲載している。

(16) 佐藤貴裕「節用集展開の後景」『文学』一六―五、岩波書店、二〇一五年、三三頁。

(17) 横田冬彦「近世の出版文化と〈日本〉」、酒井直樹編『歴史の描き方①』東京大学出版会、九三〜一三三頁。

(18) 横山俊夫「節用集と日本文明」、梅棹忠夫・石毛直道編『近代日本の文明学』中央公論社、一九八四年、六一〜一〇四頁。

(19) 岩井憲幸「新出の大黒屋光太夫筆日本図について」『明治大学教養論集』三二八、二〇〇〇年、一〇一〜一二八頁。同「ゲッチンゲン大学蔵大黒屋光太夫筆日本図について」『明治大学教養論集』三六九、一九九四年、一五三〜二一五頁。

(20) 岩井前掲論文、一九九四年、二一一頁参照。

(21) 秋岡前掲書、一八四頁参照。

(22) 秋岡前掲書、二一一頁参照。

(23) 菊田紀郎「近世節用集」『日本語学』二三―一二、二〇〇四年、二四七頁。

(24) 高井蘭山(一七六二〜一八三八)は、江戸の戯作者・読本作者。その著書・編著・校訂書は一〇〇点以上にのぼる。蘭山の評価は、当初は「雑学」「雑家」、すなわち「雑学者」として江戸の出版界に登場し、その後、戯作にも手を染め、江戸の戯作文学においても多大な影響を与えたという。澤登寛聡「高井蘭山と『農家調宝記』」高井蘭山著・澤登寛聡編『農家調宝記』岩田書院、二〇〇一年、二八一〜三〇九頁。

(25) 横山前掲論文、七二〜七三頁参照。

(26) 横山前掲論文、七三頁参照。

「箱館真景」（慶応 4（1868）年）（函館市中央図書館デジタル資料館）

第二部

「蝦夷地／北海道」における地域情報の収集と表象

第四章　日本における蝦夷図作製と地域情報

近世日本社会では多くの日本図・蝦夷図が刊行された。本書の第一部では、主に日本図のなかの「蝦夷」部分に注目してその蝦夷地像の変遷を検討した。それにより、「日本」という空間に蝦夷地が組み込まれていく状況を論じた。その際、庶民に流布した刊行日本図や刊行蝦夷図、『節用集』付図に表象された蝦夷地は、必ずしも同時代における最新のものではなく、知識人層や権力者層のもつ最新の蝦夷地像との間に大きなズレがあったことを明らかにした。

第一部では、対象のスケールをヨーロッパやロシアから見た蝦夷地、日本全体のなかでの蝦夷地などのマクロスケールで考察した。第二部では、スケールを絞り、蝦夷地の地域図に注目してみたい。

本章では、先行研究において紹介されている日本で作製された主要な北方図（蝦夷図）を概観する。さらに各著作の論点を整理し、本書第二部への展望をまとめる。

一　蝦夷地の地図作製史

主要な先行研究ごとに、取り上げられた主な蝦夷図、およびその地図作製史にかかわる論点についてまとめてみよう。取り上げるのは、左記の1〜3の著作である。[1] **表4**では、著作のなかで言及されている地図について、年代別に作製者とタイトルを挙げた。

1　高木崇世芝『近世日本の北方図研究』（二〇〇一年）

この書では、近世日本の北方図（蝦夷地の手書き地図や出版図）を初期の北方図、中期の北方図、後期の北方図と時期区分し、その時期ごとの特徴をとらえている。

「初期の北方図」は、慶長四（一五九九）年から天明末（一七八八）年までに作製された地図があげられている。まず、松前藩による地域情報の収集と地図作製に関わる史料の記述を紹介し、次に江戸幕府撰国絵図に反映された蝦夷地の部分をもとに、松前藩および江戸幕府による「権威ある公式の蝦夷図」として、国絵図を紹介している（**表4**①〜③）。さらに「初期北方図」の特色ある図として、「シャクシャイン蜂起蝦夷図④」「多種多様な蝦夷図」、個別の地図作製者に注目した「林子平と古川古松軒⑤⑥」の図が挙げられている。

「中期の北方図」は、天明元（一七八一）年から文政末（一八二九）年までの約五〇年の期間に作製された地図である。江戸幕府による「天明調査隊作成の北方図」に始まり、「寛政年間の調査と地図」「享和・文化年間の調査と地図」と幕府による蝦夷地調査とその成果としての地図群の説明、その間に行われた「松前藩の調査と地誌・地図」にも触れている。地図作製者としては、本田利明、堀田仁助⑦、伊能忠敬⑧、近藤重蔵⑨、秦檍丸（村上島之丞）⑩、岡部牧太⑪、間宮林蔵⑫、高橋景保⑬に注目している。また、当該期の重要な官製の地図として、幕府天文方作製の「新訂万国全図」編集に際して日本の北方調査や地図作製が果たした役割について詳述している。

「後期の北方図」は、天保元（一八三〇）年から明治一〇（一八七七）年までの約五〇年の期間に作製された地図を取り上げ、幕府による最後の国絵図編纂事業である「天保国絵図」から始まり、地図作製者としては今井八九郎⑭、松浦武四郎⑮、目賀田帯刀（守蔭）⑯に注目する。重要な官製の地図として『官板実測日本地図』に注目し、その出版経緯や内容、各版の相違、板木現存、実測録などについて詳述している。

この書の特徴は、著者が北方図のコレクターでもあるため、全国の所蔵機関にある地図を可能な限り実見したうえで、著者個人で所蔵する蝦夷図を中心に詳細な説明を行っている点である。ひとつひとつの地図史料の記載内容や異本の比較も行っており、その点で、日本の地図史研究での特筆すべき史料学的研究でもある。

2　秋月俊幸『日本北辺の探検と地図の歴史』（一九九九年）

この書では、ヨーロッパやロシア、日本の地図作製史が年代順にそれぞれに与えた影響も踏まえながら述べられており、日本で作製された北方図については、「日本における初期の蝦夷図（第Ⅰ章）」「日本における北辺地図の曙（第Ⅵ章）」「日本における北辺地図作製の進展（第Ⅷ章）」「北辺図における未知の探究（第Ⅸ章）」「幕末期の蝦夷地図（第Ⅹ章）」が該当する。

「初期の蝦夷図」は「正保日本総図」から「津軽一統志所載の蝦夷図」まで、「北辺地図の曙」では、林子平⑤の図から加藤肩吾の「松前地図」まで、「北辺地図作製の進展」と「北辺図における未知の探究」では、近藤重蔵の地図から間宮林蔵⑫の「蝦夷地沿海実測図」まで、「幕末期の蝦夷図」では、今井八九郎⑭や松浦武四郎⑮、目賀田帯刀⑯らの地図をあげている（**表4**参照）。高木の著作における時期区分と比べるとかなり細分化はしているも

	⑨＊近藤重蔵「蝦夷地地図」（1805 頃） ⑪＊岡部牧太「松前絵図」（1806） ⑨＊近藤重蔵「蝦夷地図」（1807） ⑬高橋景保「日本辺界略図」（1809） ＊高橋景保「蝦夷全図」（1818 以降） ⑭＊今井八九郎「蝦夷地全図」（1819 以降） ⑫＊間宮林蔵「北海道実測図」（1821 以降） ＊天保国絵図系蝦夷地図（1821）	⑩＊秦檍丸（村上島之丞）「松前蝦夷地嶋図」（1808） ＊山田瞬「拙作蝦夷地略図」（1809） ⑬高橋景保「日本辺界略図」（1809） ⑫＊間宮林蔵「蝦夷地沿海実測図」（1821） ⑭＊今井八九郎「松前蝦夷地海岸明細図」（1830 年代）	⑭＊今井八九郎「松前蝦夷地海岸明細図」（1840 ～ 43） 天保国絵図「松前蝦夷図」（1838）	
1850 以降	渋川景佑「蝦夷全図」（1854） ＊沖正蔵「蝦夷諸島接壌全図」（1856） ⑯＊目賀田帯刀『延叙歴検真図』（1857） ⑯＊目賀田帯刀「延叙歴検真図縮写」（1860 年代） ⑯＊目賀田帯刀『樺太歴検真図』 ⑮松浦武四郎『東西蝦夷山川地理取調図』（1859）図 4 ⑮松浦武四郎「蝦夷山川地理取調大概図」（1860） 開成所「官版実測日本地図　蝦夷諸島」（1865）図 13 ⑮松浦武四郎「北海道国郡全図」（1869）図 5 東本願寺「北海道国郡明細図」（1869） ⑯＊目賀田帯刀『北海道歴検図』（1870）図 48 ⑮松浦武四郎「千島一覧」（1870） 松田緑山「銅版新刻大日本北海道地図」（1870） 橋本玉蘭斎「大日本四神全図」（1871） 河合貞雄「北海道中細見全図」（1871）	満州魯西亜実測図（1853） 藤田良「蝦夷闔境輿地全図」（1854）図 20 結城甘泉「蝦夷地理之図」（1854） 新発田収蔵「蝦夷接壌全図」（1854） 春樹堂「蝦夷地全図」（1855） 小野寺謙「蝦夷海陸路程全図」（1855） ⑯＊目賀田帯刀『延叙歴検真図』（1857）図 50 ＊藪内於菟太郎「蝦夷全地」（1858）図 27 ⑮松浦武四郎『東西蝦夷山川地理取調図』（1859）図 4 ⑮松浦武四郎「北海道国郡全図」（1869）図 5 大学南校「官版実測日本地図　蝦夷諸島」（1870）図 13 ⑯＊目賀田帯刀『北海道歴検図』（1870）図 48 デイ，荒井郁之助等「北海道実測図」（1876） ライマン「日本蝦夷地質要略之図」（1876）	⑮松浦武四郎「三航蝦夷全図」（1854） 藤田良「蝦夷闔境輿地全図」（1854）図 20 喜多野省吾「蝦夷地全図」（1854） 新発田収蔵「蝦夷接壌全図」（1854） 小野寺謙「蝦夷海陸路程全図」（1855） ⑮松浦武四郎「北海道国郡全図」（1869）図 5 大学南校「官版実測日本地図　蝦夷諸島」（1870）図 13 ＊目賀田守蔭『北海道歴検図』（1870） ⑮松浦武四郎「千島一覧」（1870） ＊目賀田守蔭「北海道歴検図 北海道国郡全図」（1871）図 48・図 49 開拓使地理課「北海道実測図」（1875） 開拓使地理課「三角術測量北海道之図」（1875） ライマン「日本蝦夷地質要略之図」（1876） 海軍水路局「日本　北海道」（1882） 吉田晋「北海道沿海図」（1883） 内務省地理課「改正北海道全図」（1884） 北海道庁内務部地理課「北海道地形図」（1899） 神保小虎「北海道地質鉱産図」（1896） 小池国信「北海道道勢要覧図」（1906）	1853 プチャーチン長崎へ来航 1855 蝦夷地の第二次直轄 1859 蝦夷地東北諸藩による分領 1868 幕府，大政奉還 1869 開拓使設置 北海道と改称

表中の＊は「手書図」を示す。各文献より筆者作成

表4　主要文献にみる日本で作製された地図

年代	（1）高木（2011）	（2）秋月（1999）	（3）高倉（1987）	蝦夷地関係・出来事
1600	①＊日本総図蝦夷部分・初回図（1648 年頃）	＊正保日本総図「蝦夷地部分」（1644）		
1650	②＊日本総図蝦夷部分・再製図（1660 年代） ＊エゾの絵図（1668 以降） ④＊蝦夷図（1669） ＊エソノ図（1669） ＊松前之図（1671） ＊蝦夷松前之図（1671 以降） ＊松前嶋図（1688 以降写）	＊蝦夷図（1667） ＊エソ松前日本ノ図（1669）	＊松前国蝦夷図（1681）	1669 シャクシャインの蜂起
1700	③＊元禄国絵図「松前嶋絵図」（1700）図 1 寺島良安「蝦夷之図」（1712） ＊夷松前之図（1744） ＊津軽一統志掲載松前之図（1731）	＊元禄国絵図（1700）図 1 寺島良安「蝦夷之図」（1712） ＊松前広長「愚考新図大略」（1781） ＊津軽一統志所載蝦夷地図（1731）	＊元禄御国絵図「松前蝦夷図」（1700）図 1 寺島良安「和漢三才図会　蝦夷之図」（1713） ＊津軽一統志巻十附図（1731）	
1750	⑤＊林子平「日本遠近外国之全図」（1782） ⑤林子平「蝦夷国全図」（1785）図 2 ⑤林子平「三国通覧輿地路程全図」（1786） ⑥＊古川古松軒「蝦夷図」（1788） ＊最上徳内「古蝦夷全図」（1790） ＊加藤肩吾「松前地図」（1791 頃） ＊松前蝦夷全図（1792） ⑦＊堀田仁助「従江都至東海蝦夷地針路之図」（1799）	⑤林子平「蝦夷国全図」（1785）図 2 ＊蝦夷輿地之全図（1786） ＊最上徳内「新製蝦夷接域図」（1790） 長久保赤水「蝦夷松前図」（1795） ＊加藤肩吾「松前地図」（1791） ⑨＊近藤重蔵「蝦夷地絵図」（1798 頃） ⑦＊堀田仁助「従江都至東海蝦夷地針路之図」（1799）	林子平「蝦夷国全図」（1785）図 2 ＊古川古松軒「蝦夷図」（1788） ＊最上徳内「蝦夷風俗人情之沙汰附図」（1790） ＊加藤肩吾「松前地図」（1793 頃） ⑦＊堀田仁助「従江都至東海蝦夷地針路之図」（1799） ＊山田瞬「改正今蝦夷地形図」（1799）	1787 ラペルーズの探検 1789 クナシリ・メナシの蜂起 1792 ラクスマン，大黒屋光太夫を伴い根室に入港
1800	⑧＊伊能忠敬「蝦夷地実測図」（1800） 長久保赤水「蝦夷松前図」（1800 年代） ⑨＊近藤重蔵「蝦夷地図」（1802） ＊古川古松軒「奥州南部北方津軽及松前蝦夷海陸図」（1803） ⑧＊伊能忠敬「沿海地図」（1804）	⑧＊伊能忠敬「自江戸至蝦夷西別小図」（1800） ＊東西蝦夷地図（1801） ⑨＊近藤重蔵「蝦夷地図式」（1802） ⑨＊近藤重蔵「今所考定分界之図」（1804） ⑪＊岡部牧太「松前絵図」（1806） ＊沢義周「蝦夷唐太写図」（1808）	⑧＊伊能忠敬「自江戸至蝦夷西別小図」（1800） ⑩＊秦檍丸（村上島之丞）「蝦夷島奇観」（1800） ＊中村小市郎「東西蝦夷地図」（1801） ⑨＊近藤重蔵「蝦夷地図式」（1802） ⑧＊伊能忠敬「蝦夷国測量図」（1821） ⑭＊今井八九郎「蝦夷地里数書入地図」（1831）	1805 クルーゼンシュテルンの測量 1807 蝦夷地の第一次直轄

の、基本的な地図の選択はほぼ同じであり、蝦夷地を対象とした地図作製史の流れも共通である。

この書は、第一章でも述べたように、長らく未知なる土地であった日本の北方地域をめぐるヨーロッパ、ロシアそして日本といった諸国による領土獲得競争のなかでの地図作製、地域把握の歴史がテーマでもある。そのなかで、一八〇〇年代以降、伊能忠敬や間宮林蔵、松浦武四郎といった近世の日本人による地図作製の成果について、多くのページを割いて記述されており、その点が重要視されていることが窺える。また、一八五〇年代以降になると、ヨーロッパやロシアの地図作製の記述はなくなり、日本国内や蝦夷地沿岸に関わる地図の記述が中心になっていく。当該期に蝦夷地が日本の領土になった、という考え方を見て取ることができる。

3　高倉新一郎『北海道古地図集成』（一九八七年）

著者による「序」によれば、昭和五六年から一年間、毎週一回『北海タイムス』に連載した「古地図散歩」をまとめたものである。しかし、この地図集を出版する際には「歴史に重きをおいて選び、不完全だが北海道地図史を志した」とあるように、蝦夷地の地図史に重要な地図群を年代順に配置し、美麗な図版とともに著者の解説を加えたものである。

著作のなかでは、明確な時期区分はないが、前の二著作と並べて取り上げられている地図群を俯瞰してみると、多くの共通性があることがわかる（**表4**）。つまり、高木も秋月も、それぞれに時期区分や別の観点での地図を取り入れてオリジナリティは出しているものの、基本的にこの高倉の著作による北海道地図史の流れを踏まえており、先に紹介した二著作は高倉の著作の枠組みを踏襲しているともいえる。

高倉が北海道史料の山に埋もれながら研究するにあたり、「多くの北海道古地図を発見し、そこに書き入れられた説明文のなかには他の地誌には見られない貴重な記述があるばかりでなく、地図そのものも、北海道への関心が深まるにつれ、飛躍的に正確さを加えている」と述べている。そのなかの「正確さ」という文言に注目したい。つまり、地図に「正確さ」が加えられ、地図のなかの蝦夷地のかたちとして表現されていく変化こそが、高倉が述べる北海道地図史の流れのなかでの重要な点といえよう。

以上、三つの著作には、第一部で述べた点、つまりヨーロッパやロシアの蝦夷地をめぐる地図作製史にもみられる「正確な」地理的情報の把握、科学的な地図の完成への向けての流れという視点が共通していることがわかる。とりわけ、権力者や知識人層による最先端の技術で描かれた蝦夷地像が注目されており、近代的な地図への発展史としての地図史研究の視点が強い。また、その背景には、日本の国土に蝦夷地が組み込まれていく過程があった。この観点から、一八五〇年以降、幕府が蝦夷地を再び上知した第二次幕府直轄期以降に作製された地図が、いずれの著作でも数多く挙げられており、近世を通して、当該期が日本における蝦夷地の地図作製にとって最も重要な時期であったといえる。

二　蝦夷地沿岸図の作製と地域情報の収集

ところで、蝦夷地の地図は、幕府による直轄期以前にも数多く作製されてきた。しかし、表4に示された地図群においても、蝦夷地全体を描く小縮尺・中縮尺の地図の紹介が主であったことがわかる。

幕府直轄期になると、幕府は蝦夷地直轄の拠点を再び箱館に置き、幕府役人を蝦夷地へと派遣するとともに、東北諸藩にも蝦夷地警備を本格的に命じ、分割分領政策をとった。蝦夷地での活動拠点として、運上家や和人漁民の出稼ぎ小屋だけでなく、東北諸藩の陣屋も建てられた。その結果、蝦夷地における人々の往来が増え、多くの地域情報の収集が行われ、ミクロスケールな地域図（沿岸図）が作製されるようになる。

近世に作製された蝦夷地の沿岸図は、作製主体によって、幕府の地域情報収集による地図、松前藩の地図、東北諸藩の地図、民間の刊行図に分類できよう。この作製主体とは、絵図・地図の作製者およびそれをバックアップした組織を指す。たとえば蝦夷地を描いた伊能・間宮図は幕府の事業として完成し、松浦武四郎の『東西蝦夷山川地理取調図』も、この伊能・間宮図に箱館奉行所のお雇いとして蝦夷地を調査した際のデータを加えて作製された。しかし、伊能・間宮図のように自ら蝦夷地沿岸を測量した正確な測量地図は、地図作製に必要な能力やそれにかかる費用面から考えて、簡単には作製できない。それでは、各作製主体は、どのように蝦夷地の沿岸の地域情報を収集したのだろうか。

本書の第二部では、この観点から、蝦夷地の沿岸図を取り上げ、その地域情報収集のあり方を検討する。その際、論点は大きく二つある。ひとつは、これまでの地図史研究では取り上げられたことのないマイナーな地域図に焦点をあて、その地域情報収集と地図情報の機能を、政治的なコンテクストに位置づけて明らかにすることである。もうひとつは、これまでの地図史研究で積極的に論じられたことのない絵図や風景画による地域情報の表象およびその地域像をめぐる「風景」のポリティクスである。

先行研究の著作すべてで取り上げられているように、幕府役人である目賀田帯刀⑯の『延叙歴検真図』（『北海道歴検図』）は、すでに近代的な測量地図の作製が行われていた幕末において、まさに地図発展史という流れから逆行するかのように、蝦夷地の見分において、絵図・風景画などの作製を実践していた。また、江戸幕府の機関だけでなく、東北諸藩の関係者によっても蝦夷地における絵図や風景画の作製、地域情報の収集は行われていた。一見、科学的な地図発展史の流れに逆行し、矛盾するかのように感じられるこの地域情報収集の実践も、地図史研究の流れのなかでの意義を検討し、位置づけなおす必要がある。

第二部では、松前藩領であった江差沖の口役所における西蝦夷地の情報収集（第五章）、東北諸藩（秋田藩と盛岡藩を事例とする）による西蝦夷地・東蝦夷地の情報収集（第六章）、江戸幕府から蝦夷地調査に派遣された松浦武四郎（第七章）と目賀田帯刀（第八章）のそれぞれによる蝦夷地沿岸の地域情報の収集のあり方、その蝦夷地表象を検討する。また開拓使による風景画を通した札幌の表象分析も行う（第九章）。

その際、これらの史料群を、単に作製者や収集者の実践としてのみ論じるのではなく、権力側による領域把握として、当時の政治的権力のコンテクストや風景のポリティクスとの関連で論じることで、一九世紀半ばの日本の北方地域の地図史における意義を明らかにしていきたい。

注

（1）本章で参考にした先行研究は次の通りである。
高木崇世芝『近世日本の北方図研究』北海道大学出版企画センター、二〇一一年。
秋月俊幸『日本北辺の探検と地図の歴史』北海道大学図書刊行会、一九九九年。
高倉新一郎『北海道古地図集成』北海道出版企画センター、一九八七年。

第五章　松前藩・江差沖の口役所収集の絵図にみる地域情報の把握

欧米における地図史研究の第一人者であったJ・B・ハーリー[1]は、地図をいかにして「言説」の一形態として解釈することができるのかについて問うている。その際、政治権力と地図の関係を次のように記している。

彼によれば、客観的な地図というものはありえない。地図は「価値」から自由ではない。地図内容の選択性、その「表象」の記号や様式において、地図は特定の社会関係を反映しているのである。たとえば、私たちが「客観的」「科学的」で「正確」であると信じている近代以降の測量された「地図」でさえ、イデオロギーに満ちている。具体的には、地形図が軍事技術と深く関わること、土地台帳付属地図が国家あるいは地主による借家層や小作層の支配に関わること、などが挙げられている。また、地図の歴史は、「帝国」であろうと「国民国家」であろうと、つねに国家権力による領土・領域の把握であり、境界の画定であり、プロパガンダとして考えることができる。さらにハーリーは、芸術的価値の高いと思われる「装飾的な」絵画と「科学的な」地図とのいずれにも、政治的象徴が共通して存在していると指摘している。

以上のように、ハーリーの論文では、地図史における政治的権力というコンテクストの普遍性が強調されており、

そのコンテクストにおいて地図内容や表象を分析する必要があると述べられているところに特徴がある。(2)
日本の絵図研究にも、このような視点が見られる。川村博忠によれば、「わが国の地理学の発達史を説くには、その主軸をなすこの官選地誌・地図の成立を系統的に追求することが重要(3)」とし、幕府による国絵図収納は中国の影響を強く受けており、中央政府が国土の行政基本図を完備・保管しようとする、日本古来の伝統を継承した政治地理的事業であったという。

日本の地図史の流れからみると、江戸時代は重要である。幕府は「国絵図」「日本図」編纂を行い、幕末には『新編武蔵風土記稿』『新編相模国風土記稿』を作製する。伊能図も幕府天文方のもとで作製され、蝦夷地をつぶさに調べた松浦武四郎の膨大な地図や地誌も、幕府の援助のもとで完成する。これらの地図・地誌の作製状況を見てみると、いずれの場合も、国家権力による領土・領域の把握であり、境界の画定が重要な側面のひとつであった。両者の大きな違いは、地図は「図像」で表現され、地誌は「言語」で表現されていることである。

近年の動向では、歴史学でも、幕府による領域の把握という視点から国絵図・地誌が重要な研究対象として取り上げられている。国絵図を中心に論じている杉本史子(4)、地誌編纂史を研究している白井哲哉(5)の仕事がその主要な成果である。しかし、近世日本で作製された多数の地図・地誌に関する分析は、いまだ今後の課題として残されている。

以上の研究動向を踏まえ、本章では、絵図を政治権力による地域把握の手段として分析し、そのコンテクストにおいて蝦夷地の西側部分（**図24**）を取り上げる。蝦夷地は、幕末になると、対ロシア関係から北方の要地として認識され、幕府による二度の直轄政策が行われた。その過程で、蝦夷地の絵図は量的に増大したばかりでなく、その質も飛躍的に向上している。それゆえ、上述の視点から絵図を扱う際、蝦夷地の絵図は格好の事例となるのである。

具体的事例としては、北海道江差町増田家が所蔵する「江差沖ノ口備付西蝦夷地御場所絵図（二五葉）(6)」（**図26**）

を用いることにしよう（表5）。

『江差町史　資料編　第一巻』「解題」(7)によると、本絵図は、江差沖《おき》の口役所《くちやくしょ》備付であったが、沖の口役所（松前藩）から海官所（開拓使）に引き継がれ、その廃止時に、沖の口役所の役人であった増田伝左衛門がその保管文書を私蔵したものと伝えられている。絵図は全部で二五葉、うち一八葉は彩色しているが、残りの七葉は墨書きである。いずれも絵画的な手描きの絵図であり、海側から俯瞰した形で描かれている。

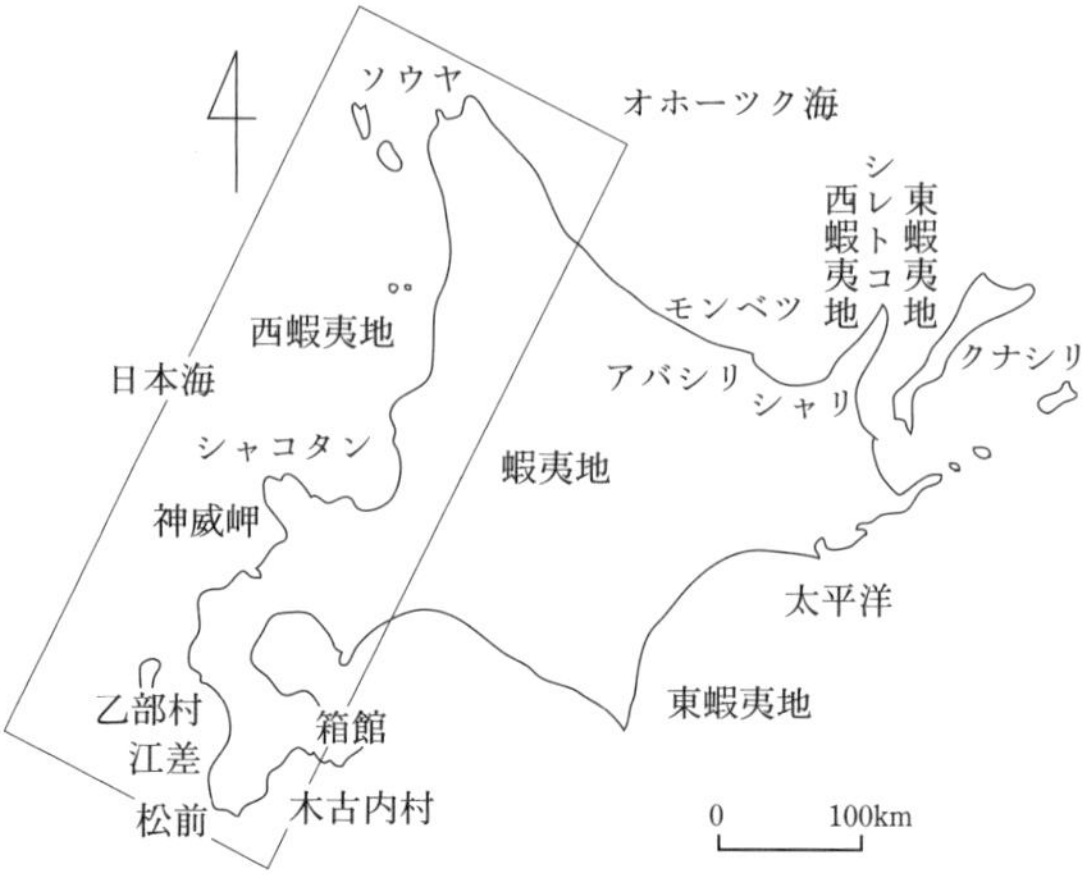

図24　蝦夷地と和人地（トレース，筆者作成）

「解題」によれば、作製年代については、「場所絵図の描かれた年代は明確ではないが、陣屋、運上屋等が描かれているので安政頃のものと推定される」(8)とあり、作製者などについては、「その描き方は一様でなく、数人の描き手によって描かれている。即ち場所に派遣された勤番が、現地で描き取り、役所に提出され、原図として保存されたものと考えられる」(9)と述べられている。

本絵図は、幕末の西蝦夷地をめぐる状況を考察する上で貴重な史料であるにもかかわらず、これまで積極的な検討はなされていない。これは、作製目的、作製過程、絵図の利用状況など、基本的事項が不明確であるため、歴史的事実を明らかにする史料としては、検討に困難が伴うからだと推測される。秋月俊幸は(10)、幕末蝦夷地で沿岸図・場所図が多数作製されたことを指摘しているものの、本絵図をその一例として位置づけるにとどまっており、絵図そのものに関する分析は行っていない。

従来の蝦夷地の絵図に関する主な研究は、蝦夷地全体の絵図・地図の変遷を扱った高倉新一郎(11)、船越昭生(12)・秋月俊幸(13)の研究、そして松前国絵図な

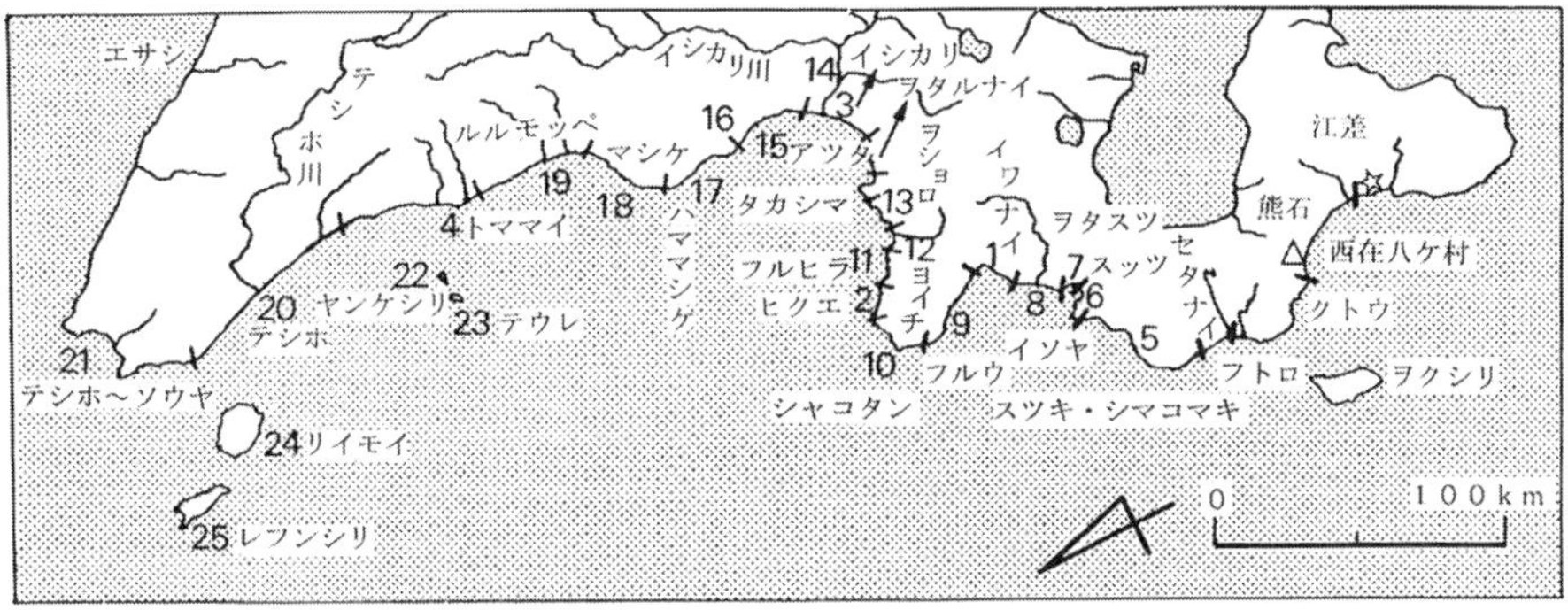

図25　「江差沖ノロ備付西蝦夷地御場所絵図」に描かれた西蝦夷地の場所（トレース，筆者作成）

どを用いて幕府と松前藩という権力側の空間認識における差異を論じている羽田野正隆の論考[14]がある。特に秋月俊幸の研究は、北方図（蝦夷図）の史料学的研究を飛躍的に進展させた。しかし、いずれにおいても、マクロ・スケールの絵図・地図に関する研究事例に比べて、ミクロ・スケールの地域図を研究した事例は少ない。

また浅倉有子は、箱館奉行所関係の史料を中心に詳細に分析し、幕末蝦夷地において政治権力による情報の把握が行われていたことを論じている[15]。浅倉の研究視点は筆者の問題意識に共通する。幕府や松前藩による絵図作製行為は、文字情報の把握のみならず、空間的な情報の把握をも目的としていた。

ここでは、絵図を一枚ずつ丹念に読み解いていくことはせず、絵図の図像や年代を検討する際に、必要に応じて個々の絵図に描かれていることを抜粋し、それらを手がかりに考察するにとどめる。このように、ある地域の絵図がまとまって同一場所に管理されていたことは、それ自体、この時期の権力と地図の関係を明らかにする手がかりになろう。

各絵図に描かれた地域を図に示した（**図25**）。石狩平野に至る間に存在するヲタルナイ場所・タカシマ場所、あるいは宗谷岬から知床岬までの絵図が残存していないものの、本絵図群は、西蝦夷地の「場所」（松前藩による場所請負制度下による地域区分）をおおよそ網羅している。

分析の手順は、まず、絵図に描かれた情報を概観し、描かれた情報の選択と把握について吟味する。次に、絵図情報の空間的表現、つまり図像と表象について分析する。そして、以上の二点を踏まえて、政治的権力のコンテクストにおける絵図情報の機能について考察し、地域像の特徴を述べてみたい。

一　絵図における情報の選択と把握

1　絵図に描かれた情報

まず、各絵図に書き込まれた情報について概観する。**表5**は、細かい地名の記載、場所境界の記載、方位の記載、陸道の記載、色の種類、自然環境の描写、家屋や集落などの記載、その他の情報について、各絵図の特徴を一覧にしたものである。

地名はすべての絵図のなかにカタカナで詳細に書き込まれている。隣接する場所との境界は、14のイシカリ場所絵図、20のテシホ場所の絵図、22～25の島嶼部の絵図には書かれていないが、他の絵図にはすべて書き込まれている。方位・陸道も概ね記載されている。色彩は、海・川は青色、山・木は茶色・緑色・黄色、平地部分は黄色で描かれ、陸道、運上家《うんじょうや》（場所請負人の蝦夷地における拠点）は赤色で記されていることが多い。家屋や集落などについて見ると、運

図26　1．岩内場所絵図（「江差沖ノロ備付西蝦夷地御場所絵図」『江差町史　第1巻　資料編』）

上家、番家（運上家の出張所）、出稼小屋（蝦夷地に進出した和人の出稼漁民の小屋）、「土人小屋」（アイヌの小屋）、神社を始め、畑地や漁場などが情報として記載されている。道標や里程なども詳細に記されている絵図が多い。

このように、絵図ごとに差異はみられるものの、本絵図からはそれぞれの場所につき、文字と図像による詳細な空間情報が得られることがわかる。

また、絵図に書き込まれた情報の年代を見てみよう。11の絵図に書き込まれた「巳年切開山道」、18の絵図に描かれた「陣屋」、19の絵図に書き込まれた「私領中ヨリ出稼人、辰年ヨリ出稼人、巳年ヨリ出稼人、午年ヨリ出稼人、未年ヨリ出稼人、申年ヨリ出稼人」、の各記述が手がかりである。

11のフルビラ場所の絵図には、「巳年」に新道が通ったことが記されている。これは、安政三（一八五六）年から安政四（一八五七）年にかけて、フルビラ場所の請負人である福嶋屋（田付）新左衛門が、イワナイの請負人仙北屋、ヨイチの請負人竹屋、ヲショロの請負人住吉屋と共同出資して、余市山道（岩内・余市間）を開削したことに[16]関係があるとみられる。このことから、絵図中の「巳年」は安政四年と考えられる。18のマシケ場所の絵図に描かれている「陣屋」は、安政三年に秋田藩佐竹家が開いた陣屋[17]である。19のルルモッペの絵図にある「私領中」は、松前藩領時代と考えられる。安政二年に幕府が西蝦夷地を上知したことを考えると、「辰年」は安政三（一八五六）年と推定できる。本絵図は松前藩領時代から万延元（一八六〇）年の間の出稼人進出に関する情報を書き込んでいるといえる。

以上のことから、絵図に描かれた情報の推定年代は、早くて安政二年であり、遅くて万延元年以降といえる。

2　情報の選択と把握

次に、情報の内容が絵図ごとに異なることに着目し、どのような情報が選択され把握されているのかについて考察する。特に、西蝦夷地各場所における運上家、出稼人（和人の出稼漁民）、「土人」（蝦夷地ではアイヌを指す。

家屋・集落などの記載の特徴	その他の情報
運上家・家屋・神社	道標
家屋が密集.「土人小屋」・出稼小屋軒数・小休所	道標
番家.「土人小屋」多数・網引場	
運上家・家屋の方角（亥向など）	目印ごとに海岸の里程.「松前福島村孫次郎エツヒルナイ辺漁場割渡」
運上家,番家,間掛場,新道切開などの凡例.「土人小屋」・家屋が密集	「百五六拾石ヨリ四五百石積迄之船七八能相掛尤秋ヨリ冬ワ浪高二付間掛出来不申候」
運上家・番家.「土人小屋」・稲荷社・弁天社・御陣営・渡守	道標
運上家・神社・海岸沿いに家屋が並ぶ	道標・里程一切なし
運上家・神社・弁天・海岸沿いに家屋が並ぶ	道標・海岸沿いに里程
運上家・神社・家屋が並ぶ	道標
運上家・出稼ぎ小屋軒数.「土人小屋」軒数・出稼ぎ畑地（大豆・小豆・大根など作物名の記載）	道標・海岸沿いに地名ごとに詳細な里程
運上家・出稼ぎ小屋軒数.「土人小屋」・出稼ぎ畑地・小休所・役宅4軒	道標
運上家・役宅3軒・番家・畑地・大工小屋・船大工小屋.「土人小屋」多数・弁天社・イナリ社・蕎麦茶や・出稼ぎ小屋・麦分畠・蔵・馬ヤ・宿ヤ・運上家畑地・運上家田地・御手作場・廻川番所・小休所	道標・弁才船掛場・海岸沿いに里程
運上家・番家・蔵・運上家畑地・出稼ぎ家・永住家・小休所	道標・海岸沿いに里程・海岸沿いに「漁」の記載
役宅・漁場所有者の名前（和人の名前.「土人持」）	道標・塚
家屋	
運上家・通行家・出稼ぎ小屋	道標
運上家・海岸沿い地名ごとに「出稼有」の記述・役宅	道標
運上家・陣屋・漁小屋・休所・昼所・畑・ダイハ・家屋が列状	道標
運上家・役宅・番家・畑・運上家出張.「土人小屋」・永住・永住地所・イナリ社・弁天社・観音・地蔵・馬ヤ・渡守小屋・昼所・小休所・出稼人（「私領中ヨリ中年ヨリ」出稼ぎ人の記載）	道標.「船掛場海岸ヨリ90間程沖口掛申候船に候得者川入仕候」
運上家・川沿いに家屋	川の里程
泊所・昼所	海岸沿いに「漁」の記載
家屋	
家屋	
運上家・番家・巳,午,来年ヨリ漁場持名前・漁場見立所・出張所・家屋	
番家・来年ヨリ漁場持ち名前	

表5 「江差沖ノ口備付西蝦夷地御場所絵図」を構成する各絵図の内容と特徴

	描かれた地域	地名	境界	方位	陸道	色　彩	自然環境の描写
1	「岩内場所」　図26	○	○	○	○	青茶緑赤	海山木岩川
2	「ヒクニ場所」	○	○	○	○	青茶緑赤	海山　岩川
3	「石狩場所」	○	○	○	○	青茶緑赤黒	海山木　川沼谷
4	「トマヽイ」	○	○	×	○	青茶緑赤	海山木岩川
5	「透木島小牧場所」	○	○	×	○	青茶緑赤	海山木岩川
6	「スツヽ場所」	○	○	○	○	青茶緑赤	海山木岩川
7	「ヲタスツ御場所」	○	○	×	×	青茶緑赤　黄	海山　岩川
8	「磯谷御場所」	○	○	○	×	青　　　黒	海山　岩川
9	「降雨場所海岸」	○	○	○	×	青茶緑　　黄	海山　岩川滝
10	「シャコタン場所」	○	○	○	○	青茶緑	海山　岩川
11	「フルヒラ場所」	○	○	○	○	青茶緑赤	海山　岩川
12	「ヨイチ」	○	○	○	○	赤　　黒	山　岩川
13	「ヲショロ」	○	○	○	○	赤　　黒	山　岩川
14	「石狩川漁場」	○	×	×	×	青　　赤	海　　　川
15	「アツタ場所」	○	○	○	○	青茶緑　黒	海山　岩川
16	「アツタ浜マシケ境界」	○	○	○	○	青茶緑赤　黄	海山木岩川
17	「浜ハシケ山道海岸」	○	○	×	○	青茶緑赤	山木岩川
18	「マシケ場所」	○	○	○	○	青茶緑	山木岩川
19	「ルヽモッヘ」	○	○	○	○	青緑赤黄	海山　岩川
20	天塩場所	○	×	○	○	赤　　黒	海　　　川
21	「天塩海岸堺ヨリ宗谷江刺マデ」	○	○	○	○	青　緑赤　黄	海山　　川
22	「ヤンケシリ嶋」	○	×	○	×	赤　　　黒	山木岩
23	「テウレ嶋」	○	×	○	×	赤　　黒	山木岩
24	「リイシリ」	○	×	○	○	赤　　　黒	山木岩
25	「レフンシリ」	○	×	○	○	赤　　　黒	山木岩

『江差町史　資料編　第1巻』「付図」（本文注6）より筆者作成。番号（1～25）はこの付図の番号である。○は記載あり，×は記載なしを示す。

19	運上屋（通行や，備米蔵，勤番所，板蔵 14 棟，茅くら 7 棟，大工小屋，鍛冶小や，木挽蔵，船蔵 2，漁や 2）	出稼多く成りし。	安政 2 改 62 軒，211 人
20	運上屋 1 棟，仮屋 1 棟，備米蔵 1 棟，粕蔵 3 棟，茅くら 4 棟，厩 1，弁天社 1 棟有。		
21	運上屋，勤番屋，武器蔵 1 棟，備米蔵 1 棟，備品蔵 1 棟，通行屋 2 棟，大工小屋，鍛冶蔵，いりこ製造小屋，雇蝦夷小屋 1，厩 1，板蔵 16 棟，茅蔵 4 棟，弁天社。		乙名センケ，脇乙名アシトカリ，惣小使ホロキムンクル，脇小使エクシタラケ支配するなり。
22	シリホケシ（番屋 1 棟，板蔵 3 棟，茅蔵 2 棟，弁天社，大工くら）	漁小屋多し。	「土人」10 軒，43 人，常にテシホより来り漁業をする也。
23	チカクシナイ（小川，番屋 1 棟，茅蔵，弁天社有り）	出稼人多く来たり。	「テシホ土人」.「ヤンケシリ土人」漁業する也。
24	運上家東北の岬に有。ホントマリと云。弁天社・蔵々有。		秋味漁猟の時は皆ソウヤの夷人を遣し而使ふ。
25	此所リイシリ附場所なる。		

松浦武四郎『西蝦夷日誌』より筆者作成。表には，史料中の文章をそのまま抜き書きし，漢数字はアラビア数字に置き換えた。番号（1 ～ 25）は，「西蝦夷地御場所絵図」の番号（**表 5** 参照）で記された「場所」に対応している。なお，20・21 は松浦武四郎「竹四郎延滞日記」（本文注 19）より作成。21 はソウヤ場所を抜粋。24, 25 は松浦武四郎『再航蝦夷日誌』（本文注 20）より作成。

その土地の人という意味）に関する情報の差異に注目し、各絵図ごとにその特徴を一覧にした（**表5**）。

運上家（イシカリ場所では元小屋と言う）は、ほとんどの絵図に、家屋・屋根や境界からの里程を含めて記載されている。12、13、19の絵図では家屋だけでなく、蔵や畑地まで詳細に描かれている。出稼人に関しては、2、10、11の絵図には軒数と進出地区が記載されており、19の絵図には、年次ごと、海岸部分に進出地区が記入されている。「土人小屋」は、2、3、5、6、10、11、12、13、19の絵図に描かれている。3、14の絵図には小屋の図像は見られないが、3にはその位置に赤い丸印が付され、14には「土人持」の漁場について位置が示されている。

本絵図に記載された情報は、西蝦夷地の実態をどの程度示しているのか。そこで、ほぼ同時期の情報が記載されていると思われる史料と比較し、本絵図に選択して描かれている情報について考えよう。

まず、当該期における地誌の代表例として松浦武四郎の『西蝦夷日誌』[18]を取り上げ、各絵図の描かれた場所ごとに運上家、出稼人、「土人」の情報を示した（**表6**）。『西蝦

表6　松浦武四郎の地誌にみる「運上家」「出稼」「土人」の情報

	「運上屋」	「出稼」	「土人」
1	イワナイ運上や（通行や，御米蔵，板蔵17，雇や，漁や，其外建物多し）佐藤某		安政改26軒，56人
2	ビクニ運上や（1棟，板蔵8棟，御備米蔵，弁天社有り，美々敷立たり）	此漫出稼多く，美々敷家作また苫屋等立雑りて盛なり。	安政改7軒，14人
3	イシカリ元小屋（他場所では運上家）（8間半，27間，勤番所，備物くら，武器くら，かやくら12，板倉20，漁や3，雇小や5）など詳細な情報あり	勇払出稼1	安政改670人
4	苫前運上屋（1棟，通行や，備米蔵，板蔵8棟，大工小屋，鍛冶蔵，茅くら3棟，舟蔵，弁天社）		天塩山中より移住 安政改20軒，109人
5	嶋古巻運上屋（蔵々12，備蔵，漁や，船蔵，雑載3，米蔵，弁天，龍神，いなり社）	出稼ぎ多し	「雇土人小屋」 安政元改11軒，34人
6	スツヽ運上屋（通行屋，備蔵，板くら11，雑蔵，弁天社，稲荷社）	二八取多し	安政改16軒，63人
7	ヲタスツ運上屋（通行や，備米蔵，板蔵8，漁小や，弁天，いなり）	二八出稼多し	安政改15軒，54人
8	イソヤ運上屋（通行や，備くら，板蔵，漁や，いりこ蔵）		安政改5軒，17人
9	フルウ運上や（通行や，備米くら，板くら11，大工小や，雇くら，舟くら）	出稼多く，如何なる處も漁場ならざるなく	安政改18軒，75人
10	シャコタン場所（運上や1棟，板倉12棟，漁小や5軒，茅ぐら，弁天社）		「土人」多し 安政改17軒，77人
11	フルビラ運上屋（運上や1棟，板くら21棟，弁天社）		「土人」多し 安政2改55軒，241人
12	ヨエチ（運上や，板くら10棟，御備米くら，動番所，茅くら）是を下ヨイチと云。運上や上下ニケ所に有りし也。運上や（1棟，板くら6棟，船大工くら，弁天社）	二八多し	「土人」多し 安政2改79軒，493人
13	ヲシヨロ運上や（運上や1棟，板くら，備米くら，茅くら，いなり，戎社）	二八宗継き也	「土人」多し 安政2改71軒，296人
14	※3に同じ	※3に同じ	※3に同じ
15	ヲシヨロコツ（運上や1棟，板ぐら12棟，勤番所，弁天社，雇小や，大工くら，漁や）	ユウフツ・石狩出稼や立ち並び…年々和人の入込高壱万人余もあるべし。	「土人」多し 安政2改9軒，41人
16	※15・17に同じ	※15・17に同じ	※15・17に同じ
17	濱益毛（運上や，通行や，御制札，備ぐら，板くら6棟，茅ぐら9棟，雇くら，鍛冶や，大工小や，漁や，建物多い	出稼多し	安政2改54軒，204人
18	マシケ運上屋（運上屋，通行や，備米蔵，制札，板蔵18棟，茅くら，弁天社，勤番所，鍛冶蔵，大工小屋）	当地も15年前其出稼とても複2，30軒に不満しが，今は…町家つづきになり。	安政改37軒，136人

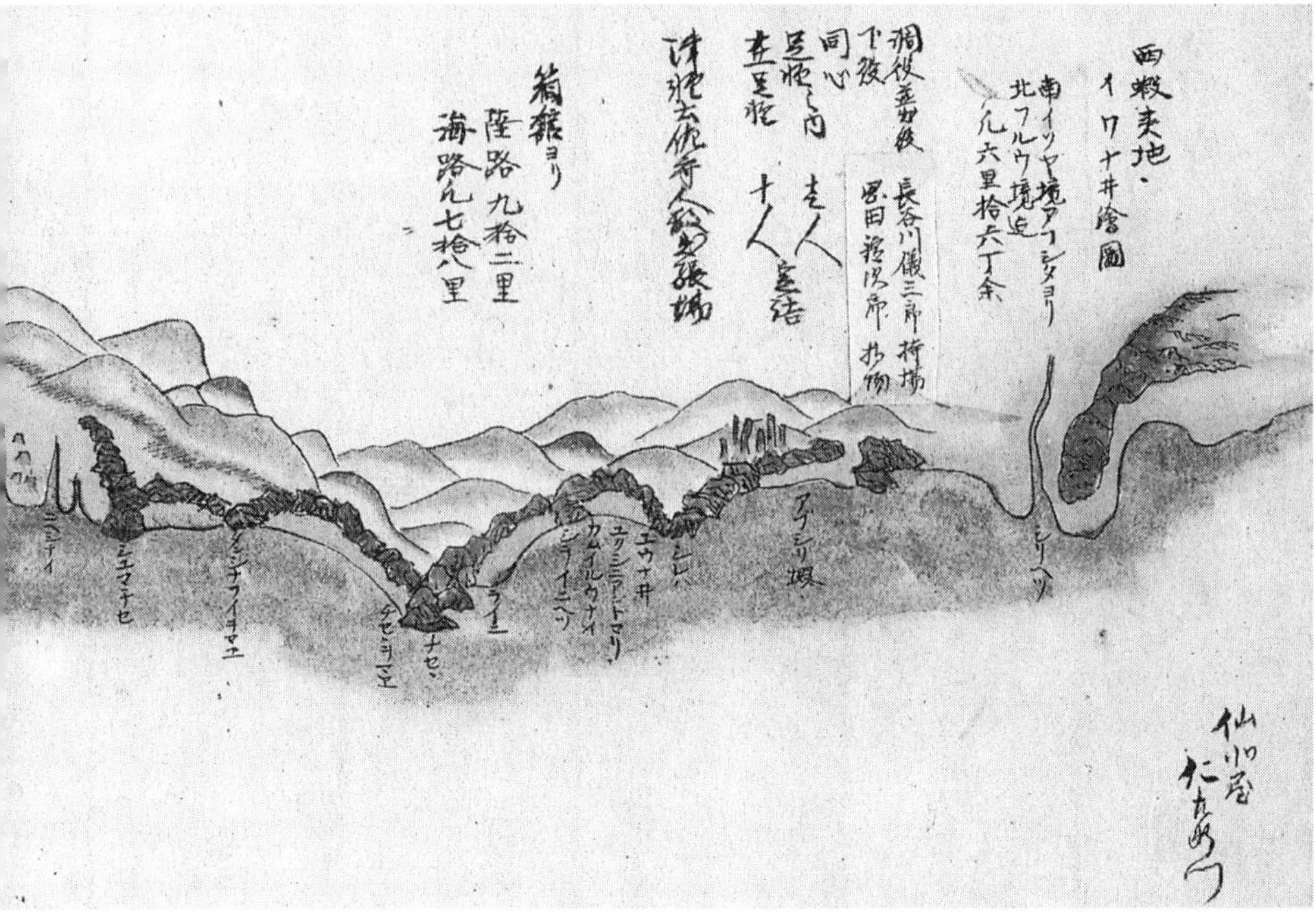

夷日誌』は、松浦が蝦夷地を探検した際に残した日誌を、後になって編集した『東西蝦夷山川地理取調紀行』一〇部二二冊のなかの一部であり、構成は六編六冊である。松浦は、弘化二（一八五四）年から安政五（一八五八）年まで全六回の蝦夷地探検を行い、多くの日誌を残している。『西蝦夷日誌』は、それらを地域ごとに再編集したものであり、西蝦夷地に関する記述が整理して記述されているところに特徴がある。しかし、テシホ・ソウヤなどの記述が欠けているため、その補足として、『竹四郎廻浦日記』[19]・『再航蝦夷日誌』[20]を用いた。

表6をみると、運上家は、すべての「場所」で建物の構成が詳しく述べられていることがわかる。また、「土人」に関しては、ほとんどの場所に人別が記されており、西蝦夷地全域にアイヌが存在したことが窺える。一方、和人の出稼漁民に関しては、「出稼多し」「二八多し」[21]など簡単な記載が多く、運上家や「土人」と比べて記述に占める重要性が低い。『西蝦夷日誌』が、すべての「場所」でアイヌの

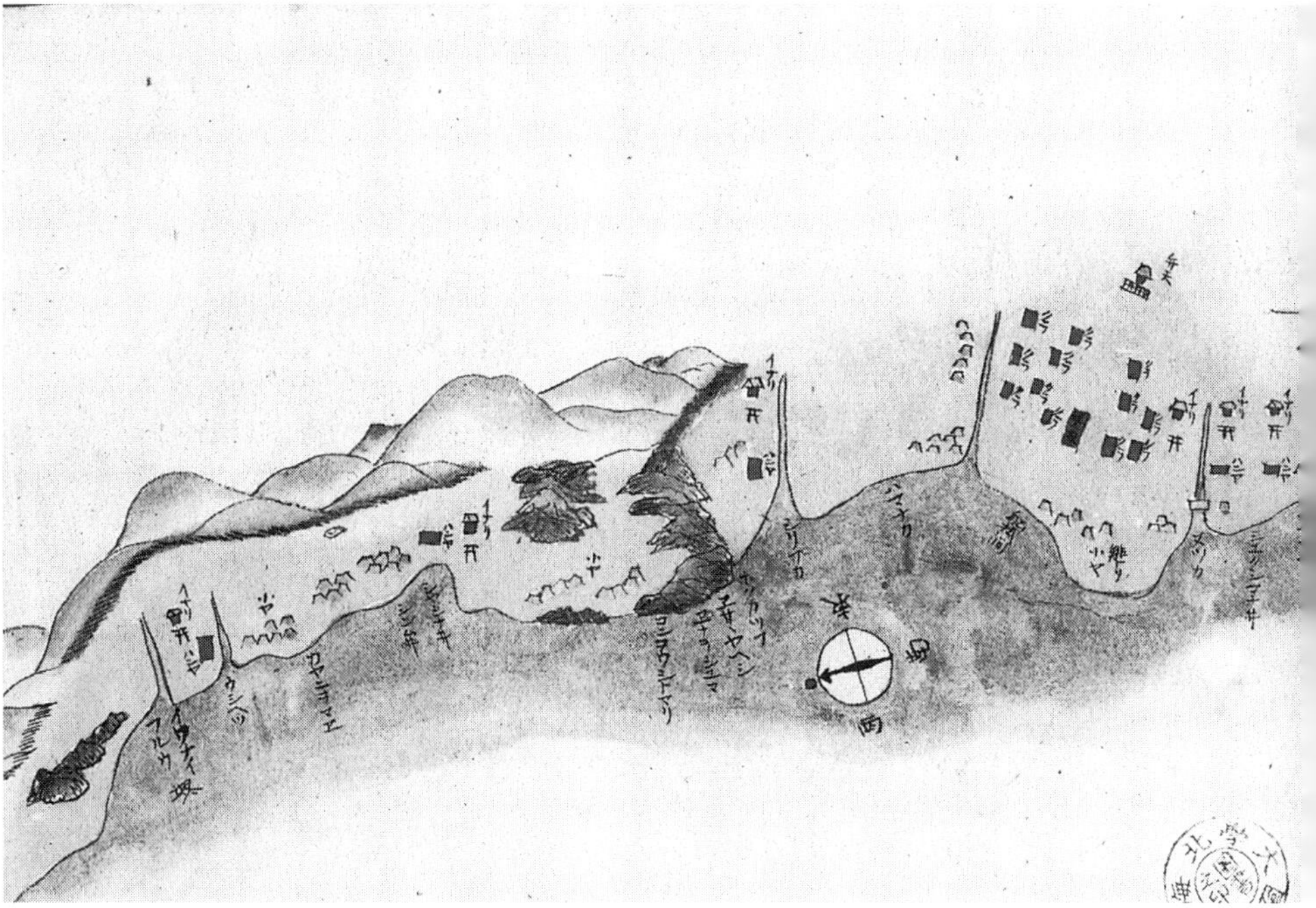

図27　西蝦夷地イワナイ場所（『蝦夷全地』北海道大学附属図書館北方資料データベース）

人口を詳細に記述していることに比べ、本絵図では、ある特定の「場所」にしかアイヌに関する情報は存在しない。しかし、出稼漁民は軒数まで記載されている図も存在し、『西蝦夷日誌』に比べて詳細な情報が書き込まれているものがある（第二節で後述）。

次に、この時期に作製された沿岸絵図の代表例として、安政五（一八五八）年頃に箱館奉行所の役人である藪内於菟太郎が作製した『蝦夷全地』[22]を取り上げる（**図27**）。『蝦夷全地』は、カラフト・千島を含めた蝦夷地各所の絵図が一冊にまとめられ、彩色された絵図集である。秋月俊幸は、箱館奉行所で取りまとめられた絵図を、藪内が写したものであると推測している[23]。

表7では、この絵図集の西蝦夷地部分を参照して、本絵図に描かれた「場所」についてまとめた。運上家は、赤い四角・茶色の四角の凡例で位置が示されているものが多く、いくつかの絵図には家屋・屋根の図像もある。左下に請負人の名前が書き込まれているものもある。出稼人については明確な記載がな

い。代わりに、「鯡取《にしんとり》」あるいは「漁小屋」の記載がある。現段階では、本絵図における「出稼」とどの程度実態として重なるのかは明確ではないが、和人の出稼漁民と考えて差し支えないと思われる。またアイヌは、「土人」ではなく「夷人」「蝦夷人」「イゾ」「エソ」などと記載されており、ある特定の絵図にしか描かれていない。

ここで、箱館奉行所幕吏の作製した『蝦夷全地』と本絵図を比較することで、両者の情報把握の特徴を吟味してみよう。まず、『蝦夷全地』と「本絵図」の共通点は、運上家の記載がほとんどの絵図に存在する一方で、「鯡取」

『蝦夷全地』の鯡取	「御場所絵図」の「土人」	『蝦夷金地』の「夷人」
∧「鮮トリ小屋」		
∧「鯡取小屋」	∧,「土人小屋」(図 31)	
	●(赤)「土人小屋」	
∧,「漁小ヤ」		
∧,「鯡取小ヤ」	∧,「土人小屋」(図 32)	
∧, 軒数 「鯡取小ヤ」	II,「土人小屋」(図 33)	∧,「夷人小屋」
∧,「鯡取小ヤ」		八,「夷人小屋」
∧,「鯡取小ヤ」		∧,「夷人小屋」
∧,「鯡取小ヤ」		III,「夷家」
∧,「餅取小ヤ」	∧, 軒数 「土人小屋」	∧,「イゾヤ」「イゾ小屋」
∧,「漁小ャ」	∧,「土人小屋」	∧,「エソヤ」
∧,「漁小屋」	II,「土人小屋」	
■(赤),「漁小ヤ」	∧,「土人小屋」	
	「土人」持漁場の記載あり	
∧,「漁小ヤ」		∧,「蝦夷ヤ」
∧,「漁小ヤ」		
∧,「漁小ヤ七ヶ所」		
「漁小屋」	∧,「土人小屋」	
∧,「漁小ヤ」		

地弐百坪五斤芋大根作」「此辺出稼畑地五百坪大豆小豆大根作」「此辺出稼畑地五百坪大豆小豆大根五斤芋作」「此辺出稼畑地千五百坪五斤芋大豆大根作」。

表7 「江差沖ノ口備付西蝦夷地御場所絵図」と『蝦夷全地』の比較

	「御場所絵図」の運上家	『蝦夷全地』の運上家	「御場所絵図」の出稼
1	II・‡，里程 「運上家」	■（赤），「運上家」・仙北屋仁九右衛門	
2	∧・‡，里程 「ヒクニ運上家」	■（赤）	∧，軒数 「出稼小屋」・「此辺出稼畑地3,000坪有麻大角豆腐麦大根作有」
3		■（赤），「元小屋」	
4	II，里程 「トママイ運上家」・方位	∧，「運上家」	
5	II■（赤），里程	■（赤），「運上ヤ」	
6	H，「運上家」	「運上家」・山崎屋新八	
7	■（赤），「ヲタスツ運上家」	■（茶），「運上家」ほか・桝屋栄治郎	
8	II，里程 「運上家前」	■（茶），「運上家」ほか・桝屋栄治郎	
9	II・‡，里程 「運上家」	II，「運上家」・福鳥屋新右衛門	
10	II・‡，里程 「運上家」	■（茶），「運上ヤ」・恵比寿屋本兵衛	∧・II，軒数「出稼小屋」（図34）・出稼畑地4ヵ所（注）
11	II・‡，里程 「運上家」（図35）	II，「運上ヤ」	∧，軒数 「出稼小屋」・「此辺出稼畑地13,800坪栗麦夏野一菜作り」（図35）
12	II，里程 「下ヨイチ字モイレ運上家」（図28）	II，「運上家」・竹屋長右衛門	II，「出稼小ヤ」
13	II，里程 「ヲショロ運上家」（図29）	■（赤），「運上家」・住吉屋徳兵衛	II，「出稼家」「永住家」
14		※3に同じ	「在注水嶋秋山2戸」
15		∧，「運上ヤ」・濡鼠与右衛門	
16	※15，17に同じ	∧，「出稼」	
17	II，里程 「運上家」	■（赤），「運上家」・伊達林右衛門	「出稼有」
18	II，里程 「運上家」	■（赤），「運上家」	∧，「漁小屋」
19	II，里程 「運上家」（図30）	■（赤），「運上ヤ」・栖原六右衛門	年次ごとの出稼人の所在地を示す記号，「永住」
20	II，「テシホ運上家」	∧，「運上ヤ」	
21			
22			
23			
24	II，「トマリ運上家」	■（赤），「トマリウンシヨウヤ」	II，漁場持
25			II，漁場持

『江差町史　資料編　第1巻』「付図」（本文注6）および『蝦夷全地』（本文注22）より筆者作成。図中の番号（1～25）は表5に対応している。また「　」は図中の文字記載を引用したものである。記号は，∧（柱・壁がなく屋根のみが簡略に描かれた家屋），II（屋根・柱・壁が簡略に描かれた家屋），‡（門を付随した柵状の施設），■（四角形の記号），●（円形の記号）。なお（注）は「此辺出稼畑

「夷人」などの記載はある特定の絵図にしか記載されていないことである。そこで、本絵図における「出稼」「土人」と『蝦夷全地』における「鯡取」「蝦夷人」の記載状況を検討する（表7）。本絵図では、「出稼」「土人」のいずれも、特に積丹半島からフルヒラ、ヨイチ、ヲショロおよびルルモッぺに多い。一方、『蝦夷全地』では、「鯡取」は西蝦夷地に広範囲に分布している。「夷人」などは、積丹半島の一部であるフルウ、シャコタン、フルヒラ、その南部に位置するスッツ、ヲタスツ、イソヤに分布する。

情報の中味をさらに詳しく比較する。本絵図の10、11の絵図では、出稼人の軒数、「土人小屋」軒数、出稼人の畑地が記載されている。13の絵図には、出稼人だけでなく「永住家」の存在も見ることができる。19の絵図では、年次ごとに進出地区が示されている。また、13の絵図（ヲショロ）によれば、海岸沿いに「漁」の種類が記載されており、ヲショロでは、鯡漁だけでなく、秋味《さんま》、いりこ、鮑漁なども盛んであったことが窺える。出稼漁は鯡漁だけでなかったことが推測できる。しかし、『蝦夷全地』では、「鯡取」も「夷人」も家屋の図像が描かれているのみであり、本絵図に比べて簡単な記載であるといえる。

以上から明らかになるのは、本絵図が『蝦夷全地』に比べて、場所による情報把握のばらつきが大きいということである。

二　絵図における情報の表象

1　情報の空間的表現

地誌が、あくまで文字による地域情報中心であるのに比べて、本絵図は詳細な図像による情報までカバーできることに特徴がある。まず、本絵図の重要要素である空間的表現を見てみよう。

各絵図における運上家、出稼小屋、「土人小屋」の空間的表現を見るために、主な事例を示した（**図28**～**図35**）。**図28・図29・図30**は、運上家が詳細に描かれている絵図（12、13、19）から、運上家とその周辺を示したものであ

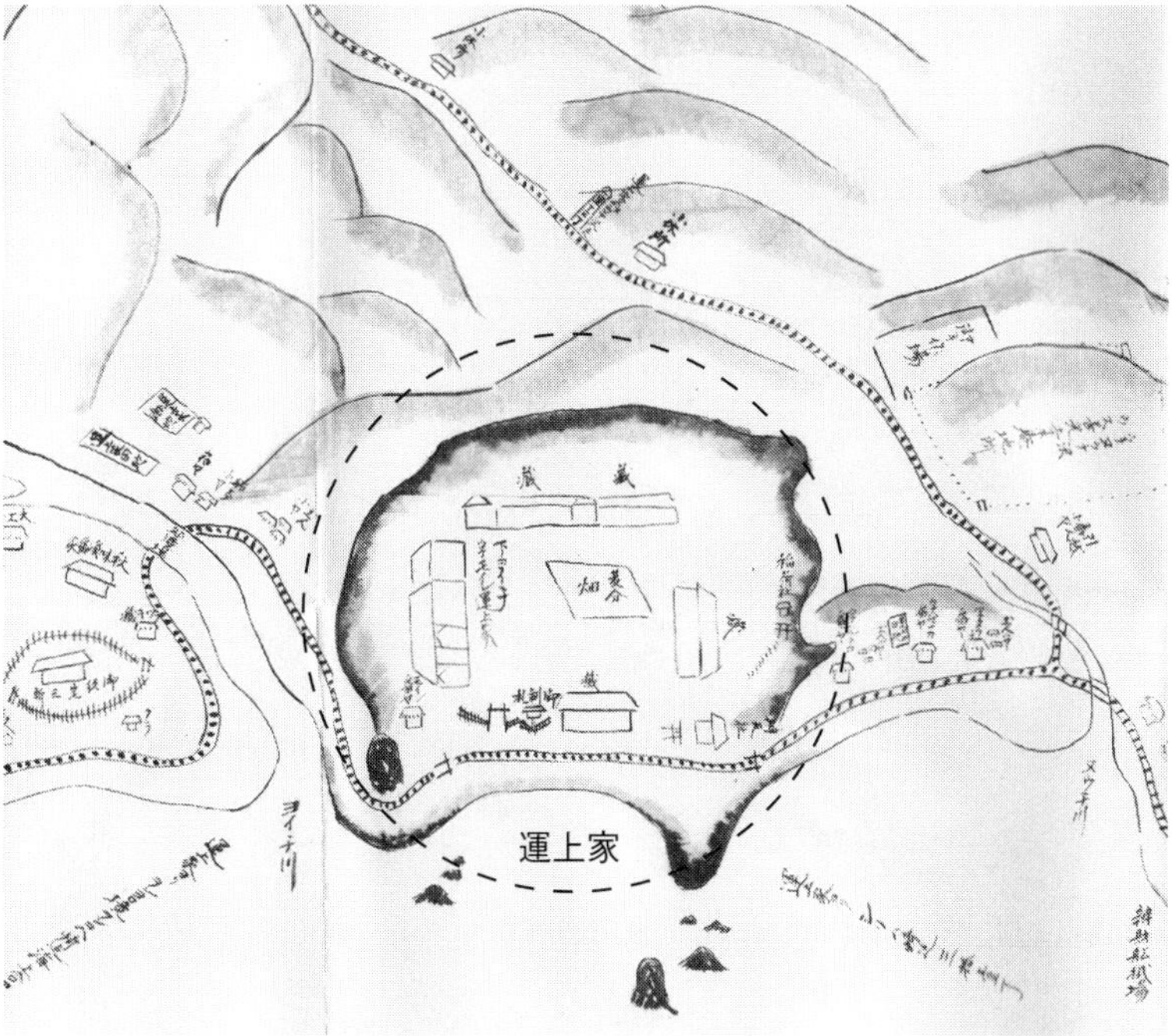

図28　12. ヨイチ場所絵図より運上家の空間的表現

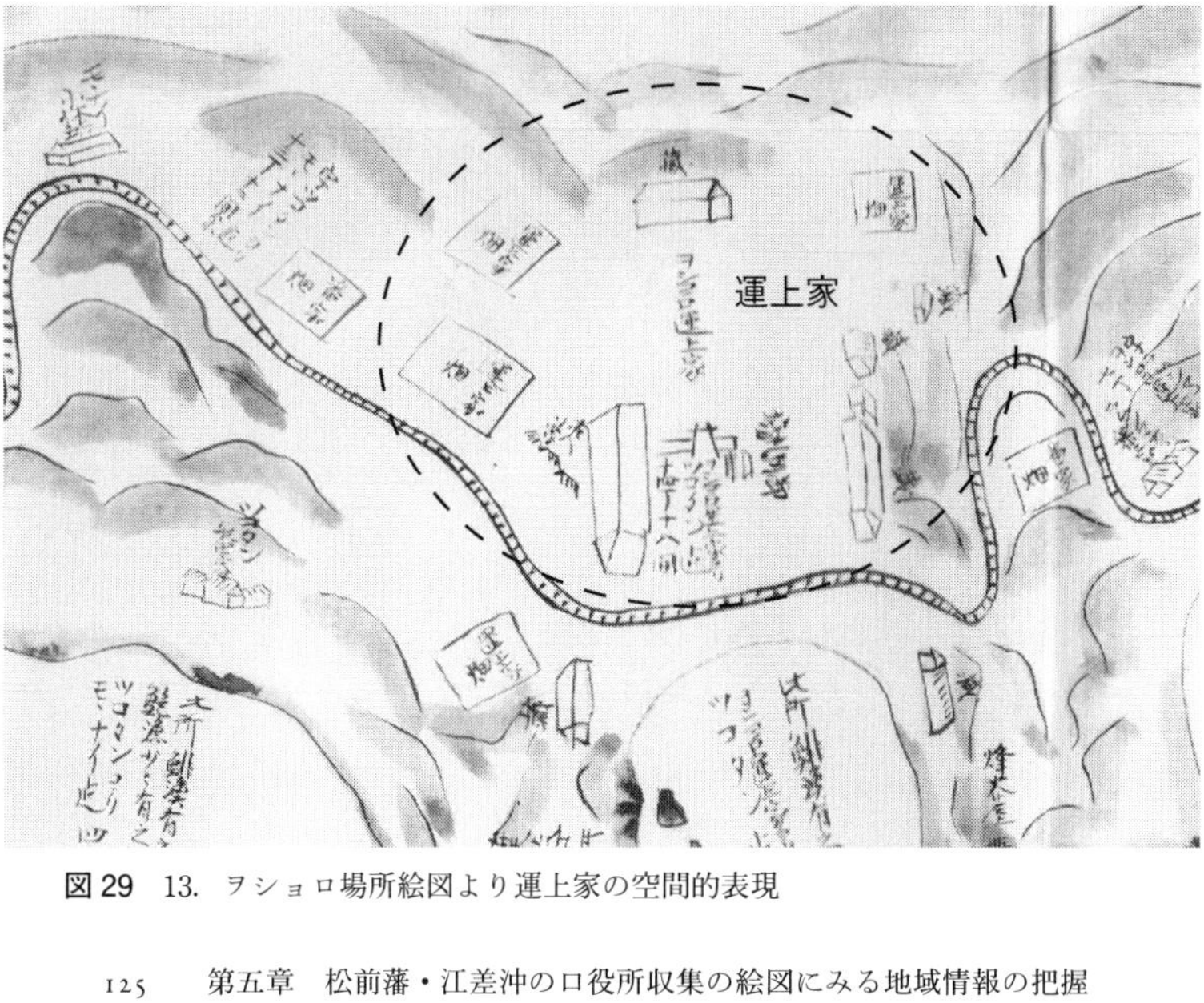

図29　13. ヲショロ場所絵図より運上家の空間的表現

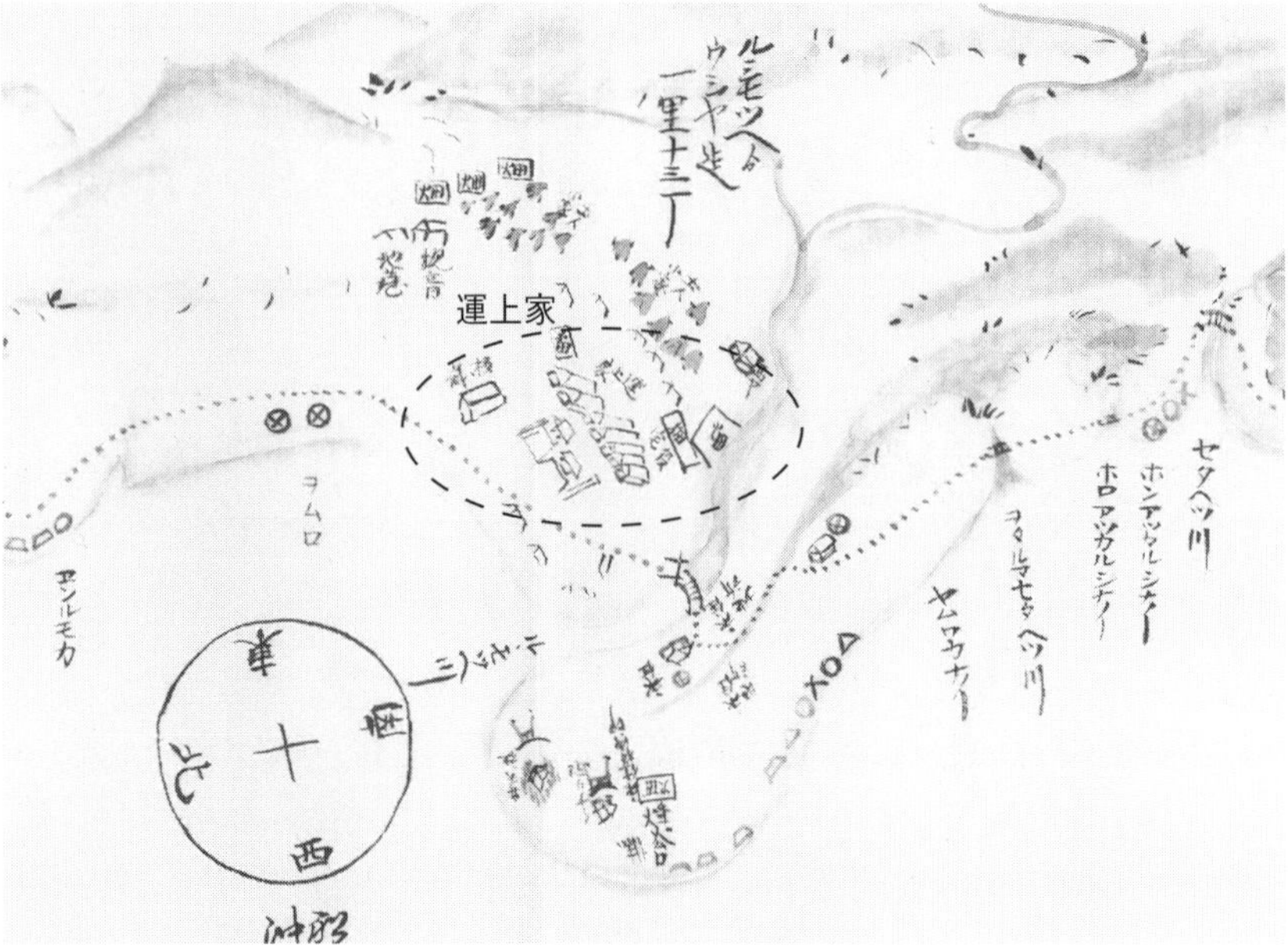

図 30　19. ルルモッペ場所絵図より運上家の空間的表現

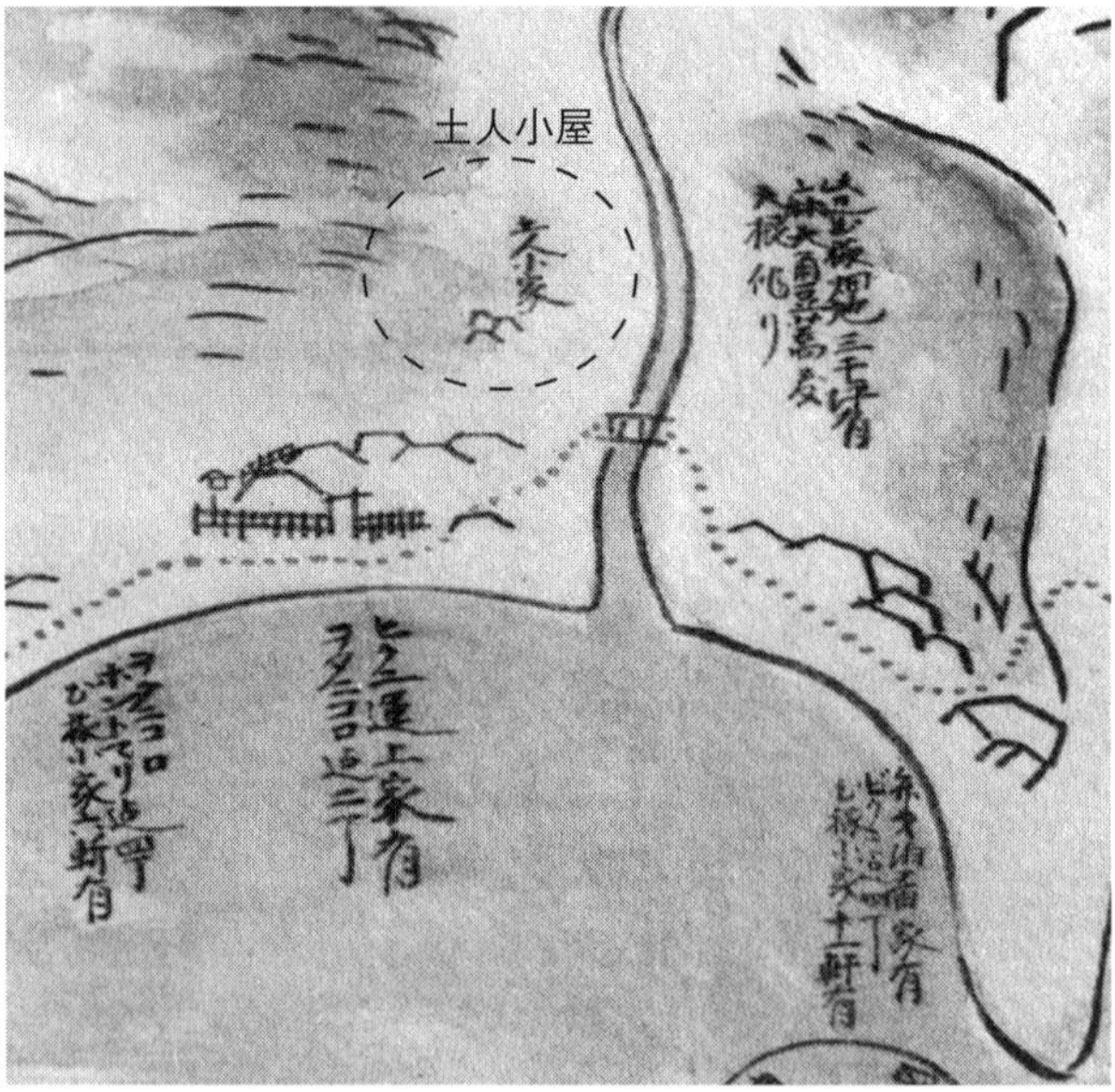

図 31　2. ヒクニ場所絵図より「土人小屋」の空間的表現

る。各運上家を見ると、建物・施設の配置、畑の位置などの詳細な空間情報が把握できることがわかる。各建物は家屋の形態をしている。建物・施設の脇には、その名称が付されており、表現された図像が何であるのか、把握しやすい。

図31・図32・図33では、2、5、6の絵図から、「土人小

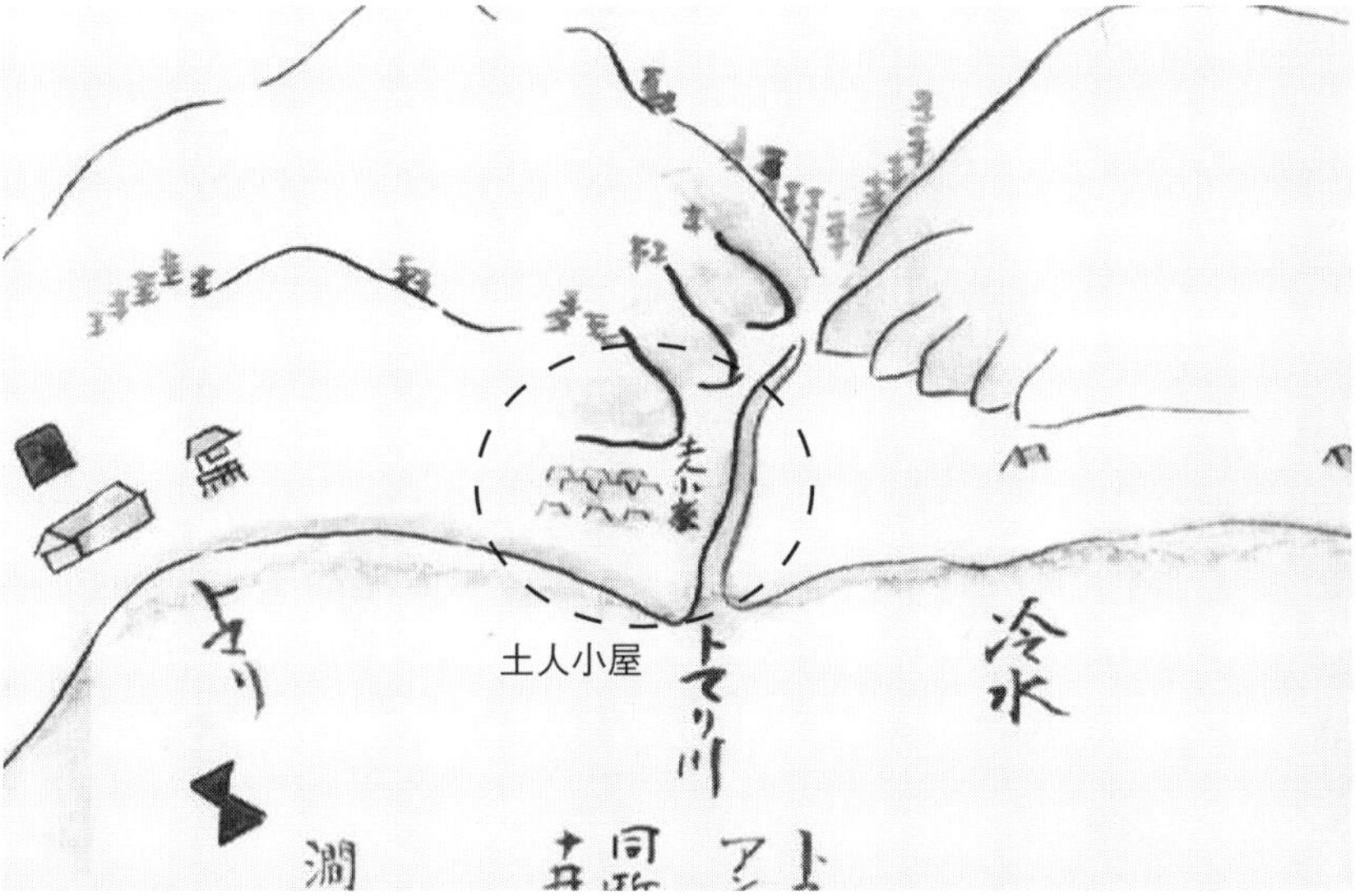

図 32　5. 透木島小牧絵図より「土人小屋」の空間的表現

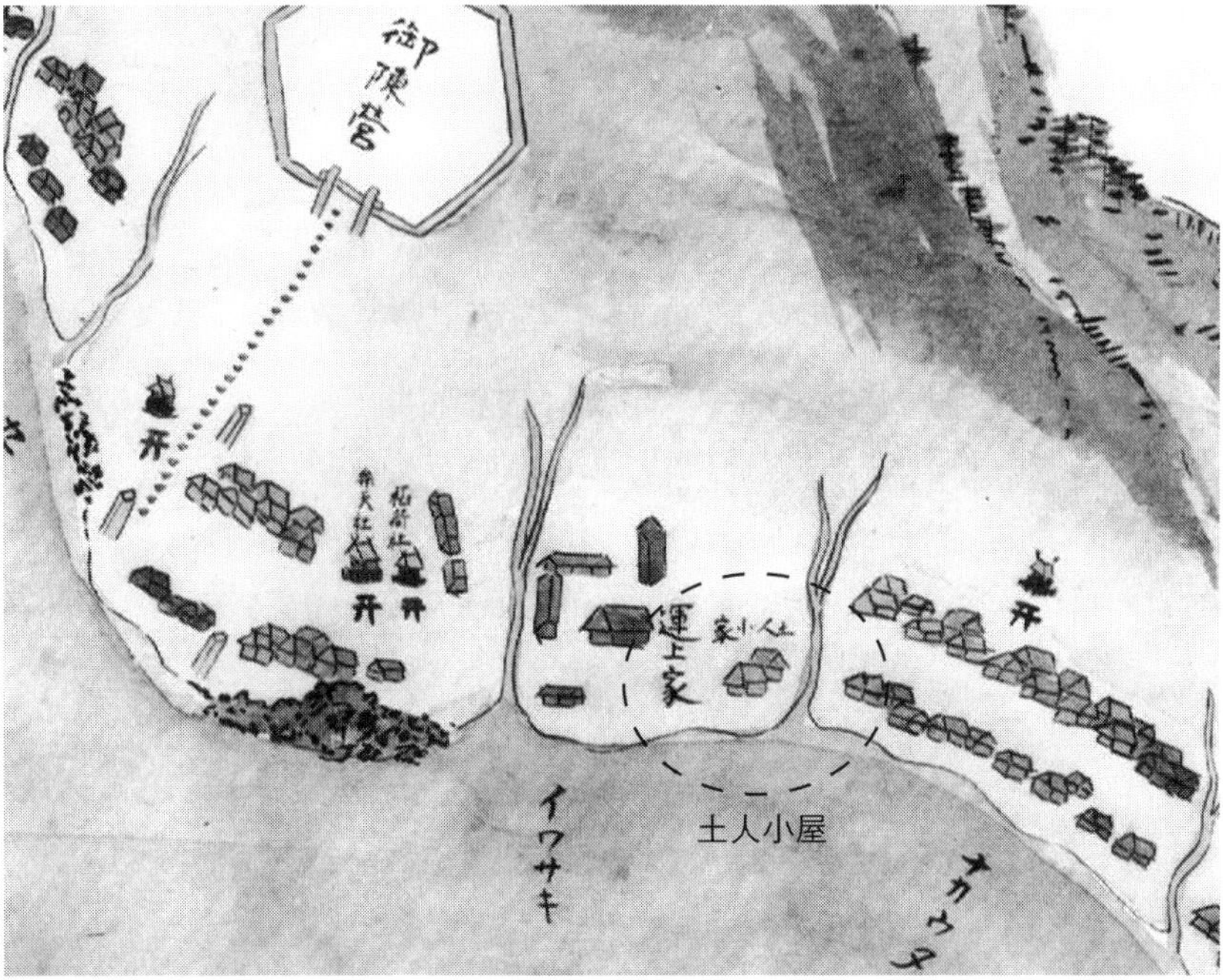

図 33　6. スッツ場所絵図より「土人小屋」の空間的表現

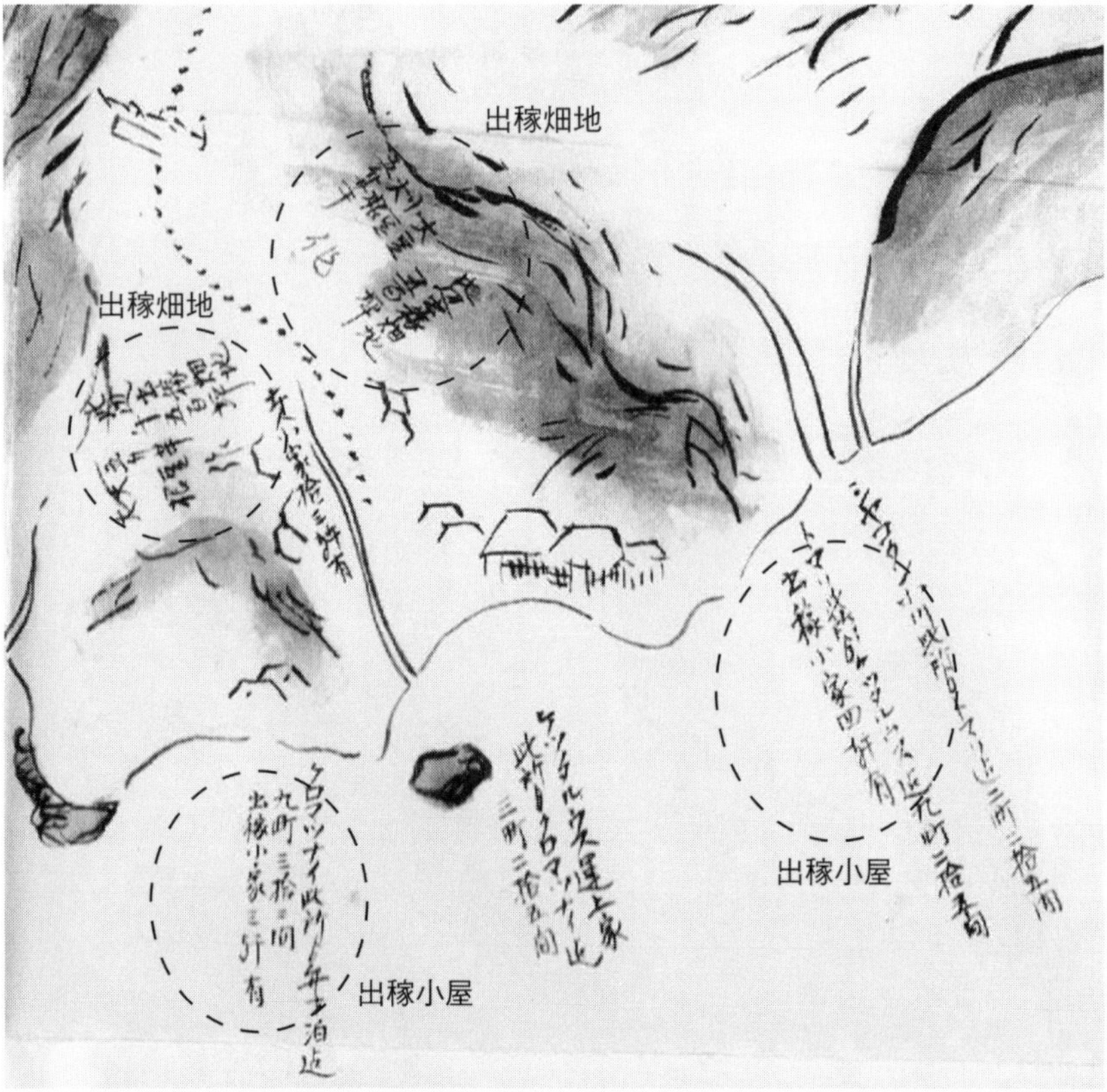

図34　10. シャコタン場所絵図より出稼小屋の空間的表現

屋」の図像を示した。運上家の近くに「土人小屋」が存在する。屋根のみの表現（2、5）や家屋の表現（6）もある。**図30**には、墨でなぐり描きをしたような「土人小屋」も見られる（19）。これは、運上家などの建物は木造であるが、「土人小屋」は笹葺である[24]ことから、このような表現をしていると考えられる。

図34・**図35**は、出稼小屋の図像と文字情報である。10では、出稼小屋の軒数、家屋の記載、「此辺出稼畑地千五百坪　五斤芋・大豆・大根　作」というように、出稼畑地と作物に関する情報まで書き込まれている。11も同様である。表現された図像は簡単なものであるが、それに付された文字情報は多い。

図28〜**図35**における運上家、出稼人、

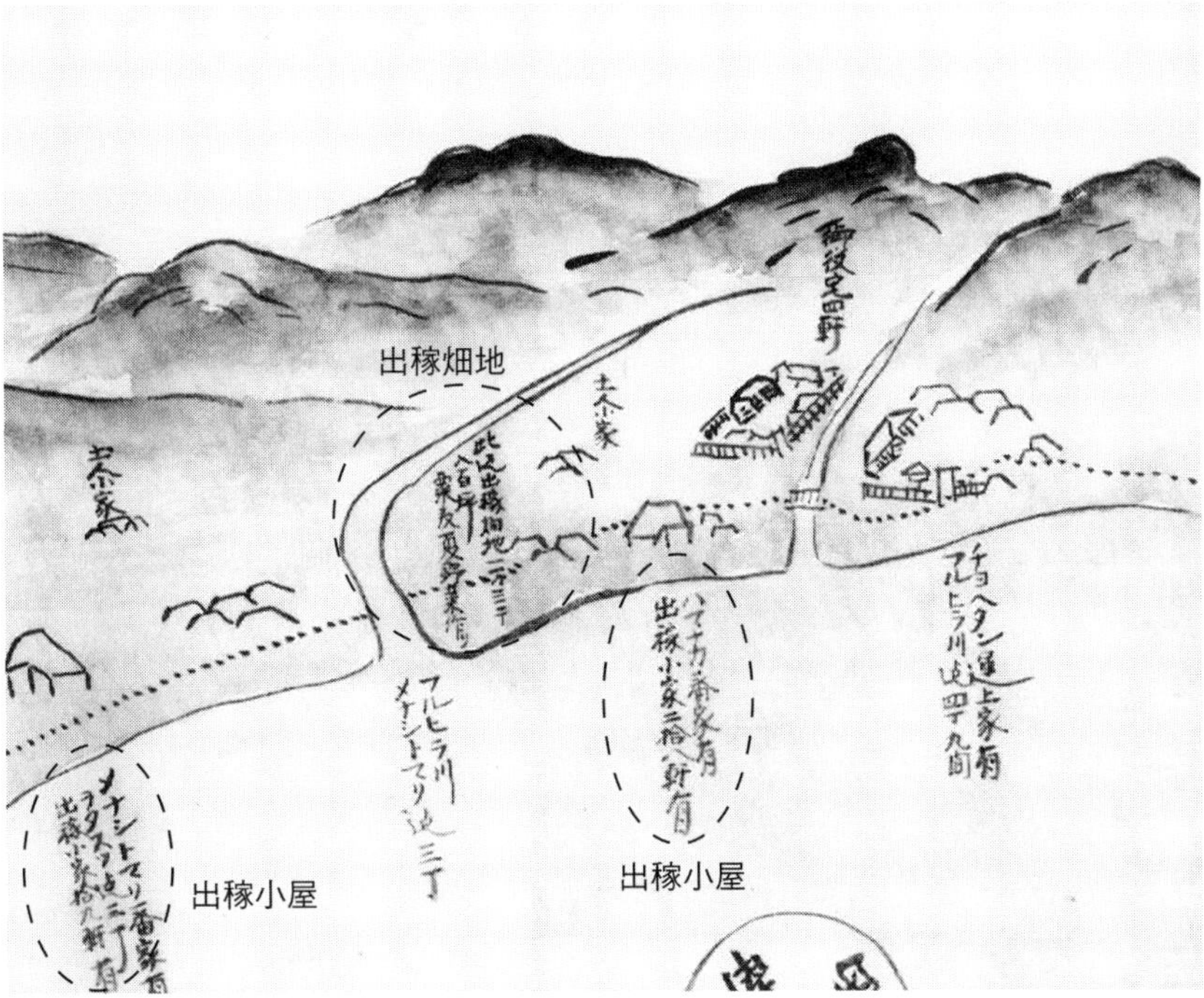

図35　11．フルヒラ場所絵図より出稼小屋の空間的表現

「土人」の図像を比較すると、運上家が最も詳細であることがわかる。出稼人、「土人」の図像は、運上家に比べて明らかに簡単な表現である。また、図像に付されている文字情報を比べると「土人」情報よりも出稼人情報が詳細である。

これらの絵図では、「土人」は主に運上家近辺に存在するものが描かれている。これが地域の実態をどの程度示すものなのか、注意深く検討する必要がある。近年の研究では、場所請負制で酷使させられていたというアイヌ像は少しずつ修正され、アイヌの主体的な漁業活動が注目され始めている[25]ものの、運上家による漁業労働力としてのアイヌの存在もやはり依然として無視できない。また、アイヌは海岸部よりも内陸に存在する場合が多く、海岸部を描いた絵図のなかには当然のごとく描かれない、ということも考えられる。

3のイシカリ場所の絵図に注目すると、内陸部の石狩川流域の各地域に、図像・軒数は記載されていないものの、「土人小屋」の存在する位置が

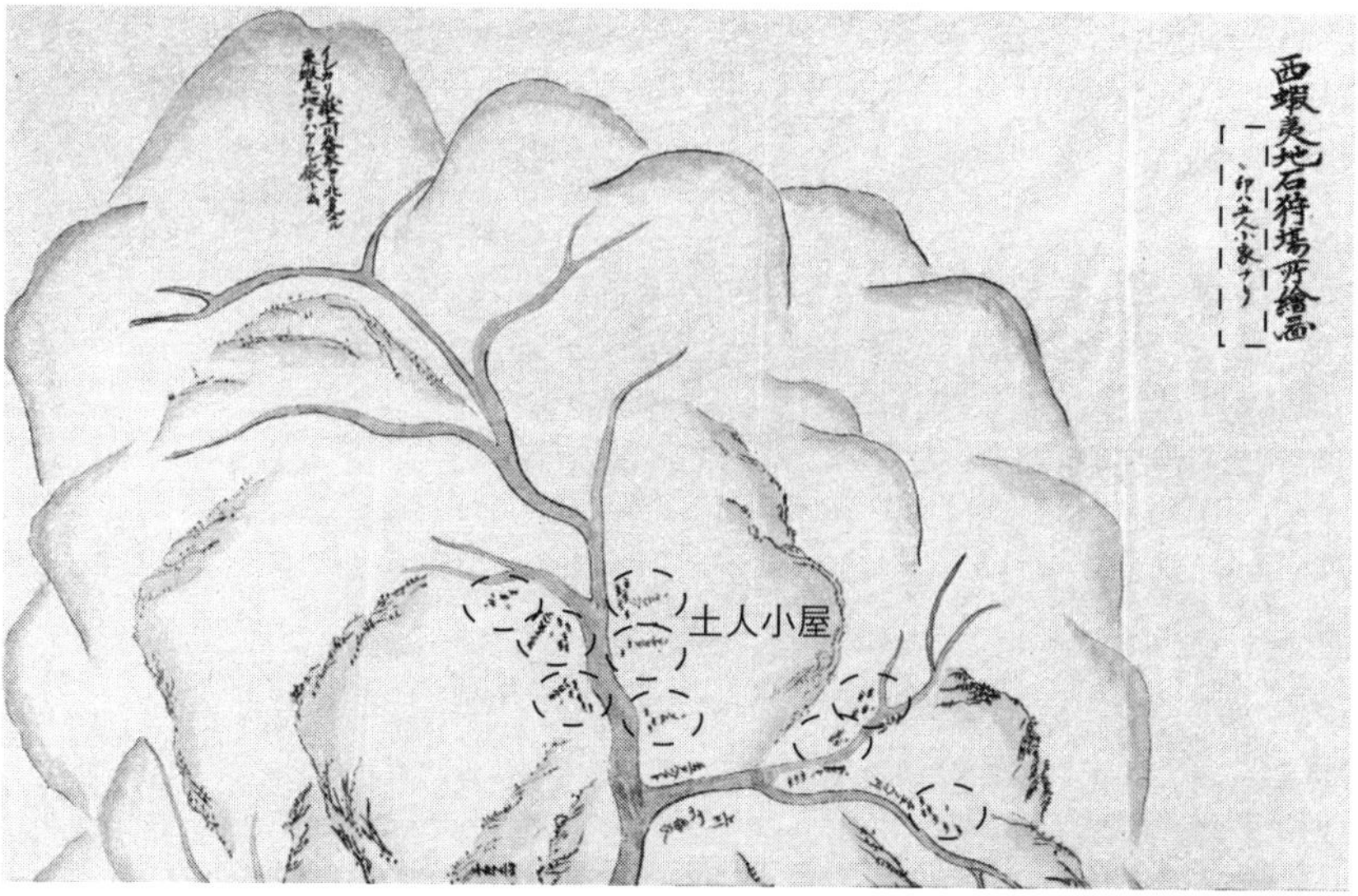

図36　3. イシカリ場所絵図における石狩川上流部分

詳細に示されている（図36）。これは、他の海岸部のみを描いた場所絵図とは異なり、石狩川の流域すべてを把握する必要があったからといえる。その際、「土人小屋」の位置に関する情報が和人側にとって重要であったことが窺える。

絵図を地域情報の把握の手段として考えるとき、本絵図が主に海岸部分の絵図で構成されていることが注目される。絵図の作製主体である和人にとって、海岸部の地域情報が重要であり、石狩川・天塩川以外の内陸部に関する情報は重要ではなかったと思われる。そのため、内陸部に多く存在するアイヌは重要ではなく、海岸部にある運上家の近辺に存在するアイヌに関してのみ描かれた可能性が高い。一方、前節で検討した松浦の地誌（表6）には、ほぼすべての蝦夷地の「場所」にアイヌが存在していたことが書かれており、本絵図でのアイヌの位置づけとはかなり異なることが明らかになった。

2　情報の構成と表象

本絵図に概ね共通することは、16、21の絵図を除いて、絵図一枚が一場所で区切られて示されていることと、(26) 必ず里程が記されていることである。また、内陸部ではなく海岸部の絵図が多く、これは場所請負制度の中心である海岸部、主要河川流域、島嶼部を詳細に描いた絵図で構成されていることに要因があった。里程は、運上家、各地名ごと、境界、隣場所などに区切られ、詳細に記載されている。安政年間には海岸沿いの道や山道も整備され始めるので、道標や休憩所の設置も進み、これらの施設が多くの絵図に詳細に記載されている。例外とした16の絵図も、一場所の範囲ではないが、二つの場所の境界を示す絵図である。

これらは、すべて和人側が設定した境界・施設であり、本絵図全体において、西蝦夷地の先住民であるアイヌの人々の存在はきわめて薄いことがわかる。本絵図の作製者である和人は、西蝦夷地を客観的に捉えているのではない。彼らは西蝦夷地の外部から、ある特定のフィルターを通して現地を描いている。本絵図は、蝦夷地の「場所」ごとに一枚ずつ作製されており、各絵図には和人によって設定された境界が明確に記述されている。そして運上家や出稼人の情報が詳細であり、アイヌに関しては乏しい。

以上のことから、本絵図に共通な特徴として、アイヌの土地であった蝦夷地を、和人による支配機構（運上家）を中心に描く構成になっていたことがわかる。

筆者は、本絵図の存在そのものが和人による表象であり、絵図に描かれた西蝦夷地は、決して地域の実態を客観的に表しているものではないと考える。しかし、同時期のアイヌ側の史料が全く存在しないため、あくまで和人側の史料で検討せざるをえないのである。

そこで、本絵図に地域情報として描かれている西蝦夷地が、当該期の和人権力にとってどのような意味があったのかを考察しなければならない。和人が本絵図を作製することによって得られた利点とは何だったのだろうか。

三　政治的権力のコンテクストからみた絵図情報の機能

本絵図の作製に関する記録（文書史料）は、現段階では発見されていないため、詳細な作製主体、作製目的、作製過程に関する検討は不可能である。しかし、絵図を備えていた江差と本絵図に描かれている西蝦夷地の両地域に関わる政治的権力の動向を考察していくことによって、本絵図をめぐる政治的・経済的コンテクストが明確になる。本絵図を江差に収集した主体とその目的とを推定し、政治的権力の文脈から見た絵図情報の機能について考察しよう。

1　政治的コンテクストと絵図の収集

前述のように、近世の北海道は、和人居住地である和人地（松前地）とアイヌ居住地である蝦夷地に区分されていた（**図24参照**）。松前藩は、蝦夷地を統治し、蝦夷地には場所請負制度[27]を実施した。絵図が保管されていた江差は、近世における松前三港（福山・箱館・江差）のひとつであり、松前地の西海岸に位置する。三港には松前藩によって沖の口役所が設置されており、内地からの入港船を取り締まり、沖の口口銭《こうせん》が徴収されていた。

幕末になると、蝦夷地は幕府にとって北方の要として認識される。そこで幕府は、二度の蝦夷地直轄政策を行った。

本絵図には、安政二年～万延元年以降の情報が書き込まれていることは、すでに確認した。つまりそれは、第二次幕府直轄期[28]に該当する。江差は第一次幕府直轄期には幕府領となるものの、第二次幕府直轄期には松前藩領である。

ならば、本絵図を取りまとめた主体が松前藩なのか、幕府なのかを検討する必要がある。前節で見たように、本絵図の西蝦夷地に関する情報は詳細である。当該期に、松前藩が幕領である蝦夷地の情報を取りまとめることは困難であったと考えられる。各地で描かれた絵図が、江差にまとめられて保管されたことを考えるならば、各場所を請け負っている場所請負人、蝦夷地勤番である幕府役人、幕府に蝦夷地警備を命じられた東北諸藩の協力が必要であったと思われる。それらをとりまとめることができるのは、松前藩ではなく、幕府であったと考えられる。

そこで、西蝦夷地各場所の安政年間における場所請負人、蝦夷地勤番の幕府役人、警護・分領を命じられた東北諸藩を一覧にした（**表8**）。この表を見ると、場所請負人は各場所ごとにさまざまであるが、西蝦夷地に関わる幕府役人は一人で多くの場所を兼ねていることがわかる。安政五年を見ると（**同表**　幕府役人1）、調役並出役の長谷川儀三郎はヲクシリからフルヒラまで、荒井金助はヨイチからマシケまで、土居十四郎はルルモッペからソウヤまでを担当している。

江差沖の口の入港船取締業務を担当する江差問屋の一人であった関川家の残した『関川家文書』「概記　巻の一」[29]には、安政三年、西蝦夷地勤番の役人が勤務地である西蝦夷地に赴いた際の記録が存在する（**同表**　幕府役人2）。その表題には、「場所表為御請取箱館表ヨリ御役人様方御通行并ニ場所ニ勤番引越御名前被書出候写シ左ニ　但箱館ヨリ峠越ニ而江差辺并熊石辺迄之内ヨリ御乗船播送り」と記されている。この記述から、安政三年、幕府役人が赴任する際に陸路で江差もしくは熊石辺り（幕領期には番所が存在した）まで進み、そこから「播送り」船で西蝦夷地各場所へ赴いたことがわかる。19のルルモッペの絵図にも、「箱館ヨリ海路凡百弐拾弐里余　陸路凡百五拾八里余　但西海岸通」（**表5**参照）とあり、箱館からは海路のほうが近く、西海岸側を通っていたことがわかる。

表8を見ると、西蝦夷地各場所の調役並出役は[30]、すべて江差・熊石から西蝦夷地に向かっており、幕府役人が赴任する際の通過地点であったことがわかる。同史料によれば、「下役已下家内召連候間無差支様手配可致候」とあ

り、幕府は下役以下の家族での赴任を勧めているが、これらの人びとのうちどの程度が西蝦夷地に家族と共に赴任していたのかは判然としない。ソウヤの下役元締である梨本弥五郎は、前年すでに家族を連れて赴任することを幕府に願い出て許可を得ており、その幕府の申達には「奇特之事」とある。[31] 裏を返せば、当時は調役出役以上の役人は基本的に単身の赴任であり、勤務地と箱館との往復を頻繁に行っていたことが想定される。

一方、場所請負人の拠点はすべて松前であり、場所請負人の荷物は必ず松前に運搬されていたため、江差沖の口と請負人の間に直接的な関係は存在しない。また、東北諸藩の場合、津軽藩・秋田藩から蝦夷地に届ける荷物を搭載した雇船が江差に立ち寄っている記録[32]はあるものの、江差沖の口と東北諸藩との直接的な結びつきは想定しにくい。

このことからも、本絵図の取りまとめには、場所請負人・東北諸藩ではなく、幕府役人が関与していた可能性が高い。

次に、個々の絵図内容からも幕府収集の可能性について考えよう。10のシャコタン、11のフルヒラ、12のヨイチ、13のヲショロ、19のルルモッペの各絵図には、出稼人の畑地や運上家の畑地、御手作場も見られ、蝦夷地における畑作に関する情報にも関心を寄せていたことが窺える。幕府は、蝦夷地開拓において畑作を重要視[33]しており、本絵図にもその影響を見ることができる。19のルルモッペに記載されている「私領中」という言葉は、幕府が松前藩を指して表現したものであり、本絵図の情報が幕領期に書き込まれた可能性を窺わせる。さらに、24・25の絵図には「ソウヤ御用所控」の文字が入っており、これらが幕府のソウヤ御用所に存在した絵図を写したものとも考えられる。

羽田野正隆は、松前藩と徳川幕府によって作製された蝦夷図を取り上げ、一国の辺境から二国間の辺境に変化した一七七〇年代を画期とし、蝦夷地の地図が一新し、北方認識が大きく変化したことを指摘している。[34] つまり、蝦

表８　西蝦夷地における幕府役人・場所請負人・東北諸藩の動向（安政元年〜万延元年）

<table>
<tr><th>場所名
（絵図番号）</th><th>幕府役人1)</th><th>幕府役人2)</th><th>場所請負人3)</th><th>東北諸藩
出張所4)</th><th>東北諸藩
分領地5)</th></tr>
<tr><td>ヲクシリ</td><td>※長谷川儀三郎</td><td>—</td><td rowspan="3">荒屋新左衛門</td><td rowspan="4">津軽藩</td><td rowspan="4">—
（津軽藩警護地）</td></tr>
<tr><td>クトウ</td><td>※長谷川儀三郎，◇山田儀之助</td><td rowspan="3">◇青木伊織，山崎鉄次郎</td></tr>
<tr><td>フトロ</td><td rowspan="2">※長谷川儀三郎，◇大河内藤右衛門</td></tr>
<tr><td>セタナイ</td><td>古畑屋伝十郎</td></tr>
<tr><td>スツキ・シマコマキ</td><td>—</td><td>◇渡辺五郎一，本柳久左衛門</td><td>小川屋九右衛門</td><td>—</td><td rowspan="2">津軽藩分領地</td></tr>
<tr><td>スッツ（6）</td><td>※長谷川儀三郎，
◇●渡辺五郎一</td><td rowspan="2">※長谷川儀三郎，◇岡田錠次郎</td><td>山崎屋新八</td><td>津軽藩</td></tr>
<tr><td>ヲタスツ（7）</td><td rowspan="3">※●長谷川儀三郎
◇●岡田錠次郎</td><td>桝屋栄治郎</td><td>—</td><td rowspan="13">（庄内藩警護地）</td></tr>
<tr><td>イソヤ（8）</td><td>◇成瀬金左衛門，西村半次郎，藤田平太郎</td><td>仙北屋仁九衛門</td><td rowspan="2">津軽藩</td></tr>
<tr><td>イワナイ（1）</td><td rowspan="2">◇小泉高之進，杉山半太夫，村山六之丞</td><td>福嶋屋新左衛門</td></tr>
<tr><td>フルウ（9）</td><td rowspan="2">※長谷川儀三郎，
◇●吉沢左十郎</td><td rowspan="2">岩田屋金蔵</td><td>—</td></tr>
<tr><td>シャコタン（10）A</td><td>—</td><td>秋田藩</td></tr>
<tr><td>ヒクニ（2）A</td><td rowspan="2">※長谷川儀三郎，
◇栗山勇太郎</td><td>◇栗山勇太郎，有田介太郎，田原兼次郎</td><td>岡田半兵衛</td><td>—</td></tr>
<tr><td>フルヒラ（H）XA</td><td>—</td><td>竹屋長右衛門</td><td rowspan="4">秋田藩</td></tr>
<tr><td>ヨイチ（12）XB</td><td rowspan="2">※荒井金助，
◇●栗山勇太郎</td><td rowspan="2">◇平嶋庄一郎，東浦繁蔵</td><td rowspan="3">西川徳兵衛</td></tr>
<tr><td>ヲショロ（13）B</td></tr>
<tr><td>タカシマ</td><td>※荒井金助，◇松村龍之助</td><td rowspan="2">◇高田市三郎，木村喜久治郎</td></tr>
<tr><td>ヲタルナイ</td><td>荒井金助，◇●御津米新母</td><td>岡田半兵衛</td><td>—</td></tr>
<tr><td>イシカリ（3）（14）×</td><td>※荒井金助，◇飯田壱之助，
◇御崎小左衛門</td><td rowspan="2">※水野市郎左衛門，
◇立石源三郎，廣田八十五郎</td><td>阿部屋伝二郎</td><td>—</td></tr>
<tr><td>アツタ（15×16）</td><td>※石場斎玄，◇吉岡新太郎</td><td>浜屋与三右衛門</td><td>南部藩</td></tr>
<tr><td>ハママシケ（16×17）</td><td>※荒井金助</td><td>◇吉川友輔，久保数蔵</td><td rowspan="2">伊達林右衛門</td><td rowspan="7">秋田藩</td><td>庄内藩分領地</td></tr>
<tr><td>マシケ（18）</td><td>※荒井金助，◇梅柳恵助</td><td>◇樋野忠輔，藤田直次郎</td><td>秋田藩分領地</td></tr>
<tr><td>ルルモッペ（19）×</td><td>※土居十四郎，◇金井満五郎</td><td>※須藤甚之助，◇今井幡五郎，岩田与三郎</td><td rowspan="3">植原六右衛門</td><td rowspan="3">庄内藩分領地</td></tr>
<tr><td>トママイ（4）</td><td>※土居十四郎，◇石井文左衛門</td><td>◇石井文左衛門，岡田丈之助</td></tr>
<tr><td>テシホ（20×21）</td><td>※土居十四郎，◇城瀬金左衛門</td><td>◇伊藤多仲，鈴木三六</td></tr>
<tr><td>リイシリ・レブンシリ（24）（25）</td><td>ソウヤより見回り</td><td>—</td><td rowspan="2">藤野喜兵衛</td><td>秋田藩分領地</td></tr>
<tr><td>ソウヤ（21）</td><td>※土居十四郎，◆廣原勇三郎，
◇山口願之進</td><td>◆梨本弥五郎，◇鹿児島玄三，大塚良輔</td><td>—
（秋田藩警護地）</td></tr>
<tr><td>エサシ</td><td>ソウヤ出張</td><td>小谷野郡之助</td><td>—</td><td>—</td><td>秋田藩分領地</td></tr>
<tr><td>アバシリ</td><td>ソウヤ出張</td><td>加藤金四郎</td><td>—</td><td>—</td><td rowspan="3">会津藩分領地</td></tr>
<tr><td>モンベツ</td><td>ソウヤ出張</td><td>升野幡五郎</td><td>—</td><td>—</td></tr>
<tr><td>シャリ</td><td>ソウヤ出張</td><td>◇鈴木徳蔵，木村五左衛門</td><td>—</td><td>—</td></tr>
</table>

絵図番号は，「江差沖ノ口備付　西蝦夷地御場所絵図」の番号（表１）に対応している。

（凡例）※調役並出役・◆下役元締・◇下役・●定詰・一記載なし。A・B「西蝦夷地御場所絵図」を構成する絵図で明らかに同じ作製者であるもの。×絵図中に「役宅」の記載があるもの。

史料出典　1）・4）『蝦夷全地』，安政５（1858）年頃，2）「概記」「関川家文書」（江差町教育委員会所蔵），安政３（1856）年，3）「吹塵録」（大口勇次郎ほか編『勝海舟全集 10』，勁草書房，1978，331〜338 頁），安政年間，5）「奥羽六藩分領支配図」（『角川地名辞典Ⅰ　北海道下』，角川書店，1987，1370〜1371 頁），万延元（1860）年。

夷地をめぐる状況が、単に松前藩と蝦夷地という関係から、幕府と蝦夷地とロシアという複雑な国際関係に変化したのである。また羽田野は、幕府による蝦夷地調査は重要であり、各種の蝦夷図が整備されていくのは、松前藩独自の力ではなく幕府の力によるところが大きいことも述べている[35]。

以上のコンテクストから、幕府（箱館奉行所）が本絵図を収集した主体であったことを推定したが、経済的なコンテクストではどうだろうか。

2 経済的コンテクストと絵図情報

第二次幕領期以降、幕府にとって西蝦夷地はどのように位置づけられていたのだろうか。まずは安政二年に起こった「網切騒動」について、『松前町史』[36]の記述を見てみよう。

安政二年、四〇〇～五〇〇人の江差および江差周辺漁村の漁民たちが、西蝦夷地の各場所を廻り、場所請負人の「笊網」「起し網」（大網のこと）[37]を切り破る行動に出た。松前藩は、この騒動の後、大網の禁止令を出した。請負人たちは、松前藩に大網禁止の猶予を出願するが、藩は厳しい態度を取った。そこで請負人たちは、漁場のある西蝦夷地が幕府領になるため、箱館奉行への嘆願に切り替える。箱館奉行は、松前藩と相談し、藩の方針などについて説明を受けたが、安政四年春から大網使用許可を認めた。その際に、大網一投につき三両の冥加金《みょうが》を上納させることを取り決めた。

この騒動の顚末は、場所請負人の要求がすべて受け入れられたことから、一見、幕府による場所請負人の保護に見える。しかしその後、請負場所において増加していた大網操業の出稼漁民たちが、さらに多くの産物を集荷して移出することになり、場所請負人の地位は相対的に低下していくことになった。

結局、幕府が建網操業を許可した目的は、その担い手である出稼ぎ漁民を保護することにあったと思われる。西蝦夷地への出稼漁は、最初は主に松前地の漁民が中心である。従来は前浜で漁業を行っていた漁民たちが、西蝦夷地へ進出していくのは享保四（一七一九）年以降である。藩は、享保四年に熊石村以北、セタナイまで出稼漁を許可した。続いて、享保七（一七二二）年にはヲタスツまで、天保一一（一八四〇）年にはハママシケ以北まで許可している。[38] 以後、出稼漁は年々活発になっていく。また、松前藩領の漁民だけでなく、東北地方からも増加していく。ただ、あくまで出稼が基本であり、蝦夷地に永住あるいは妻子を伴うことは禁止されていた。

しかし、安政年間には、蝦夷地への出稼人に関する政策に大きな変化が起こる。安政二年、積丹半島の神威《かむい》岬以北への婦女通行の禁が幕府によって解かれる。安政四年、諸国から箱館・蝦夷地へ出稼をする旅人に入役銭を免除し、安政五年には蝦夷地への出稼人で永住を願う者は、越年役の免除を決定する。[39] このように幕府は、蝦夷地に定住する和人の増加政策をとり、各場所に和人が定住するようになった。言い換えれば、蝦夷地・和人地という地域区分が解体していく過程ともいえる。

幕府が出稼漁民を保護する結果になったのは、幕府の蝦夷地に多くの和人を進出させる政策と密接に関連していたからだと思われる。幕府が蝦夷地開拓政策を推進する限り、出稼ぎ漁民の存在は重要であり、場所請負制も含めた西蝦夷地の地域情報は把握しておく必要があった。前節では、本絵図に見られる空間的表現の特徴から、運上家・出稼人などの和人に関する情報が土人などのアイヌ情報に比べて重要であったことを推察したが、これは幕府の政策から考えれば当然といえる。

以上のように、幕府にとって西蝦夷地は、漁民に出稼ぎを推進し、そこで定住させるためにも重要な地域であった。松前藩領の江差は、出稼ぎ漁民の進出拠点であり、西蝦夷地と江差は出稼ぎ漁民を通じて密接に繋がっていたのである。

3　絵図情報の機能と描かれた地域像

それではなぜ、幕府は幕府領である西蝦夷地に関する絵図を、松前藩領の江差に備え付けたのか。それを考察する手がかりとして、江差港町と松前藩の関係を確認してみよう。

松前藩は、福山（松前）、箱館、江差に沖の口役所を設置し、船改めを行い、口銭を徴収する体制を整えていた。稲作皆無の蝦夷地を統治する松前藩にとって、沖の口役所における収入は、藩財政の維持にとって不可欠であった。その結果、江差は松前藩時代を通して、藩から独占的な商取引を保障された港町として繁栄した。江差問屋と呼ばれる株仲間問屋が、沖の口役所での口銭取立業務を代行し、内地から来航する北前船商人と商取引を行っていたのである。

江差は、他の二港とは異なり、問屋に場所請負人に対する断宿業務（保証人制度）が存在しなかったため、問屋は場所請負人から口銭収入を得られず、江差あるいは江差周辺の漁民に仕込（問屋による前貸制）を行い、その漁獲物を集荷し、北前船商人に販売することで経営を行っていた。主な漁獲物は鯡であった。北前船商人は鯡肥料を内地へ運び、それを販売して富を蓄積したのである。

それでは、第二次幕府直轄時に、なぜ江差が松前藩領として残されたのか。文久二（一八六二）年に編集された「蝦夷地御開拓諸御書付諸伺書類」[40]の付属書類である「松前并蝦夷地惣体見分仕候見込之趣大意申上候書付」の記述から検討しよう。本史料は、蝦夷地開拓の経過と今後の見込みを考えるために、老中水野忠精が箱館奉行に編集させたものであり、幕府の蝦夷地に対する考え方が表現されている。

【史料1[41]】

（前略）唐太、エトロフ、クナシリ初島々並東西蝦夷地一圓、西者乙部村、東者箱館最寄知内村まで上地被仰付、西在

江差より
「(朱)〔1〕右江差村之義者是まで伊豆守方ニ而出入之船改等致し来、北国筋船々懸り場ニ而、松前、箱館ニ並候繁華之地ニ有之候間、其儘被残置、城付被成下候ハヾ、無量之御恩恵ニ可有之奉存候」
東小谷石村まで城付領分として御据置、〔2〕外相応之替地内地ニおいて可被下置旨被仰出候ハヾ、先年御処置と者御廉合も相違仕、難有安心可仕儀と奉存候(後略)
寅(安政元)九月　堀織部
村垣與三郎

史料1は、堀(この後、箱館奉行)と村垣(勘定吟味役)が、安政元年に蝦夷地を見分した後、江戸に帰府してから幕府へ上申した書付の一部である。蝦夷地を幕府直轄とし、蝦夷地内の開拓を進めるべき旨が述べられており、彼らの意見は幕閣に取り入れられた。

この史料のなかで、江差は松前藩領としておくことが書かれている(下線部〔1〕)。江差は「北国筋船々」(北前船)の入港する港町であり、松前・箱館に並ぶ繁華な地である。そのまま松前藩領にしておけば、「無量之御恩恵」であるという。これは、「先年御処置と者御廉合も相違仕、難有安心」(下線部〔2〕)とあり、第一次幕府直轄期に松前藩が蝦夷地全島を上知され、奥州梁川《やながわ》に移封になったことを挙げつつ、松前藩も今回の処置ならば安心するだろう、と書かれている。

幕府にとって、江差を松前藩領として残すことは、松前藩の不満を最小限にとどめるための施策であったことが推測される。幕府の側から見れば、開港場である箱館は幕府領にしたい。その結果、城下町である松前と江差港町を残したといえる。[42] つまり、江差・松前が松前藩に残るかどうかは幕府の裁量にかかっており、松前藩に選択権はなかった。

このことから、幕末期には蝦夷地だけでなく、松前藩領である和人地も幕府権力に掌握されていたことが窺える。

先述したように、蝦夷地勤番の幕府役人は西蝦夷地に赴く際に江差を通行しており、西蝦夷地の情報は江差の地で取りまとめやすかったのだと思われる。さらに幕府は「網切騒動」以降、西蝦夷地を出稼漁民の進出地として重要視したため、西蝦夷地の情報を把握しておく必要性が高まった。これは、幕府の蝦夷地開拓政策とも深く関係している。

筆者はかつて、慶応期になると江差に入港した北前船商人が江差商人の雇船あるいは名代船として、西蝦夷地に直接に航行していた可能性を指摘したことがある。[43] すでに慶応期以前にも、北前船は蝦夷地に航行していた実態があることを認めなければならない。[44] 本州から来航した北前船商人は、直接に西蝦夷地に赴くことはできず、必ずいったんは江差に入港しなければならなかった。幕末江差は、蝦夷地産鯡を求めて入港する北前船商人によって、かつてない繁栄がもたらされていたのである。

幕府にとって江差は、松前地・蝦夷地を含む西海岸全域における、場所請負人とは異なる新たな和人勢力（出稼漁民）あるいは本州からの北前船商人にとっての、経済的中心地として位置づけられていた。それゆえ、幕府が西蝦夷地に関する絵図を、西海岸の中心地である江差沖の口役所に取り集めたと推測できる。なぜなら、沖の口役所で実質的に口銭取り立て業務を行い、西蝦夷地へ出稼ぎする漁民たちに「仕込」を行い、北前船商人と独占的に商取引を行っていたのは、江差問屋（江差商人）だったからである。

海保嶺夫の指摘によれば、蝦夷地でアイヌの人別帳が作成されるのは、安政期が中心であった。同様に海保は、幕末西蝦夷地で和人人別帳が作成された事例を取り上げ、このころ幕藩制の「内」に蝦夷地が位置づけられたことを述べている。[45] これ以降、松前地・蝦夷地の明確な区分は薄れ、蝦夷地は急速に和人地化していったのである。

人別帳が権力による人口情報の把握ならば、絵図は空間情報の把握である。江差に備え付けられた本絵図は、幕府役人にとっては支配領域把握の一手段として、江差沖の口の商人たちにとっては、経済活動を展開するための基礎資料のひとつとして機能していたのではないだろうか。

本章では、幕末に江差沖の口役所に備え付けられた西蝦夷地の場所絵図を事例として、絵図に描かれた情報を検討し、政治的権力のコンテクストにおける絵図情報の機能と描かれた地域像について考察してきた。秋月俊幸は、幕末蝦夷地では「物資輸送や人の往来が輻輳し、沿岸図や場所図の需要が日常的なもの」となり、場所経営の地図ばかりでなく、諸藩の警備や旅行者の手引きとして沿岸図や場所図が利用されていた、と指摘している[46]。さらに付け加えるならば、このような沿岸図・場所図の作製行為そのものが、幕末における幕府による蝦夷地に関する地域情報の把握・地域像の創出であり、権力の実践の一形態であったといえよう。

蝦夷地にとっての「幕末」とは、その土地情報が請負人・船頭などの私的な経験だけに基づいていた「地図なき時代」から、権力が詳細な土地情報を直接に把握する「地図を必要とする時代」への大きな転換期であった。

注

（1） Harley, J. B.: “Maps, knowledge, and power”, in D. Cosgrove and S. Daniels eds., *The Iconography of Landscape: Essays on the Symbolic Representation: Design and Use of Past Environments*, Cambridge University Press, 1988, pp. 277–312.（山田志乃布（米家志乃布）訳「地図と知識、そして権力」、千田稔・内田忠賢監訳『風景の図像学』地人書房、二〇〇一年、三九五～四四一頁）

（2） 前掲 Harley 論文、pp. 280–285.

(3) 川村博忠『江戸幕府撰国絵図の研究』古今書院、一九八四年、八頁参照。
(4) 杉本史子『領域支配の展開と近世』山川出版社、一九九九年、二九三頁参照。
(5) 白井哲哉「近世政治権力と地誌編纂」『歴史学研究』七〇三、一九九七年、九九～一〇六頁参照。
(6) 「江差沖ノ口備付　西蝦夷地御場所絵図」は、『江差町史　資料編　第一巻』に「付図」として編集されているため、容易にその概要を知ることができる。江差町史編纂室編『江差町史　資料編　第一巻』、一九七七年、一三四八頁参照。
(7) 前掲『江差町史　資料編　第一巻』、六九五～六九六頁。
(8) 前掲『江差町史　資料編　第一巻』、六九五頁。
(9) 前掲『江差町史　資料編　第一巻』、六九五頁。
(10) 秋月俊幸『日本北辺の探検と地図の歴史』北海道大学図書刊行会、一九九九年、三五一～三五五頁参照。
(11) 高倉新一郎編『北方領土――古地図と歴史』北方領土問題調査会、一九七一年。
(12) 船越昭生『北方図の歴史』講談社、一九七六年。同『鎖国日本に来た「康熙図」の地理学史的研究』法政大学出版局、一九八六年。
(13) 秋月前掲書、四〇五頁。
(14) 羽田野正隆「松前藩と徳川幕府の北方認識――二つの蝦夷図を中心に」(藤岡謙二郎編『新日本地誌ゼミナールⅠ北海道地方』大明堂)、一九八五年、二一九～四五頁。
(15) 浅倉有子『北方史と近世社会』清文堂、一九九九年。
(16) 宇川隆雄『北海道宿駅(駅逓)制の研究』北海プリント社出版企画、一九八八年、二四九～二五〇頁参照。
(17) 吉田常吉編『松浦武四郎　蝦夷日誌(下)』時事通信社、一九八四年、二三四～二三五頁。
(18) 本章では、吉田前掲編著を利用する。
(19) 本章では、高倉新一郎解読『竹四郎廻浦日記(上)(下)』北海道出版企画センター、一九七八年、を利用する。
(20) 『再航蝦夷日誌』は、弘化三年に西蝦夷地を経て樺太に渡った際のことをまとめたものである。本章では、吉田武三編『三航蝦夷日誌(下)』吉川弘文館、一九七三年を利用する。
(21) 「二八」とは、西蝦夷地への出稼ぎを許可された出稼人は、その場所の請負人に漁獲高の二割を納めて、八割を自分のものとしたことから、二八取と呼ばれた。

(22) 北海道大学附属図書館北方資料室所蔵。

(23) 秋月前掲書、三五二頁参照。

(24) 『西蝦夷日誌』によれば、トママイの「夷家」は笹葺である。ルルモッペはトママイに近いことから、アイヌの家屋は、笹葺の小屋であることが考えられる。吉田前掲編著、二六四頁参照。

(25) 田島佳也「場所請負制後期のアイヌの漁業とその特質――西蝦夷地余市場所の場合」、田中健夫編『前近代の日本と東アジア』吉川弘文館、一九九五年、二七一～二九五頁。

(26) 5の透木（スッキ）は、島小牧（シマコマキ）に合併されて一場所とされている。

(27) 松前藩は、蝦夷地を海岸沿いに区画し、その場所ごとの交易権を商人に与え、代わりに運上金を得た。この商人のことを場所請負人と言う。場所請負人は、松前・箱館の問屋に断宿（保証人制度）になってもらい、両港町に拠点を置いた。運上家は、蝦夷地における交易所である。幕末になると、幕府は蝦夷地全島の場所請負制を廃止し、幕府によって直接に交易を行う「直捌《じきさばき》」を検討していた。しかし、場所請負制が廃止されるのは明治二年である。

(28) 麓慎一は、従来の幕末の蝦夷地上知政策に関して内政的要因を強調することを批判し、樺太問題と連動させて対外的要因に留意して考察する必要性を提示している。麓慎一「幕末における蝦夷地上知過程と樺太問題」『歴史学研究』六七一、一九九五年、一～一六頁。同「幕末における蝦夷地政策と樺太問題」『日本史研究』三七一、一九九三年、二五～五一頁など。

(29) 『関川家文書』については、江差町史編纂室編『江差町史　第4巻資料編　関川家文書』、一九八一年を参照。

(30) 箱館奉行配下の役人については、函館市編『函館市史　通説編　第二巻』、一九九〇年、八一～八三頁参照。

(31) 海保洋子『近代北方史――アイヌ民族と女性と』三一書房、一九九二年、一九八～一九九頁参照。

(32) 『関川家文書』の「間尺帳」によれば、安政三年に津軽十三《とさ》の北前船が津軽藩の雇船としてスッツに赴いた記録がある。また、前述の「概記　巻の一」によれば、安政三年に越前河野浦の北前船が秋田藩の雇船となり、米二〇〇〇石をマシケに運んでいる記録が残っている。

(33) 松前町史編集室編『松前町史　通説編　第一巻（下）』、一九九八年、一二八四～一二八六頁。

(34) 羽田野前掲論文。
(35) 羽田野前掲論文。
(36) 前掲『松前町史　通説編　第一巻（下）』、一一六〇～一一八七頁。
(37) 蝦夷地では、従来、「差網」（海中に下げた網の網目にささる形で魚を捕る小規模なもの）が使われていたが、寛政年間頃から「笊網」「起し網」（行成網・建網）といった大網による乱獲が問題となっていた。松前藩は、何度か大網禁止令を出していたが、実態としては禁令を無視して大網漁が行われていた。
(38) 江差町史編纂室『江差町史　第六巻　別冊二』「江差町史年表」、一九八三年、一五～三九頁参照。
(39) 前掲『新北海道史年表』、一三一～一四〇頁。
(40) 北海道庁編『新選北海道史　第五巻　史料一』、一九三六年、一三五五～一五四四頁参照。
(41) 前掲『新選北海道史　第五巻　史料一』、一四〇七頁。
(42) 幕府は、西蝦夷地からの産物を搭載した船は、松前藩での船改めを行う構想を持っていた。しかし、その構想は実現されず、安政三年に西蝦夷地の産物は松前・江差に集荷するという従来通りの船改めとなった。その詳しい経緯は明らかでないが、沖の口口銭の収入で藩の財政を賄っていた松前藩に大きな打撃を与えないように配慮していたと思われる。
(43) 拙稿「幕末における鯡集荷システムの再編――北海道西海岸を事例として」『人文地理』五一―一、一九九九年。
(44) 拙稿「安政期における蝦夷地通船」『お茶ノ水女子大学人文科学紀要』五〇、一九九七年。
(45) 海保嶺夫「蝦夷地「異域」体制解体の前提――安政初期における和人労働力の蝦夷地定着状況」『地方史研究』三六―三、一九八六年、一～二一頁。
(46) 秋月前掲書、三五一頁。

第六章　東北諸藩の蝦夷地沿岸警備と地域情報の収集

本章では、幕末に蝦夷地を領地とした東北諸藩[1]を事例として、東西蝦夷地の地域情報収集のあり方について検討する。

具体的には、秋田藩と盛岡藩を取り上げる。秋田藩は西蝦夷地から北蝦夷地、盛岡藩は東蝦夷地の警護を命じられ、その後領地とした。それぞれの蝦夷地関係絵図および風景画[2]に描かれた内容や表現の特徴を分析し、それらの作製主体や作製目的を検討することで、両藩における蝦夷地沿岸の地域情報の収集のあり方について論じたい。

一　秋田藩の蝦夷地関係絵図と蝦夷地警備

1　秋田県公文書館所蔵の幕末蝦夷地関係絵図

秋田県公文書館所蔵の蝦夷図については、秋田県公文書館が発行している『所蔵古文書目録第三集　絵図目録[3]』

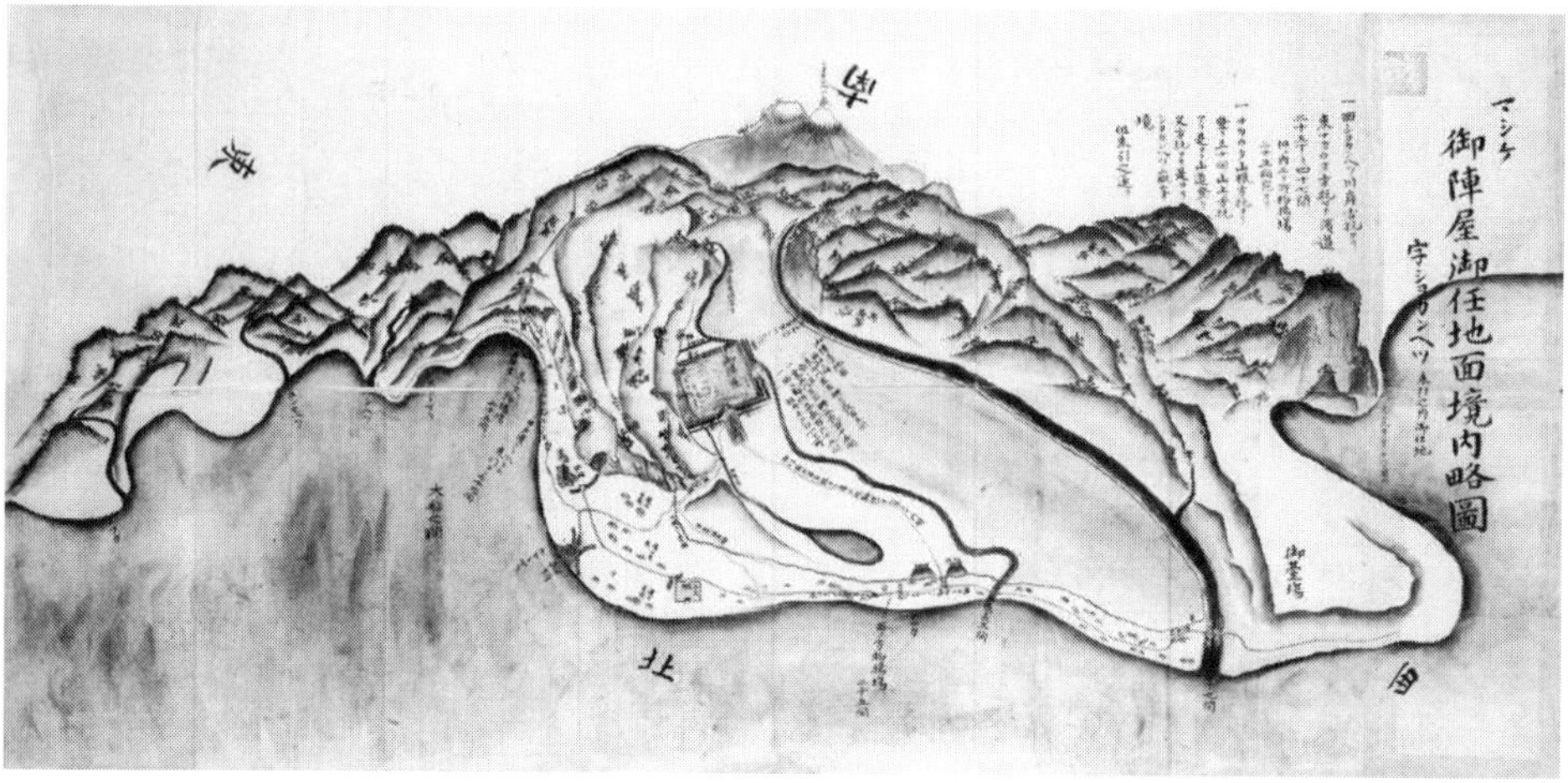

図37　「マシケ御陣屋御任地面境内略図」（秋田県公文書館所蔵）

のなかに「12　北海道・北方領土」という章があり、五二枚の絵図が掲載されている。これらの絵図群については、秋田県公文書館企画展『秋田藩の海防警備』(4)にいくつかが紹介されている。展示史料は「文化四年の箱館出兵」「対外危機の高まり」「海岸絵図」「台場の築造」「安政の蝦夷地出兵」に分類されており、蝦夷地関係絵図の主要なものは、箱館関係の図、蝦夷地全体の図、マシケ、ソウヤ、クシュンコタンなどの陣屋関係の図が含まれる。

また、後藤富貴は、秋田県公文書館が所蔵する蝦夷地関係史料を『蝦夷地目録』としてまとめた(5)。従来の目録では、文書と地図は別々にまとめられていたために、史料群の性格把握ができなかった。しかし本目録では、絵図・文書や図書類を一括して掲載しており、蝦夷地関係の史料群の性格が把握できるため、さらに利便性の高い目録となっている。

これらの秋田藩関係の蝦夷地関係絵図目録のなかで筆者が注目したものは、第二次幕府直轄期時代に作製されたと思われる「マシケ御陣屋御任地面境内略図」（乙―153、秋田県公文書館所蔵、長瀬家文庫）（**図37**）である。本絵図については、従来から『増毛《ましけ》町史』および『増毛《ましけ》地方の民俗資料と文化財』などの増毛町関係の出版物、『秋田市史』や前述の秋田県公文書館の企画展などで紹介されてはいるものの、その作製者や作製年代が不明であるため、絵図資料の活用としては十分になされてきたとは言い難い。しかしその図像を見ると、西蝦夷地のマシケ場所を描いた美麗な彩色図であり、安政期以降に多く作製された蝦夷地沿岸図の系統ではないかと窺える。[6]

2　安政期における秋田藩の蝦夷地警備

ここで先行研究をもとに、安政二（一八五五）年以降の秋田藩の蝦夷地警備の概要についてまとめてみよう。[7] 安政二年二月、江戸幕府は蝦夷地を直轄地とし、仙台・秋田・南部・津軽および松前の各藩に蝦夷地沿岸の警備を命じた。そして同年四月、秋田藩はマシケに元陣屋、ソウヤと北蝦夷地に出張陣屋を置くように命じられる。同藩は、すでに文化四（一八〇七）年に箱館奉行の命令で箱館の七重浜に陣屋を建設して蝦夷地警備を行った経験があったが、その後は再びの蝦夷地出兵が予期されていたものと思われる。

しかし、安政二年三月、秋田藩は数名の藩士を箱館奉行に派遣し、現地の状況を調査させたものの、自然環境の厳しさや藩財政などの問題から、同年一一月に警備の縮小を幕府に申し出た。幕府はそれを却下する。結局、幕府は同年一二月、翌安政三年春の蝦夷地引き渡しを通達し、北蝦夷地（樺太）の警備については三月から八月に限定し、マシケで越年するという条件を出した。同年三月、秋田藩は蝦夷地出兵の請書を提出する。

同年二月には、すでに蝦夷地御任地奉行大番頭代として小野岡東吉をマシケ詰の任務につかせ、三月には元陣屋建設のため、小野岡一行がマシケに向かった。五月には箱館から向山源太夫がマシケに入り、元陣屋場所を秋田藩に引き渡した。マシケに到着した人びとは早速陣屋の建設にとりかかる。マシケの元陣屋が完成したのは同年八月であった。

その後、安政六（一八五九）年、秋田藩を含めた七藩が蝦夷地を藩領とする。第二次幕府直轄期における東北諸藩および幕府による蝦夷地の分割分領政策である。これにより、マシケは秋田藩の領地となった。しかし、秋田藩は慶応三年には蝦夷地警備を免じられ、マシケを幕府に返すことになった。

二 「マシケ御陣屋御任地面境内略図」に描かれた地域情報とその特徴

1 「朱引」と絵図情報の特徴

本絵図の右側には、「マシケ御陣屋御任地面境内略図　字ショカンヘツ　朱引之内御任地」とある。その「朱引」の範囲は、西から東まで二五丁四七間、その間二か所に「物揚場」があり、東のナカウタ地点から五〇間、山の方へ登ってショカンヘツ嶽峰の境までと書き込まれている。絵図の中央には「御陣屋」が朱色で描かれ、その周囲は柵と堀で囲まれているのがわかる。その右側には陣屋地面の大きさが書き込まれている。陣屋のすぐ東側には山が何重にも描かれ、その一番上に朱線が通っている。

さらに「朱引」の外側をみると、西側にはショカンヘツ（暑寒別）川があり、海岸に沿って道が通っている。浜沿いには家屋の図像が散見される。これらの家屋は出稼小屋であろう。さらに弁天社や運上家および運上家蔵も見える。また、ショカンヘツ川の西側には「御台場」が書き込まれている。地名は、「船附」のホロトマリ、ナカウタ、ホントマリ、ハシベツなど海岸沿いに書き込まれてはいるものの、それほど多くは書かれていない。このような情報記載の特徴から、本絵図は、陣屋を中心とした秋田藩の警護地を「朱引」で表現することが主題となっている図であることがわかる。

そこで、以下の史料を見てみよう。『箱館御用后例要録』[8]には安政三年五月、箱館奉行所が秋田藩に対して「マシケ御陣屋地面並方限」を引き渡した際、秋田藩の渡邊泰治（陣屋奉行）が箱館奉行所に提出した文書の記録が残っている。

【史料1】(9)

マシケ御陣屋地面並方限御引渡の節被仰渡事

一 陣屋地面弐丁四方に御渡被成下付ては、右の近辺四方朱引の通御願地に被仰付被成下度、右の内へ調練場、星場、矢場取建、其余は手作畑切開も仕度候

四方朱引の通とは、御陣屋地面弐丁四方の外、四丁位の方限を中立候事に候所、具さ図面の通此度御任に相成候(後略)

右、絵図面差添出候分は御返無之候

この史料によれば、秋田藩がマシケ陣屋とその周辺図に関して、「朱引」をした絵図面を箱館奉行所に差し出していることがわかる。しかし、その朱引範囲は、陣屋地面が二丁四方ならば、本絵図に描かれた陣屋地面とそれほど大きな違いはないものの、その周囲の範囲が四丁位の範囲であるならば、本絵図に描かれている範囲よりは格段に狭い。ともあれ、秋田藩が提出したマシケ陣屋とその周辺図が「朱引」図であることは重要な点であり、本絵図にも類似の特徴がみられることが確認できる。

2 図像の特徴と空間構成

次に、本絵図の図像の特徴について考察してみる(図38参照)。中心に朱で描かれている陣屋Aは、構内の建物の配置がはっきりと描かれており、この配置を見ると、秋田県公文書館に所蔵されている「マシケ元御陣屋地割絵

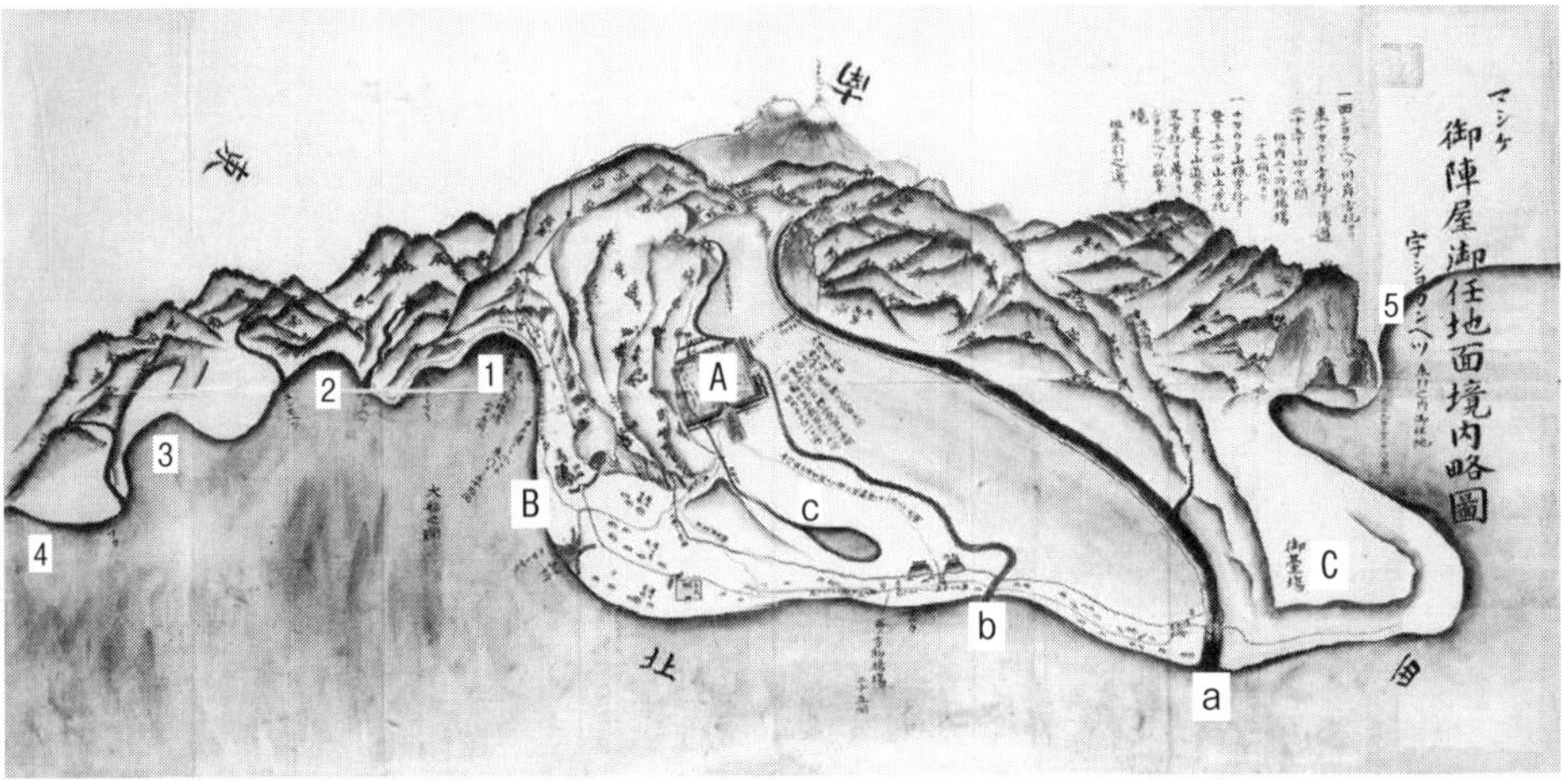

図 38 「マシケ御陣屋御任地面境内略図」における各施設の配置（図 37 に筆者が文字を加えたもの）

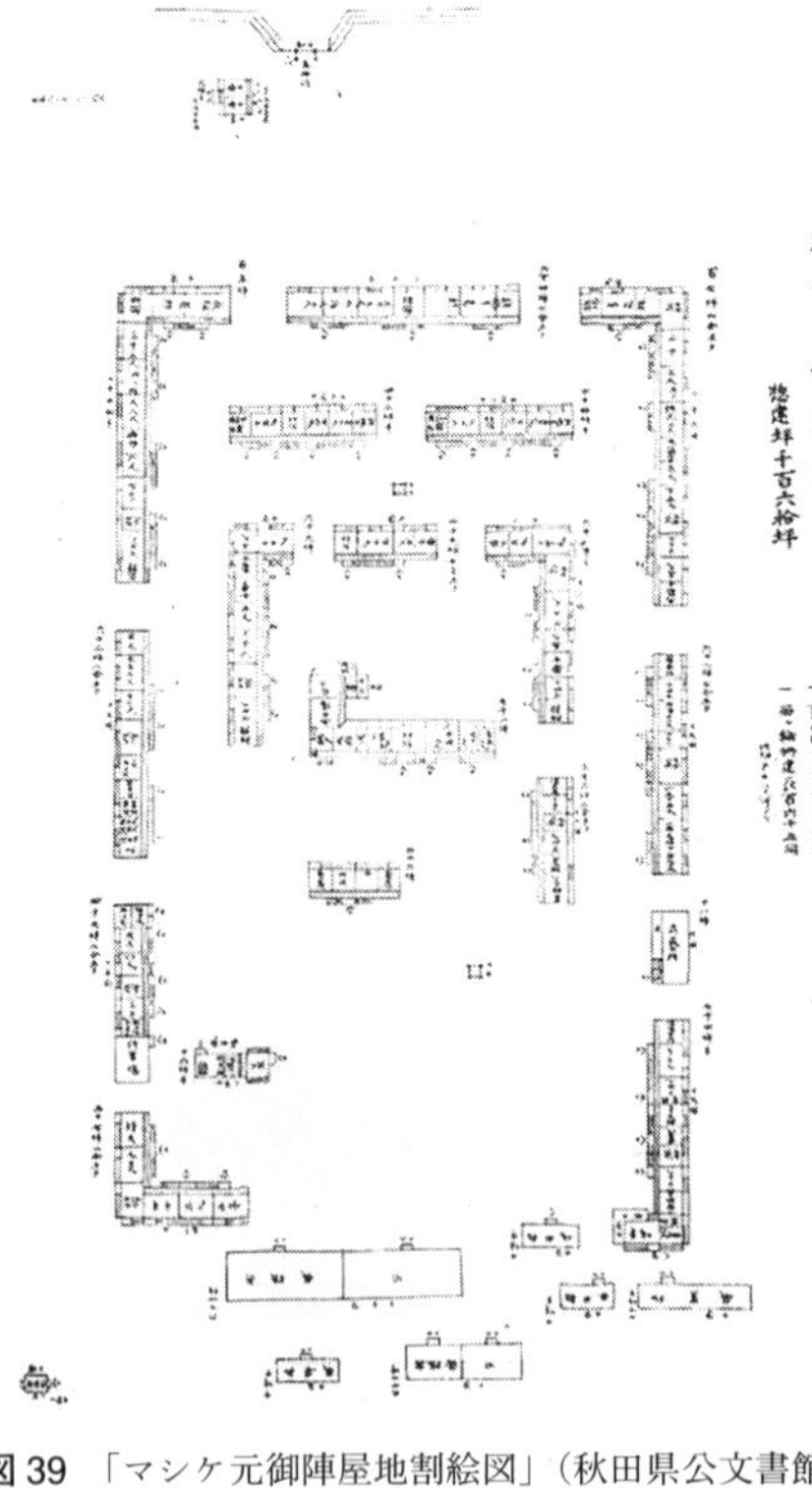

図 39 「マシケ元御陣屋地割絵図」（秋田県公文書館所蔵）

図」（図39）に描かれている建物の配置と同じであることがわかる。おそらくこの絵図もしくは類似の絵図を参考にして、本絵図に陣屋を書き込んだものであると想定できる。しかし、「マシケ元御陣屋地割絵図」には描かれていない柵や堀まで描かれている。

運上家Bは朱引きの外側に位置し、茶色で浜辺に小さく描かれており、あまり目立たない。前述の『秋田藩の海防警備』では、本絵図において「任地面として朱引きされた線内には運上屋が入ってい

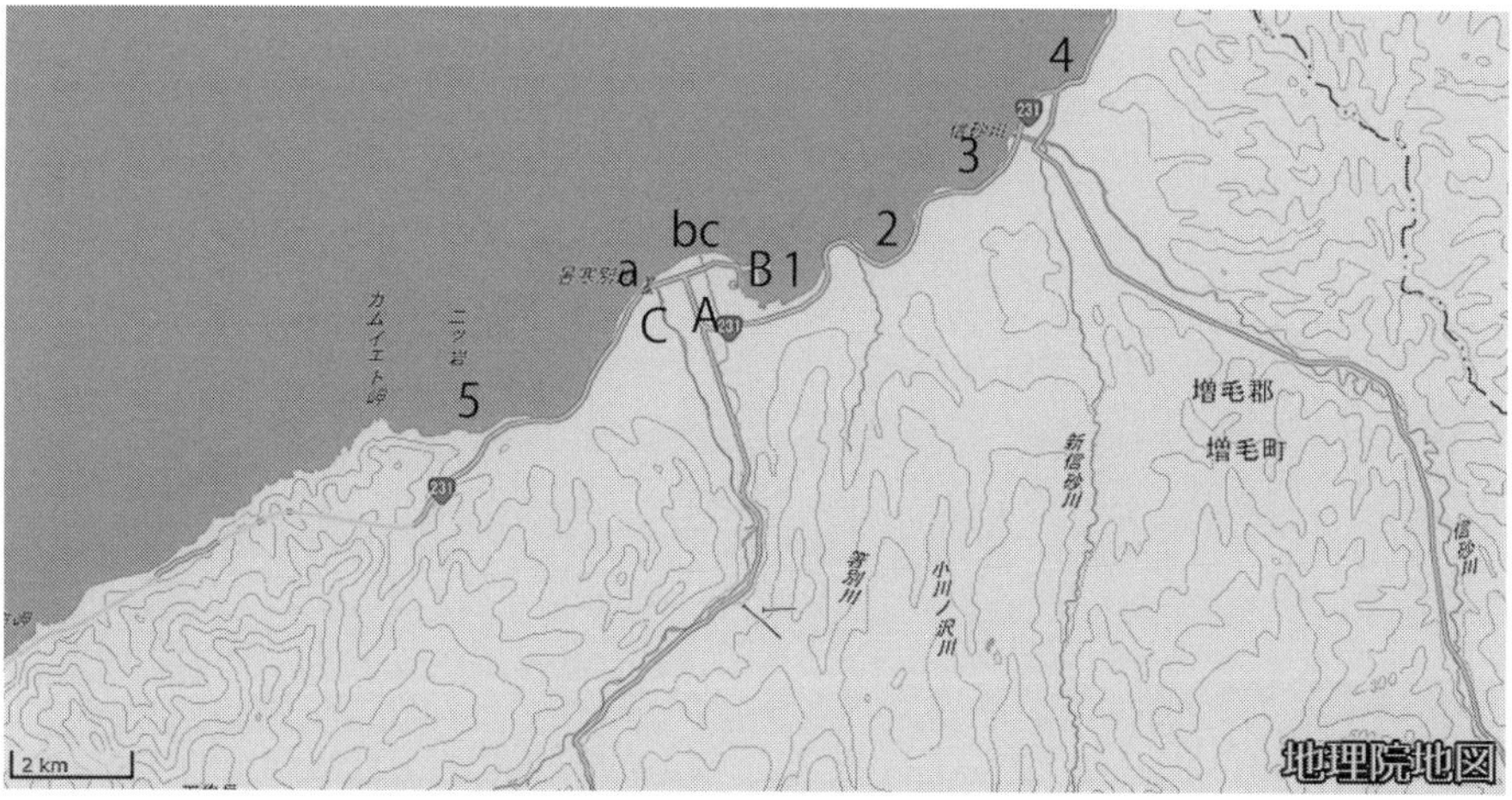

図40 「マシケ御陣屋御任地面境内略図」の現地比定
（地理院地図　2021年3月取得）

ない」ことから、「蝦夷地の警備は各藩に任せるも、そこでは経済的な利益をあげることはできないようにする[10]」とした幕府の方針を読み取っている。一方、秋田藩の陣屋経営にとって重要と思われる「船附」のホロトマリや「物揚場」は、わかりやすく表現されている。また、陣屋の周囲には堀が廻らしてあり、周囲の川（b永寿川・c稲葉川）につながっている。その右側に暑寒別川aが大きく外側にうねって山々の間から海に流れ込んでいる。台場Cのある場所は、茶色と緑で囲まれ、非常にわかりやすく描かれている。絵図の中央奥には暑寒別岳が堂々と描かれ、その前には山々が幾重にもあり、奥に描かれた緑の山と手前に描かれた青い海のコントラストが際立っている。

ここで、本絵図の空間的な特徴を考察してみよう。ノフカ～シュンモヘツ～ハシヘツ～ホントマリ～ナカウタ～ホロトマリ～ノツカにかけての海岸線の屈曲（1、2、3、4）はかなり正確に描かれており、それぞれの場所を現代の地図と比較してみても特定しやすい（**図40**）。しかし、台場より西側の海岸線5は不正確であることがわかる。また、ナカウタから暑寒別川・台場までの海岸部が実際の縮尺から考えると大きく誇張して描かれていることもわかる。さらに、陣屋の東側に存在する急崖地は、実際の地形にかなり近い状

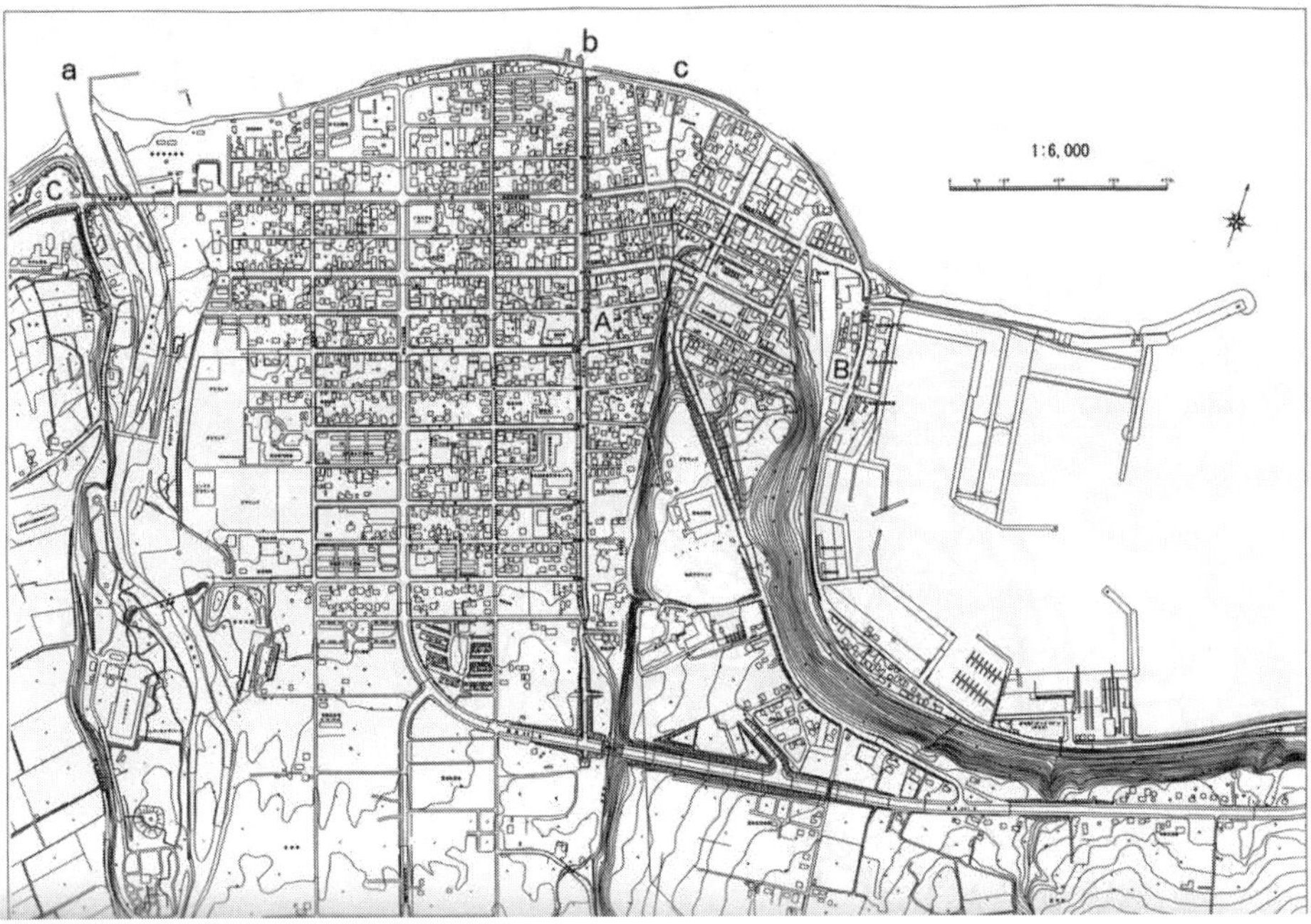

図 41　「マシケ御陣屋御任地面境内略図」の現地比定（「増毛中心部　6,000 分の 1 地図」増毛町役場建設水道課所蔵地図，2008 年取得）

態で描かれており（図41）、陣屋と海岸を行き来する際に役立つ地域情報であったと思われる。絵図全体の構成としては、南を上、北を下、左を東、右を西に構成されており、絵図全体が海側からの視点で描かれていることが挙げられる。つまり、海から船を利用して西蝦夷地のマシケにやってくる人びとの目線で構成されている絵図である。

以上のことから、本絵図が、秋田藩の陣屋経営のための絵図であったことがあらためて確認できよう。本絵図が運上家や出稼漁民などの漁業経営のための絵図ではないことは明らかである。つづいて、こうした地域表現を踏まえたうえで、作製主体と作製年代をしぼっていきたい。

三　作製主体と作製年代

1　長瀬家文庫と本絵図の関係

本絵図は、秋田県公文書館の長瀬家文庫のなかに存在した史料であった。『蝦夷地目録』[11]をみると、長瀬直温と長瀬直清が作製した文書には作製者名が記載されており、絵図関係のみ「長瀬家文庫図書」と記されている。また、長瀬家文庫に存在する他の絵図として、「箱館細絵図全」（七―五六五）、「増慶元陣屋地割絵図」（乙―一五四）、「北蝦夷地クシュンコタン出張御陣屋」（乙―一五五）「北蝦夷地クシュンコタン出張御陣屋境内並御預地処」（乙―一五六）がある。本絵図やこれらの絵図にはすべて「大正九年三月十八日購入」と朱書されており、秋田県立図書館が当時長瀬家から購入した史料にはこの年月日が記載されている（長瀬家文庫は秋田県立図書館旧蔵史料）。他の文書や図書も同様である。

また、秋田県公文書館の秋田県立図書館旧蔵資料『混架資料目録』によれば、長瀬家文庫のなかには蝦夷地関係以外にもいくつかの文書や図書が存在しており、なかでも司馬江漢の「地球全図略説」（乙一五2―一）、松浦武四郎の「蝦夷日誌抄」の長瀬直温による筆写本（乙一五七）、山水画の手本となる「辺氏画譜」（乙一五八―一～二）など、地図や地誌、風景画などの蔵書があったことから、地理的な関心があったことも窺える。

一方、秋田市立図書館明徳館にも長瀬家文書として、長瀬家の史料が所蔵されている。こちらの史料群には絵図関係は存在しない。しかし、昭和五七年に長瀬家当主から寄贈されたもので、秋田県公文書館や秋田市立佐竹史料館に存在する長瀬家関係の史料群に比べて、数が最も多い。本文書目録にある「解題」[12]によれば、第四七代長瀬直温は文政四年生まれ、幕末の藩主に仕え、御留守居役、勘定奉行、銅山奉行などを務め、京都留守居役としても活躍した。本文書群には、長瀬直温は多くの日記類を残しているほか、書道・茶道・詩歌などの学芸的な資料も残っている。

蝦夷地との関連でいえば、秋田県公文書館の長瀬家文庫に残っている『檑堂日録』（二五―一七〇―一～三）や『箱館后例要録』（七―五六四―一～二）および秋田市立図書館の長瀬家文書に残っている『安政三丙辰御用留書』（長七五）などの記録は、長瀬直温が箱館詰留守居役だった時の記録であり、本絵図の作製主体を考える上で重要である。

2　長瀬直温《なおあつ》の箱館詰と本絵図との関係

まずは、『箱館御用后例要録』（または『箱館后例要録』）のなかにある以下の記述を見てみよう。これは、安政三年八月一五日に秋田藩の御留守居役渡邊泰治（陣屋奉行、長瀬直温の前任者）が箱館奉行支配組頭の河津三郎太郎に献呈したという絵図のことである。

【史料2】(13)　右京大夫蝦夷地御警固場所マシケ元陣屋並ソウヤ、クシュンコタン出張陣屋共、惣出来仕候間、陣屋構略絵図差添御届申上候　以上

八月十五日　　御名家来
渡邊泰治

右は八月十五日河津三郎太郎様へ泰治御役所にて差上候

この史料によれば、安政三年八月に陣屋が完成し、「陣屋構略絵図」が秋田藩から箱館奉行所に収められている

ことがわかる。これは、ようやく完成した陣屋とその構内を描いた絵図であろう。おそらく前述の「増慶元陣屋地割絵図」あるいはそれに類似したものであると考えられる。

『箱館御用后例要録』(または『箱館后例要録』)は、秋田藩の箱館詰留守居役だった長瀬直温が自らの在任中に取り扱った事項を一一項目に分けて記録したものであり、この記述は、最初の項目である「御持場の部」のなかの記録である。この項目では、安政二年四月一四日に渡邊泰治が箱館奉行支配組頭河津三郎太郎、調役並鈴木孫四郎・間宮鉄次郎立ち会いのもとに、箱館奉行堀織部正からの書状により、マシケ、ソウヤ、北蝦夷地の警護を命じられたことから始まっている。長瀬直温が箱館で記録した『櫃堂日録』によれば、直温が安政三年七月九日に箱館詰を命じられ、秋田を出発したのは八月四日である。箱館到着は八月一八日、佐藤時之助の出迎えを受けて、その後業務に従事する。つまり、長瀬直温が赴任する前からの事項、おそらく前任者からの引き継ぎに必要な事項も含めて書き留められているのだろう。そして、前述の八月一八日以後、絵図に関する記録はないが、直温を取り巻く以下の状況から、陣屋およびその周辺部を描いたマシケの絵図が必要であったと推定できる。

『櫃堂日録』には、直温が箱館到着後すぐに箱館奉行所役人や松前藩、弘前藩、南部藩などの家臣たちと会っていたことや、九月からはマシケを往復する秋田藩関係の人びととも頻繁に会い、書状を受けとっている記述がある。おそらくマシケでの元陣屋が完成したために、八月半ば以降は、双方の地域間で人びとの往来が頻繁になってきたのだろう。このような人びとのためにも、マシケの地域情報を箱館で収集しておき、秋田から蝦夷地に向かう人びとが確認できるようにしておくことは必要だったに違いない。しかし、安政四年七月九日に箱館を出発するまで、直温がマシケに滞在した記録はない。それでは、どのように絵図を手に入れたのか。

江戸幕府の役所である箱館奉行所が、蝦夷地の詳細な地域情報を第一次幕領期からすでに蓄積していたことは当然想定できよう。安政年間にはさらに詳細な地域情報を収集していたことは、松浦武四郎の存在からも窺える。前述のように秋田藩も、安政二年三月以降、マシケに関する地域情報の収集を行っていた。つまり、箱館にいながらにして、箱館奉行所に出入りできる身分ならば、容易にマシケに関する地域情報は手に入れることができたのではないだろうか。また、秋田藩内部にも、長瀬直温の前任者である渡邊泰治が提出した陣屋地面と、その周囲を描いた朱引図や陣屋構内の絵図なども存在したことが明らかであり、これらの控えやヴァリアントも存在したと考えられる。

そして、長瀬直温自身も蝦夷地の地域情報に深い関心をもっていたことが窺える。第一に、松浦武四郎によって編集された『蝦夷日誌』の松前箱館部分を長瀬直温自身が筆写している。[14]第二に、直温自身が「松前蝦夷地名書」[15]という史料を作製し、蝦夷地の地名を書き上げ、簡単な山や雲のスケッチも沿えている。このような素養が、絵図を自ら作製する方向へ導いた可能性を指摘したい。また、両者に書き込まれた直温直筆の文字の「くずし」などが本絵図内の文字に酷似しており、[16]本絵図とこれらの史料は同一人物が作製した可能性がきわめて高いと考えられる。

つまり、本絵図は、箱館奉行所に蓄積された蝦夷地関係の地誌や地図に加え、長瀬直温の赴任前に秋田藩関係者が作製した陣屋絵図やマシケの沿岸図などを編集し、さらに実際にマシケを往来している人びとからの情報も組み込んで、直温自身が描いたものであっても不思議ではない。

本絵図を長瀬直温の作製とみるならば、作製時期は、直温が箱館に滞在した安政三年八月一八日以降の早い時期であろう。安政四年七月八日までの滞在期間中に、本絵図をさまざまな場面で活用していたのではないだろうか。前節で分析した本絵図の地域表現は、まさに秋田藩の箱館留守居役が自らの業務に活用するために描いたものであり、また、彼が描いたからこそ、本絵図の地域表現が生まれてきたともいえよう。

四　盛岡藩の蝦夷地関係絵図と蝦夷地警備

もうひとつ、東北諸藩による幕末の蝦夷地関係絵図の事例をみてみよう。盛岡藩も秋田藩と同様に、安政二年二月に蝦夷地沿岸の警備を命じられた東北諸藩のひとつである。同年四月、盛岡藩は箱館に元陣屋を置き、東蝦夷地のエトモに出張陣屋を置くことになる。前述の秋田藩は元陣屋を西蝦夷地のマシケに置き、北蝦夷地まで警備することを命じられた。

ここで取り上げる『東蝦夷地海岸図台帳』は、安政二年一〇月、盛岡藩士の長澤盛至《もりよし》によって描かれた東蝦夷地の絵図集である。二冊の原本（あるいはどちらかが写本）が確認される。ひとつは、函館市中央図書館所蔵のものであり、もうひとつは、もりおか歴史文化館所蔵の『東蝦夷地海岸之図』である。前者は、箱館にあった盛岡藩の陣屋に保管されていたものが明治初年の戦禍を免れて残ったのか、あるいは盛岡藩から箱館奉行所に献上されていたものが残ったのか、どのようなルートで同館郷土資料室のコレクションに入ったのかは不明であるものの、いずれにしても幕末から明治初期にかけて、箱館に存在した史料と思われる。後者は、もりおか歴史文化館に所蔵される前は盛岡市中央公民館の南部家史料であったことから、史料中にも「南部家図書」と朱印が押されており、明らかに盛岡藩に献上されたものである。

函館本『東蝦夷地海岸図台帳』と盛岡本『東蝦夷地海岸之図』の両写本間の関係についての詳細を明らかにした先行研究はないが、両者を実見したところ、その筆跡の酷似や記載内容の一致から、いずれも長澤盛至自筆のものであり、安政二年一〇月以降（図中には安政三年以降の加筆も散見される）に作製されたことは間違いない。しかし、盛岡本と函館本の両者がいつどのように献上されたのかは不明である。

両史料は、函館市史や北海道各地の自治体史において、その記述の一部が各自治体の歴史を知る上で必要な箇所のみ、取り上げられてきた[17]。前述のように、幕末蝦夷地における東北諸藩の地域情報収集や地図作製の状況の一端を知る上で重要な史料であるにもかかわらず、その全体像を検討した研究は見られない。そうしたなか、小野寺淳はある論文中で、作者である長澤盛至の人物像について重要な指摘を行っている[18]。すなわち、安政二年の盛岡藩による東蝦夷地見分の概要を記した『松前持場見分帳』の記述をもとに、「安政二年三月に幕府から命じられた東蝦夷地警護に対処するため、盛岡藩では目付上山半衛門と勘定奉行新渡戸十次郎のもとに測量あるいは作図技能を有する者を召集し、民情や産物などの、いわゆる見分とともに、六月二三日から七月九日までの短期間で函館から幌別までの沿岸測量を実施」し、その任務のなかで測量・見分に従事した「長澤文作」が、本史料の作者である「長澤盛至」と同一人物である可能性が高いとしたのである。この論点は、本稿にとって多くの点で参考になる。

なお、函館市中央図書館には、長澤盛至模写の『安政度南部藩御持場東蝦夷地風物図絵』と称する巻子本も残っている。この絵画史料には、長澤盛至らしき名や印などは一切見当たらず、絵画そのものには作者が確実に長澤盛至であるという証拠は存在しない。しかし、本絵画を保管していた木箱の外側に、「一名、安政度宇須絵鞆風物図、旧名、臼の焼山同沼図　長澤盛至模写」と明記されており、これが所蔵当初から、函館市中央図書館の郷土史料目録においてこの絵画史料が長澤盛至の模写であることの証拠とされている。この風景画を見ると、模写といえども、絵画技術の技量が高い人物が作製したとわかる。これについても、同作者の『東蝦夷地海岸図台帳』の図上に描かれた「風景」の画風からもあらためて検討する。

五　『東蝦夷地海岸図台帳』に描かれた地域情報の特徴と絵画表現

最初に『東蝦夷地海岸図台帳』（以下、本文中では本絵図集を「台帳」と略す。各写本個別について説明が必要な場合は、函館市中央図書館所蔵本は函館本、もりおか歴史文化館所蔵本は盛岡本とする）の全体の構成をおさえる。最初に「東蝦夷地海岸図台帳」と記述があり、その後に「例言」が続く。「例言」の主な内容は、長澤本人の台帳製作に対する考えや図の作製の方法やその苦労話、さらに「異人」と「御公儀」（幕府）の図の作製に関わる相違点、図中の凡例の説明などである。

その次に、函館本のみ「大野ヨリ箱館間内見渡シ処之略図」という図が掲載されている。函館本には、最終頁にも同様の図が再録され、さらに「ヲリ」「タテカワセ」「シタキ」「ヨイチ」「ヨリツケト」「逢来山」「和」「日和」「時化」といった天気や風に関する用語の解説が掲載されている。海に面し、一年を通して風の強い「港町」箱館において本史料が利用されていたからだろう。これらの地図と解説は、盛岡本には掲載されていない。これ以降の記述に関しては、函館本と盛岡本は共通した内容となっている。見開き二頁分で各地域の風景画が描かれ、三分の一程度の区切りの上の部分に各地域の概要が記述されている。

そこで、台帳内に描かれている地域とその頁構成について一覧にしたものが**表9**である。まずは、「御持場海岸大旨之図」とあり、盛岡藩の持場である箱館とエサン崎からフシコヘツまでが朱色で示され、フシコヘツ以降東側の仙台藩の持場は灰色、エサン崎から箱館を除いた七里浜までの津軽藩の持場は黄色、さらに七里浜から札苅まで松前藩の持場は緑色と塗り分けられている。さらに各藩の本陣屋・出張陣屋・小屯場・御台場警護番所が図中に示されている。

42・43	ヘンベ崎・ヘンベ・ノチケベツ・フレヘツ		自然環境の特徴
44・45	ポンヲタニコル・エスリコハニユマ・シユマツエ・ヲウケシ崎		距離の記載あり
46・47	ヲフケシ・シヤシ		
48・49	レブンケ・ゼイ		距離の記載あり
50・51	レブンケ崎・ノブコチヤ・カハリシラリ		距離の記載あり
52・53	ホロナイ・コワルヘノイ・ベカウシ・トカルボロ		
54・55	ツエノヒマ・イルンヘ・ラケシウリ・ワイキナイ崎		
56・57	インヲシモイ・シツカリ・ヲシャマンベ	会所・○善光寺仮寺・○稲荷・漁小屋	距離の記載あり △安政三年新道あり
58・59	モンヘツエキ・ツリウ・クンナイ・ボロナイ		
60・61	ルコチ・シラリカの黒岩・シラリカ・ホンシラリカ・ヤマサキ・フイタウシナイ・ベツフシキ	小休処・○漁小屋・○稲荷	距離の記載あり
62・63	ユウラップ・トコタン・ヲコチアイ・フユンヘ・フユンヘ崎・サランペ山		
64・65	ヤムクシナイ・ユヲイ	勤番所・会所・○稲荷２ケ所	距離の記載あり 人口，産物，自然環境の特徴
66・67	野田追・ヲトシベ	○稲荷３ケ所	距離の記載あり 人口，産物
68・69	石クラ・濁川・ホンカヤヘ・エモヤコタン・ポンセ・ポンアイ	○稲荷２ケ所	距離の記載あり 人口，産物
70・71	ユノサキ・鷲の木・トリサキ・柳原・モリ	モリの番屋・○稲荷２ケ所	距離の記載あり 人口，産物
72・73	尾白内・ヲシタン・カカリマ・掛り間より見たる内浦岳の形	○稲荷２ケ所	距離の記載あり 人口，産物，自然環境の特徴
74・75	砂原・小サハラ・内浦岳（砂原より見たる内浦岳の形）	出張陣屋・漁小屋・○稲荷・○地蔵	距離の記載あり 人口，産物，自然環境の特徴
76・77	松屋崎・テケマ・テケマ崎・内浦岳		距離の記載あり 人口，産物，自然環境の特徴 △安政三年より松屋先に遠見番所あり
78・79	ボンベツ・鹿部・カメトマリ・ザル石・内浦岳（亀泊より見たる内浦岳の形）	○稲荷	距離の記載あり 人口，産物，自然環境の特徴
80・81	ホヤタラ・ポロ・ケカツハマ・イソヤ・白岩・内浦岳（ホヤタラより見たる内浦岳の形）		距離の記載あり 人口，産物，自然環境の特徴

表9 『東蝦夷地海岸図台帳』に記載された地域情報

番号	地名	図中の施設名	地誌情報の概要
1・2	御持場海岸大旨之図	本陣屋・出張陣屋・小屯場・御台場・警護番所	
3・4 (図42)	フシコヘツ・スクリヘツ・ランボケ・モセウシナイ・ヲカシヘツ		測量の記録あり 距離の記載あり，支配関係，人口，産物，自然環境の特徴
5・6	ホロヘツ・フレヘツ・トンケシ・追分・ワスヘツ・ワスヘツ崎	会所，○イナリ，△遠見番所	測量の記録あり 距離の記載あり，支配関係，人口，産物，自然環境の特徴
7・8	イタンキ崎・ヘシホツケ・トツカリシヨ・ホンチキウ		人口・自然環境の特徴
9・10	チキウ崎	勤番所	
11・12	ヲエナヲシ・トンムイ・セタツキ・マシユイツセ	遠見所（△安政三年以来）	産物
13・14	マタエコレ崎・ホロツネヒウ崎・ホンツチヒウ崎・エトモ崎		測量の記録あり 距離の記載あり
15・16	エトモ・シクトチ崎・ヲアシナイ		測量の記録あり 距離の記載あり，支配関係，自然環境の特徴
17・18	トツカリムイ	番屋	測量の記録あり
19・20	マクニシ		測量の記録あり，自然環境の特徴
21・22	ボコイ・エトツケレフ		測量の記録あり，自然環境の特徴
23・24	チツフタヲシナイ・クンエキリヘツ・チリヘツ・イタンキ		測量の記録あり，自然環境の特徴
25・26	ホシ		測量の記録あり，自然環境の特徴
27・28	エモロモ・ホロツシケ		測量の記録あり
29・30	ホロヘテシウタ・ヲマモエ・ホトイン・モイ・モロラン	○稲荷	測量の記録あり 支配関係，人口，産物，自然環境の特徴
30・31	ホロシストル・チマイヘツ・ヲエンホシ・ポロネブ・ヲヒロネブ		人口，産物，自然環境の特徴
32・33	エマレマレツブ・ヲサルヘツ		
34・35	臼山（ヲサルヘツより見たる所の真形）・ヲサルヘツエントモ崎		距離の記載あり，会所情報（異人船来航情報），東夷周覧稿より引用
36・37 (図43)	ムロイ・臼・チヤウシケ崎・トコタン・臼山（臼の会所前より見たる臼山の図）	会所・○稲荷・○善光寺	人口，産物，東夷周覧稿より引用
38・39	臼山（アブタより見たる臼山の形）		自然環境の特徴
40・41	アブタ・アフタ崎・チムシマ・シヤン		人口，産物，東夷周覧稿より引用，自然環境の特徴

82・83	クマトマリ・ヲタハマ・キヒカサキ・エヒス嶋	○イナリ２ケ所	距離の記載あり，人口
84・85	ウスシリ・大黒嶋・弁天嶋・イタキ・精進川	会所・弁天・○稲荷2ケ所・○リウコアン	距離の記載あり，人口，産物，
86・87	カワクヒ・チヨホッケイ	○イナリ	距離の記載あり，人口，産物，自然環境の特徴
88・89	尾札部・クロイワ・ナシエツ・一本木崎・一本木・シブリウタ	○イナリ	距離の記載あり，人口，産物，自然環境の特徴
90・91	バノ沢・ヒカケバナ・ホンキナヲシノシコタン・ヒリハマ・キナヲシ	○イナリ	距離の記載あり，人口，産物
92・93	キナヲシ崎・ワレイワ・シリ川・オオカチ・立岩		
94・95	シシバナ・フルベ	○稲荷	産物
96・97	フルベアヤマ・ハンノ沢・テウシ沢・テウシ崎		距離の記載あり
98・99	ヤシリハマ・シマドマリ・トドホツケ	○八幡	距離の記載あり，人口，産物
100・101	水ナシ・カツカソリ・トド岩・カツカ石・エサン崎・恵山（エサンの岬より見たる恵山の図）		人口，産物，自然環境の特徴
102・103	イソヤ・サツナイ・七つ石・恵山		
104・105	ネタナイ・ネタナイ崎・山瀬泊・コフイ・恵山（ネタナイより見たる恵山の形）		
106・107	ハマナカ・ナリサキ		
108・109	イセシナイ・尻岸内	○八幡	
110・111	カラスカラ・ヒウラ	○イナリ	
112・113	ハラキ・カマウタ・コウタ		
114・115	ヲカノムイ・コウタ・クマベツ・戸井・ベイサイマ・サイトウ・ヲセキナイ	○宮川・○明神	
116・117	小安・石崎・古川尻・シオトマリ・メナノ沢	石倉稲荷	
118・119	銭亀沢・志苔・根崎・湯の川・三森山・障子山・赤川・鍛治村	○八幡２ケ所・○念祢庵・○ヤクシ	
120・121	砂森	△御街場境杭	
122・123	箱館之澗略図	御陣屋・御役所・町会所・御蔵地・御家御津軽家持場境・佐竹家・仙台・松前・沖の口役所など	

○後に函館の図から書き加えたもの　△後に書き加えたもの

次に、各地域の風景画と地誌情報が続く。安政二年に命を受けた仙台藩警護地と盛岡藩警護地の東蝦夷地の境界である「フシコヘツ」（3・4）から始まり、ホロヘツ（5・6）～エトモ（15・16）～モロラン（29・30）と続いている。この後は、内浦湾沿いにぐるりとまわり、ウス（36・37）～アブタ（40・41）～レブンケ（48・49）～ヲシャマンベ（56・57）となる。その後、ヤムクシナイ（64・65）を過ぎて、蝦夷地から和人地へ入り、亀田半島の東側をぐるりと回って、箱館（122・123）で終了する。それぞれの図のなかに、地名と和人の施設名、地形の特徴、距離の記載や測量の詳細、その地域の人口や船数、産物などが書き込まれている。

これら図中の地名など、さまざまな地域情報の収集には、いくつかの元になる情報があることをおさえる必要がある。地名については、「例言」の最後に述べられており、その多くは黄色で囲まれており、この凡例は「先立案内者より聞きたる所の名」である。白で囲まれているものは「箱館町の者に所持する図を借て跡より加ひたる」地名である。ただし、これらの地名については「昔の名と今の唱へと替る事もあるへかれとも、その分せんさくするのいとまなく、後の考と思い記し置きたる也、且蝦夷地の小名とはむかしと替りて唱ふる事所々有之由、案内者のいへる也」とあり、地名が昔と今では変わっている可能性も述べている。

また全体の構成において重要なことは、台帳の地域情報には粗密があることである。たとえば、測量の記録が書き込まれている図は、**表9**の3～6と13～30に集中しており、それ以外の地域には、里数（距離）の記載はあるものの、測量の記録はない。たとえば、フシコヘツの記述では「七月三日早朝ホロヘツを出舟してフシコヘツに着しより陸道に上りて測量せし」とあり、道に沿って細かく測量した結果が記録されている（**図42** フシコヘツ（2・3））。つまり、これらの地域は長澤盛至自身が測量した地域であることを示している。また「野」「谷地」などの地形情報なども同様に、長澤が見分した記録を書き込んでいるといえよう。

もうひとつ、長澤自身が見分した結果として、「臼山」「内浦岳」「恵山」といった山々の絵画表現において、眺望

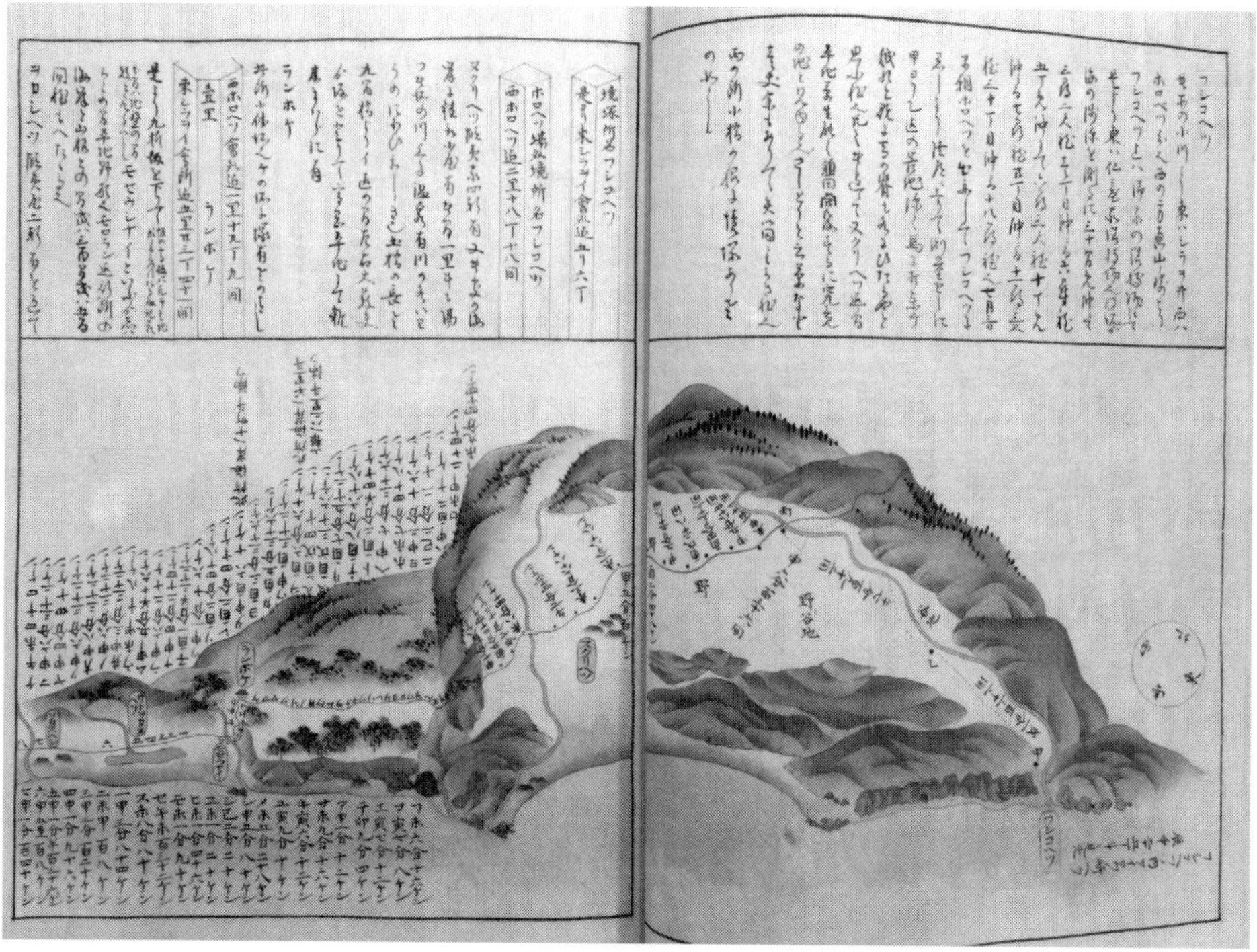

図42　フシコヘツ（『東蝦夷地海岸図台帳』もりおか歴史文化館所蔵）

とともに「真形」を描くことにこだわりを見せているところに注目したい。たとえば、臼山（有珠山）に関しては三方向から山を描いている（34～39）。その際、「臼之会所前ヨリ見タル臼山之図」というように、スケッチした場所も記述している（**図43** ウス（36・37））。ここに描かれた臼山の形状を見ると、嘉永六年の噴火によって盛り上がった「大有珠」が険しい縦線の筆致で赤く描かれ、噴煙を上げていることがわかる。これを、前述の長澤盛至模写の『安政度南部藩御持場東蝦夷地風物図絵』「一名、安政度宇須絵鞆風物図、旧名、臼の焼山同沼図　長澤盛至模写」の臼山の風景画と比較してみると、明らかに異なった表現であることがわかる（**図44**）。

　これらの幕末蝦夷地において作製された風景画の描写について、鶴岡明美は、谷元旦の『蝦夷山水図巻』の分析から、『公余探勝図』を始めとする谷文晁の実景図のスタイルが「蝦夷地」を描く作例に大きく影響を与えていたこと

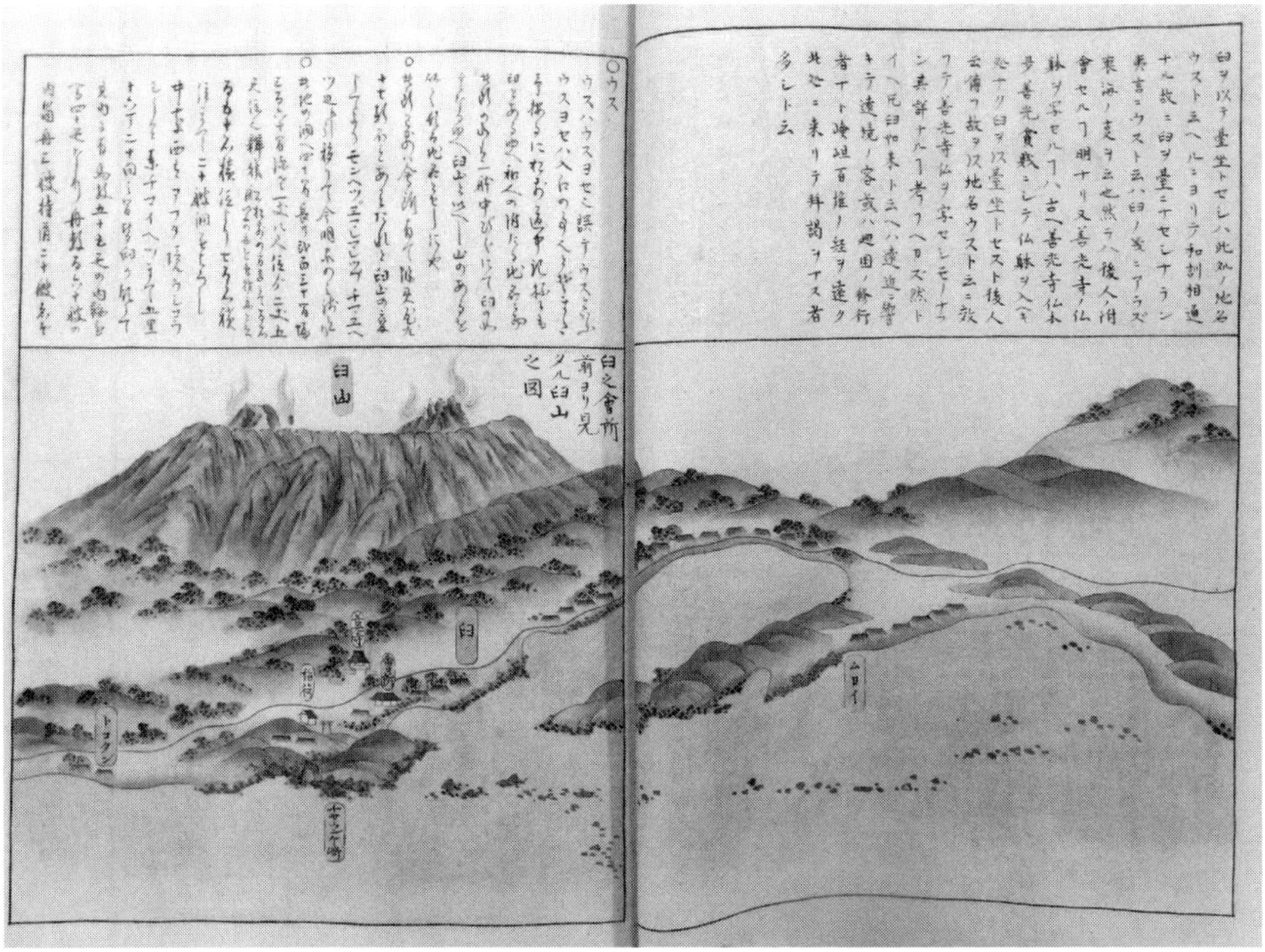

図 43　ウス（『東蝦夷地海岸図台帳』もりおか歴史文化館所蔵）

を述べている。[19] ここで鶴岡が指摘していることをまとめると、『公余探勝図』を初めとする実景表現が本州の山々や風景を描くに際してなだらかな美しい山岳を描いている一方で、蝦夷地を海岸から描いた「蝦夷山水図巻」における岩石や山肌の表現は、蝦夷地ならではの自然環境に適したダイナミックな山岳表現に結びつき、より実際の風景に近い描き方に特徴があるという。たとえば、安政年間に蝦夷地を見分し、やはり蝦夷地の風景画を残した目賀田帯刀の『延叙歴検真図』の「ウス山」の山岳表現にも、この傾向が顕著になっている。[20] これら実景表現としての蝦夷地の山岳描法は、長澤の「台帳」における絵画表現にも共通して見ることができる。

一方、人口や産物、舟数などの地誌的な記載は、蝦夷地では和人の拠点（会所）がある地域、あるいはヤムクシナイ以南の和人地では村々に詳細な記述が見られる。この多くは、自ら調査して得た情報だけではなく、当該地域の会所や

図44　臼の焼山（『安政度南部藩御持場東蝦夷地風物図絵』函館市中央図書館所蔵）

村々がすでに収集した情報を得ているのであろう。たとえば、ウスでは、会所からの情報として天保二年に噴火湾に異国船が到来した情報が掲載されている（34・35）。

また、長澤の多くの記述が依拠している先行の地誌情報として、『東夷周覧稿』が挙げられる。「台帳」内の地域では、ウスやアブタなどにその記述が見られるが、最も多く利用しているのは最後の「箱館」の項である。122・123の後に八頁にわたってほぼそのまま書き写している。ただし、一〜三頁に所々「盛至此処ニ着船之所ハ」「盛至渡リタルハ」など自分の経験や考えを挟んで記述している。この『東夷周覧稿』は、長澤が記しているように「享和之年東都嶰谷□知文士誌セル」とあり、享和元（一八〇一）年に幕府が蝦夷地仮上知にあたり、東蝦夷地見分に派遣された蝦夷地御用掛の羽太政養（後に蝦夷奉行（箱館奉行）、『休明公記』の作者）の同行者、福井芳麿作の『東夷周覧』のことである。

以上、「台帳」の地域情報と絵画表現の特徴について論じた。これらの情報をもとに、次節では、作者である「長澤盛至」の実像について、盛岡藩の東蝦夷地見分との関係から検討していく。

六　東蝦夷地見分と台帳の関係

1　長澤文作と長澤盛至の関係

盛岡藩は、安政二年四月に表目付上山半衛門および勘定奉行新渡戸十次郎を中心とした藩士一行に箱館および東蝦夷地の盛岡藩の持場を見分するよう命じた。この一連の東蝦夷地調査に関しては、『松前持場見分帳』(21)に詳しい。この『松前持場見分帳』によれば、同年六月二三日から七月一四日まで、同一行が東蝦夷地の見分を行っており、その一行のなかに「長澤文作」という人物がいたことが判明している。

小野寺淳によれば、この「長澤文作」が本史料の作者である「長澤盛至」であり、その根拠として、盛岡藩士一行が藩に献上した「木古内よりフシコヘツ迄縮図」の裏面にある椴法華から幌別までの人口と産物などの明細が、長澤文作らが見分したルートと一致し、さらにこの数値が『東蝦夷地海岸図台帳』の地域情報と一致することが挙げられている。

『松前持場見分帳』によれば、盛岡藩士一行、つまり「長澤文作」らが見分したルートは左の通りである。

安政二年六月二三日小安会所を出発し、六月二四日戸井から尻岸内まで陸路で移動、エサン岬で測量船を手配した。椴法華から尾札部まで測量船で海を渡り、六月二四日暮れに尾札部に到着した。尾札部からは陸路で内浦湾沿いを移動し、六月二八日には、松前地と蝦夷地の境界であるヤムクシナイの松前藩の番所が普請中だったため、近くのユヲイへ宿泊した。六月二九日にはヲシャマンベ、六月三〇日にはレブンケ、七月一日にはヘンベ、アブタを通り「臼山焼」を見て、七月一日にはモロランに到着した。七月二日にはホロベツ、そこから「シラヲイ御持場境」まで陸路を測量見分し、七月四日にはホロベツを出発し、トツカリムイを廻って七月五日にモロランに到着した。その後、エトモ潤内を測量見分し、七月九日には砂原へ出発している。箱館に帰着したのは七月一四日である。

ここで、『東蝦夷地海岸図台帳』の「例言」にある「長澤盛至」の見分ルートを確認してみよう。

【史料1】

一　東蝦夷地御持場見分測量之御用を蒙り、安政二年六月廿三日箱館表出立したるに、一日路之廻嶋六里斗の日積にて先願出せし故、兎角真之図を取る之事にハ至らずといへとも、丹精を尽して及ぶ丈の委しきを取調よとの仰、是を受、海陸の手本をして或ハ馬に乗、或は舟に在りながら、此所より向ふの崎へ、何十丁程と空眼を以て見定め、また案内者の答へる所の里数をも考へ合せて、仮にその海岸の里数を取りて、其所に磁針をあて見る所の模様を委しく図し、目立所の高山出崎に所々より針を向けて繋ぎ、或ハ所々弐十丁沖三十丁沖に舟を漕出して、海の浅深をも量りたる也、御持場境フシコヘツまてハ、日数十一日かかりたれとも、雨天にて、尾札部を置立したることもあり、また臼の明き家に入りて雨晴しなどに時を過せしも、あれハ正の出日といへるハ、十日程に准しへしく、されハ箱館よりフシコヘツ迄ハ六十二里余ある故、一日分の測量する所六里余小にあたれり（後略　史料2へ）……

史料1によれば、「長澤盛至」は安政二年六月二三日に箱館を出発し、「馬に乗り」「舟に在り」ながら、「御持場境フシコヘツ」まで一一日かかったということがわかる。『松前持場見分帳』によれば、盛岡藩一行がホロベツに到着したのは七月二日、そこから仙台藩との境に出発して七月四日に見分を終了しているため、やはり一一日かかっている。次に、「馬に乗り」「舟に乗り」というルートであるが、史料1によれば、「雨天にて尾札部を置立」「臼の明き家に入りて雨晴し」などとあり、尾札部で陸路を使い、臼で陸路を使ったことも判明する。

また「例言」の一つ書きの二つめの記述には、「予、嶋泊を出舟時波荒きか故に、悉く汐合を見定舟を押出したれと大波の中に突入り舟中に波をかぶりて、しハらく着頭杯をそぶり、図帳も濡らして」ともあり、これによれば「嶋泊を出舟時」と船に乗った場所が「嶋泊」であることが明らかである。つまり、「長澤盛至」は亀田半島の南端のシマドマリから船に乗り、雨のため、尾札部に降り立ち、その後、陸路で移動したことがわかる。前述の『松前持場見分帳』によれば、やはり盛岡藩一行も「エサン岬」で船を調達し、椴法華から尾札部まで船で移動しており、シマドマリは椴法華のすぐ隣村の港であることから、このルートも一致する。

「台帳」の地域情報の構成も、『松前持場見分帳』の見分状況と一致する。同史料によれば、尾札部で陸路モロランへ向かった一行ではあるが、陸路は難所のため船での移動を途中で村役人にお願いした。測量船に関しても、ホロヘツまでの業務のために測量方に手配をお願いした。この見分の主要な目的が、フシコヘツからモロランまでの海岸浅深測量と陸地測量の両者であったと思われるからである。この情報は、まさに長澤の「台帳」にある測量情報にも反映している。前述したように、測量の記録がある地域は、**表9**で見ると、3～6と13～30の地域に集中しており、盛岡藩士一行の見分の目的と一致している。

以上のことから、「台帳」の記述をもとにしたいくつかの傍証とはいえ、「台帳」を作製した「長澤盛至」と東蝦夷地を見分した「長澤文作」は、小野寺の推定のとおり同一人物であると考えられる。

2 「台帳」の作製目的と長澤文作の人物像

著者である長澤は「台帳」の作製目的について、どのように述べているのだろうか。引き続き、「例言」の記述を見てみよう。

【史料2】

……（前略　史料1）伝ヘ聞、測量日積の定法凡一日に三、四里或ハ、難所を越ヘ山深ニ入るハ二里内外なりと、然れば此度の測量ハ元より真の図取にあらすといへとも、其勧業たる所大に早く我取たる故、図揚之節に至りて、まがひのみ出て図に結びあわざる事などいで間敷候ト心配せしに、箱館に戻りて後、図記を出して、先ツ空眼乃里数をもつて、仮に海岸の形ちを顕ハし、夫より高山出崎を繋ぎたる方位を蜘の巣屋の如くに糸を引合せて、其地の在りところを据え、是を図体としてもり付たる也にて、元より、測量の道に入りて学びたる事もなく、只郷村を吟味などの節、先輩の取行ふ所を見聞きしたるのみのわざなれば、見返の違る事も多かるべき故、幸いにまづ台帳をここに記して教示を得んことを希ふのみ

史料2によれば、台帳作製の目的として、「まづ台帳をここに記して教示を得ん」としている。なぜならば、長澤は、測量のプロではなく、ただ郷村を吟味する際に先輩たちの業務を見聞きしていたのみであったからである。しかし、今回の東蝦夷地の調査は、一日に六里の行程で行われており、通常の測量で進む行程からは考えられないスピードで成果を出さなければならない状況だったようである。そこで、その図の完成度を心配した長澤は、箱館に戻ってから、さまざまな「図記」をもとにこの「台帳」を制作したようである。本史料が明らかに「編集図」であることを物語っている。

【史料3】

一　此図真之図にあらすといへとも、其日和によりて波静なる日は磁石の振りよく、心気悠々として空眼違ハず、斯て

節よりへては小路小川小橋等眼に触れし所の分ハ是を捨ず、山林の木立枝葉を詳かず、徴社願堂、或は大石大木等、これを記したりといへとも、分間せまって一々筆を入かたき故、元図の外に巨細の所ハ此書に寄りて見るへき也、斯の如き真之図に至れるもあり、又ハ風波の強きにたえてハ思ふ所の勧業なり（中略）心覚を土人に尋ねて書加ひなどするも、あれは多くは略図なる故、此地に至る諸若子方追々改め至はりて猶情熟を希ふのみ

史料3では、「元図の外に巨細の所ハ此書に寄りて」とあり、この「台帳」が、他の図（おそらく藩に献上された絵図群）にとって補完的な意味をもち、かつ「真之図に至れるもあり」とまで述べている。とはいえ、やはり多くは略図であり、今後、蝦夷地に赴任する後進である若者たちに向けて、これらの図を修正していくよう努力を促している。

【史料4】

一（予）[22]弓馬上に於て筆を取る事此度始めて覚へ得たり、帳を持てる手首と筆をもてる手首を合わせて腰にしまりを付て書ときハ、蝦夷地のいと悪き、馬といへとも思ふままに帳を付けるに能ず也、それて一日の内に六里も測量せんと思わんにハ磁石を立る時のみ馬より下りて、馬の上には急かず筆を取る事にあらされハ、斯て急卒の間にはあらさるなり、外に身を安くして早俄取業もありしものや、是分も問学ふ事をねかふ也

史料4は、主に陸路での苦労話である。ここでも、このような馬上での測量は初めての経験であることが述べられている。長澤が蝦夷地における職務に苦労していることがわかる。

これらの「例言」の記述で留意すべきことは、史料1にあるように「兎角真之図を取る之事にハ至らずといへと

も、丹精を尽して及ぶ丈の委しきを取調よとの仰」とあり、今回の測量は「真の図取」ではないと明言していることである。「真の図」とは、「測量図」のことであろう。長澤によれば、「真の図取」ではなくても、可能な限り、「丹精を尽して」詳細に取り調べて図を作製することが、藩から命じられていたという。そのため、陸地においても海上においても、長澤が相当苦労して「図取」していたことが、史料1から史料4の記述から理解できる。

ところで、長澤盛至（文作）は、東蝦夷地の見分を終えると箱館に七月から九月まで滞在した。前述の『松前持場見分帳』によれば、安政二年九月二四日に新渡戸十次郎とともに、箱館を船で出発した。各地を見分したのち、同年一〇月八日に盛岡に到着する。翌一〇月九日には、「見分御用諸始末目録」として、海防御用掛の南部善兵衛に一番から二一番までの文書と雑壱番から一四番までの絵図面一式を提出している。同年一一月二五日には、さらに詳細な絵図面や陣屋配置図などを献上し、見分御用の報酬として、長澤も同席して「御召御上下一具宛」を拝領したことがわかる。これらの絵図面のリストを見ると、長澤が記した「台帳」は見当たらず、藩への献上はこの段階では行われていなかったと推測される。「台帳」の「例言」には、安政二年一〇月の年紀があることから、同年七月〜九月の箱館滞在中にさまざまな図記をもとに「台帳」を製作したとしても、それを完成させたのは盛岡においてだったと想定できよう。

それでは、これら「台帳」は、いつ盛岡藩に献上されたのだろうか。これについてはまず、「台帳」のなかに長澤の筆と思われる安政三年の追記が所々にある（表9参照）ことから、少なくとも、安政三年にはまだ長澤の手元にあったことがわかる。しかし、その後の追記は見られない。ここで、盛岡藩への献上時期について考えるうえで注目したいのは、「長澤文作」と「長澤盛至」という名前の使い分けの意味である。史料2の「元より、測量の道に入りて学びたる事もなく、只郷村を吟味などの節、先輩の取行ふ所を見聞きしたるのみのわざなれば」という記述から、長澤が盛岡藩の在地において、領内の村々の測量業務の補助的業務に従事していた人物であることが推定できる。

そこで、岩手県立図書館所蔵の盛岡藩の村方文書において確認すると、弘化二（一八四五）年から慶応二（一八六六）年まで、長澤文作は、盛岡藩の「御調吟味出役御勘定方」として、盛岡藩領の各郷村において「御吟味御竿打」の任務を行っていた[23]。蝦夷地から戻って翌年の安政三年の文書にはその名前は見られないものの、安政四年には再び「御勘定方」として郷村を廻っていることがわかる。つまり、長澤文作の盛岡藩士としての「勘定方」の職務は、蝦夷地見分時以外は、一貫して、盛岡藩領内の郷村の「吟味」であったことがわかる。

ところで、長澤文作の蝦夷地見分における「御雇勘定方」としての任務は、蝦夷地の測量業務であり、各地域の「図」の作製であった。その際、同行していたメンバーに注目すべき人物がいる。明治以降に開拓史のお雇い絵師・画家・地図作製者になった「船越長善（月江）」である[24]。『松前持場見分帳』においては「船越善四郎」とあるが、彼こそが船越長善であり、盛岡藩士としての名は「善四郎」であったとされる[25]。船越長善（月江）といえば、盛岡藩において、藩主の「御画御相手」を務めた川口月嶺一門の一人[26]であり、もちろんプロの絵画表現（南画・日本画など）の訓練を受けていた。盛岡藩士の見分メンバーのなかにいたのだから、船越も当然、各図の作製に関わっていたはずであり、このときの蝦夷地での経験が、後に開拓使の御雇になることにつながったのであろう。

前述した長澤模写の『安政度南部藩御持場東蝦夷地風物図絵』は、原図が何なのか、現段階では不明であるものの、安政年間以前に存在した絵画をもとに、おそらく箱館において長澤が模写したものであると思われる。一方、「台帳」では、長澤自身が描いた絵画表現が示されている。おそらく長澤は、蝦夷地見分に同行した船越長善や箱館におけるさまざまな情報収集のなかで、実景図を描くスタイルを学んだのであろう。彼が盛岡藩の郷村吟味の職務を遂行していただけでは、本「台帳」にある美麗な風景画集の作製はできなかったはずである。つまり、これはあくまで推測であるが、長澤文作は、蝦夷地見分の経験により、画家・地図作製者としての自分の能力に目覚め、自ら「盛至」という雅号をつけて、本「台帳」で初めて「長澤盛至」と名乗ったのではないだろうか。しかし、藩士としての名前はあくまで「長澤文作」であるため、盛岡藩の村方の任務においては、幕末まで「長澤文作」としてあり続けたのではないか、と思われる。

一方、同じ蝦夷地見分に同行した船越善四郎（長善）は、安政二年九月以降も蝦夷地勤番として職務を遂行し、安政三年四月まで箱館に滞在した。その後、盛岡に戻って以降も、盛岡藩士としてさまざまな任務についている。画家・船越長善の描いた『夷様真写』などの絵画史料は、現在、もりおか歴史文化館所蔵となっており、いずれも「南部家図書」印があることから、これらも「台帳」同様、南部藩に献上されたものと思われる。(27) これも推測であるが、安政三年四月以降、蝦夷地情報を持ち帰った船越は、それらを盛岡藩に献上したのであろう。その際、長澤盛至も、（もしかしたら船越との直接の交流があったかもしれず）自分がいなくなったあとの安政三年の蝦夷地の地域情報を得て、自らの「台帳」に書き込んだ。そして、ひとつは盛岡藩に献上し、もうひとつは蝦夷地勤番の盛岡藩士に託され、ふたつの「台帳」は盛岡と箱館に現在まで保存されることになったのではないだろうか。

慶応四（一八六八）年八月一二日、箱館に元陣屋を置く盛岡藩士たちは、自ら陣屋を焼き、盛岡に帰った。ここに、盛岡藩の箱館および東蝦夷地での警護任務は終わりを告げ、蝦夷地は北海道として新しい時代を迎えることになる。

幕府による蝦夷地直轄の拠点である箱館奉行所には、その業務に活用するためのさまざまな地域情報が蓄積されていた。蝦夷地沿岸にある会所や和人地の村々でも、さまざまな地域情報が存在し、それらも情報として収集されていた。これらの幕府関係の役所や蝦夷地・和人地の村々は、東北諸藩にとって地域情報を収集する重要な場であった。

本章では、秋田藩士や盛岡藩士の作製した絵図を通して、各藩がそれぞれの利用目的に合わせて蝦夷地沿岸の地域情報を収集し、絵図や風景画を作製し、それを活用していたことが明らかになった。

ここで本章の最後に、文久二（一八六二）年の箱館を描いた絵図をみてみよう（図45）。函館山麓、絵図の中央部には「御奉行屋敷」とあり、これが幕府の箱館奉行所である。その左側の方に「南部美濃陣屋」と描かれた場所が、盛岡藩の箱館の拠点である。盛岡藩は、箱館の警護も命じられており、両側には「大筒場」および「大砲場」も見える。箱館奉行所と南部陣屋の間には他藩の陣屋や、山側にはイギリスやロシアなど各国の領事館も確認できる。特に重要なこととして、本章で取り上げた秋田藩（「佐竹左京太夫陣屋」）の陣屋が盛岡藩の陣屋の隣に位置し、箱館奉行所との距離も近いことである。このような立地環境のなかで、長瀬直温、長澤盛至、船越長善、そして次章以降で事例とする松浦武四郎、目賀田帯刀らが活躍していたのだろう。西洋船・日本型船などで賑わう函館湾や湾に建築された台場、函館山の麓に整備された町並み、当時の人々の情報収集活動の「場」を想像できる絵図でもある。

注

（1）東北諸藩の蝦夷地警備に関わる先行研究として、各自治体史が挙げられる。
『秋田県史』第四巻維新編、秋田県、一九六一年。

『秋田市史』第三巻近世通史編、秋田市、二〇〇三年。

『新撰北海道史』第二巻通説一、北海道庁、一九三七年。

『函館市史』通説編第二巻、函館市史編さん室、一九九〇年。

『函館市史』資料編第一巻、函館市、一九七四年。

『新北海道史』第一巻概説、北海道、一九八〇年。

『増毛地方の民俗資料と文化財――幕末の津軽・秋田藩関係』増毛町文化財専門委員会、一九八五年。

『増毛町史』増毛町史編纂委員会、一九七四年。

『新増毛町史』新増毛町史編さん委員会、二〇〇六年。

以上の自治体史における記述を参考にした。なお、本章の元となった原稿作成にあたり、畑中康弘氏（秋田県公文書館）には、長瀬家関係史料についてご教示いただくとともに、史料閲覧・撮影等にあたり大変お世話になった。また、小野卓也氏（北海道増毛町教育委員会）、増毛町役場建設水道課の皆様には、史料の所在調査や絵図の現地比定調査にあたり大変お世話になった。三浦泰之氏（北海道開拓記念館）には本章作成のきっかけとなった秋田藩士の描いた『松本吉兵衛絵巻』（北海道開拓記念館所蔵）や秋田藩の蝦夷地関係文献についてご教示いただいた。記して感謝する。

（2）蝦夷地の沿岸を描いた風景画については、拙論「地域情報の記録と風景画」、中西僚太郎・関戸明子編『近代日本の視覚的経験』ナカニシヤ出版、二〇〇八年のなかで、目賀田帯刀の『延叙歴検真図』および『北海道歴検図』について若干紹介した。また秋田藩の場合、秋田藩士松本吉兵衛が安政六年に蝦夷地御警護目付役としてクシュンコタンの秋田藩陣屋へ赴任する際の紀行を記録したものである『松本吉兵衛絵巻』（北海道開拓記念館所蔵）が本絵図との比較で重要である。この絵巻では、松本吉兵衛が写生をしながら鳥瞰図風に蝦夷地沿岸を描いており、本章が対象とする

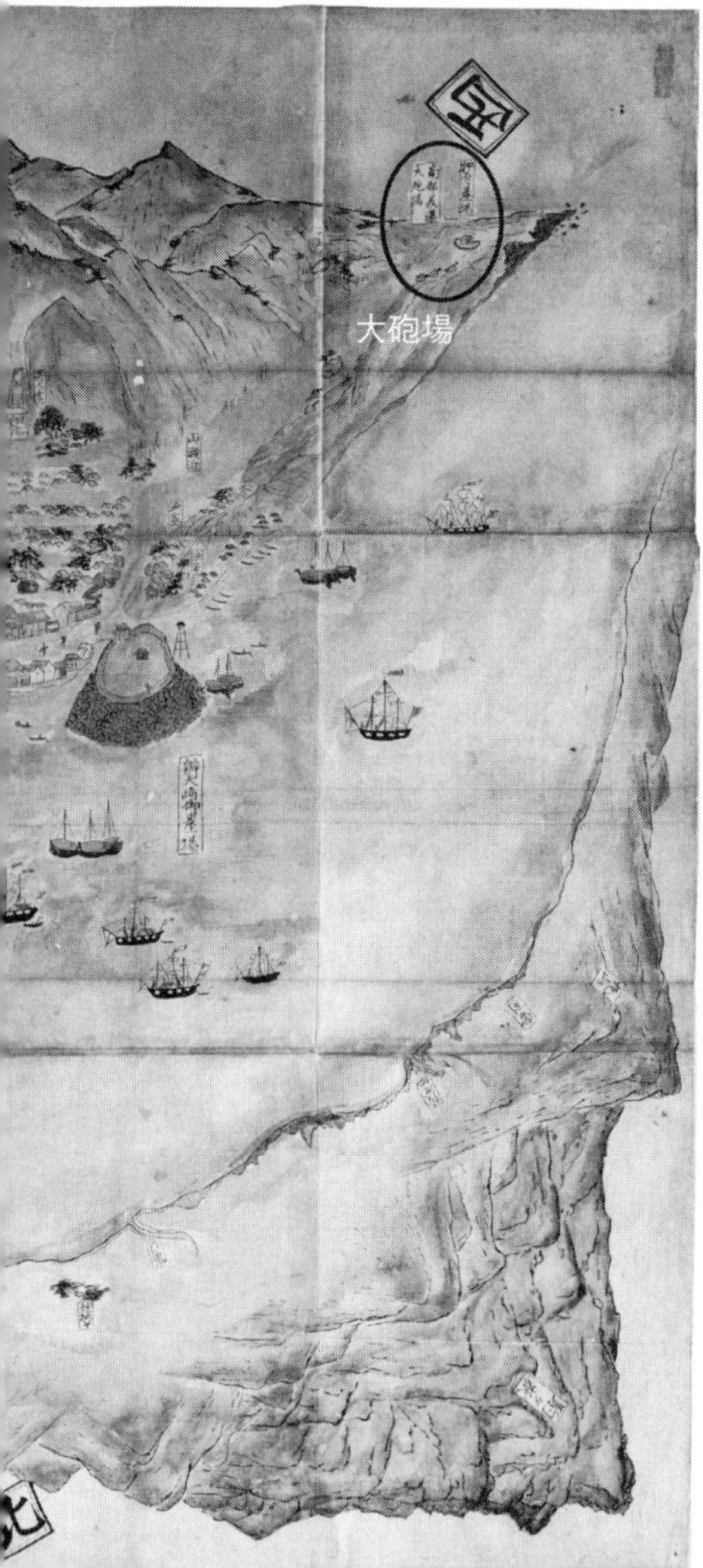

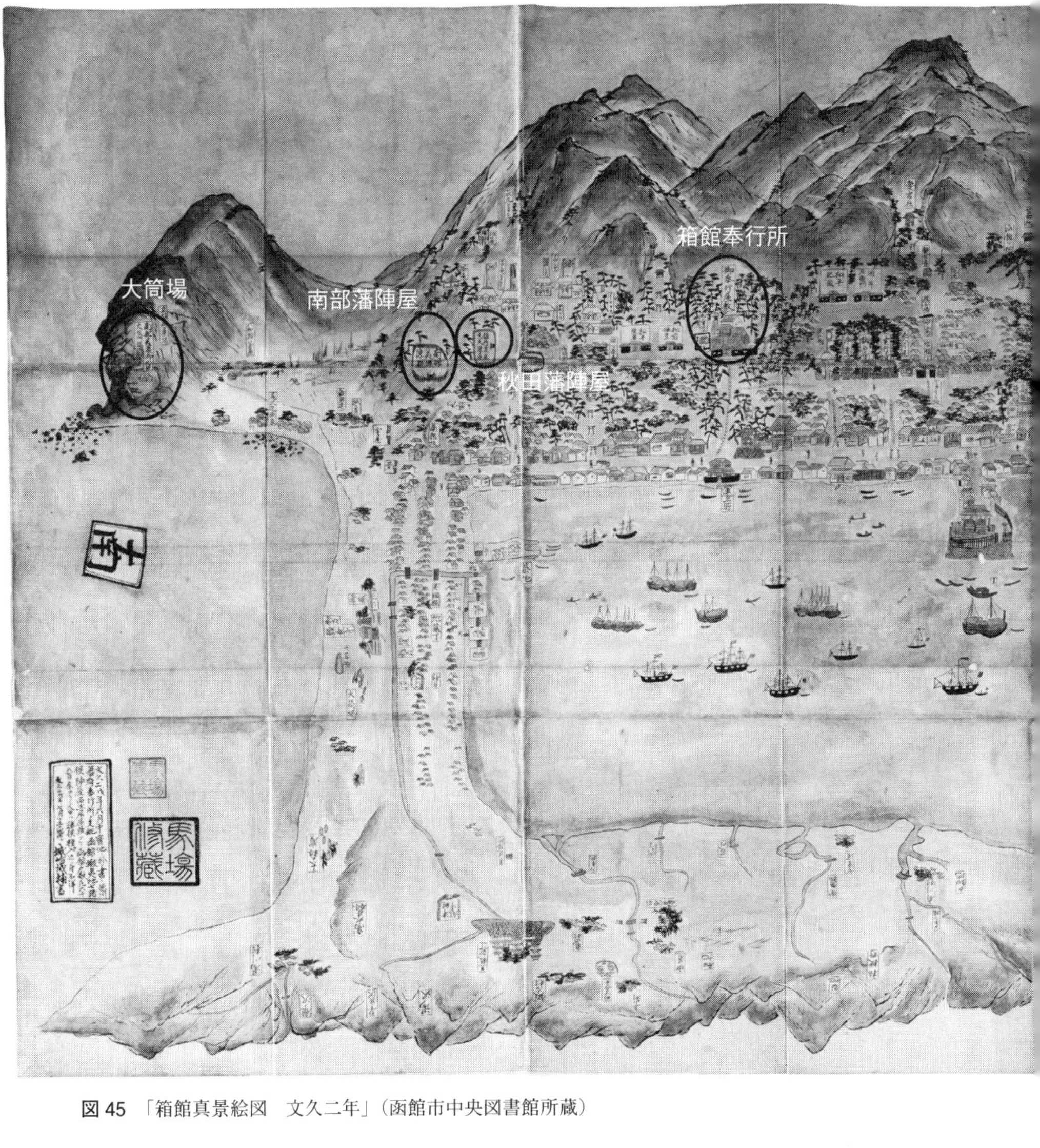

図 45 「箱館真景絵図　文久二年」(函館市中央図書館所蔵)

マシケの風景画・記述・陣屋絵図も掲載されている。本史料については、三浦泰之ほか『松本吉兵衛絵巻』について――安政六年秋田藩士の蝦夷地紀行」『北海道開拓記念館調査報告』第四三号、二〇〇四年に詳しい。
(3) 『所蔵古文書目録第三集　絵図目録』秋田県公文書館、一九九九年。
(4) 平成一八年度秋田県公文書館企画展『秋田藩の海防警備』秋田県公文書館古文書班、秋田県、二〇〇六年。
(5) 後藤富貴「秋田県公文書館所蔵『蝦夷地目録』について」『秋田県公文書館研究紀要』第一三号、二〇〇七年。
(6) 西蝦夷地の沿岸図については、拙論「幕末蝦夷地の絵図にみる地域情報の把握――『江差沖ノ口備付西蝦夷地御場所絵図』を事例として」『歴史地理学』四二―二、二〇〇〇年（本書第五章の初出）で論じた。「江差沖ノ口西蝦夷地御場所絵図」のマシケ場所の沿岸図は、運上家・陣屋・台場などが記載されており、秋田藩の蝦夷地警備以後に作製された絵図であると推定できる。
(7) 秋田藩の蝦夷地警備については、金森正也『秋田藩の政治と社会』無名舎出版、一九九二年。畑中康博「幕末秋田藩海岸警備考――守備兵の問題を中心として」『秋田県公文書館研究紀要』第一三号、二〇〇七年。また、増毛における秋田藩の警備は『増毛町史』増毛町史編纂委員会、一九七四年に詳しい。
(8) 『函館市史』資料編第一巻、「箱館御用后例要録」、市立函館図書館所蔵の写本から収録。秋田県公文書館に原本「箱館后例要録」がある。秋田藩の箱館留守居詰である長瀬直温の記録である。
(9) 金森前掲書、五七四頁。
(10) 前掲『所蔵古文書目録第三集　絵図目録』、七頁。
(11) 前掲（5）『蝦夷地目録』の記述を参照。
(12) 『長瀬家文書目録』秋田市立中央図書館明徳館、一九九二年。
(13) 金森前掲書、五七七頁。
(14) 『蝦夷日誌抄』（乙―一五七）、安政四年三月、長瀬直温、秋田県公文書館所蔵。
(15) 「松前蝦夷地名書」（A二九二―一六）、年不詳、第四八代長瀬直清による「家君直温公」による記録であることが表紙に明記されている。
(16) とりわけ、本絵図の「北」のくずしと「蝦夷日誌抄」内にある「北」のくずしは酷似している。

(17)『函館市史通史編一』函館市、一九七四年、五三一～五三三頁、『森町史』森町、一九八〇年、七四～七五頁、『鹿部町史』鹿部町、一九九四年、二八九～二九五頁、『砂原町史第一巻通説編』砂原町、二〇〇〇年、二七二～二八八頁、『恵山町史』恵山町、二〇〇八年、三八七頁など。

(18) 小野寺淳「安政二年における盛岡藩の蝦夷地警備と絵図作製――長澤盛至とその作製絵図について」、戸祭由美夫編『北海道・東北各地所蔵の幕末蝦夷地陣屋・囲郭に関する絵地図の調査・研究』平成一七～二〇年度科学研究費補助金（基盤研究B）研究成果報告書。

(19) 鶴岡明美『江戸期実景図の研究』中央公論美術出版、二〇一二年、一七九～二二三頁。

(20) 鶴岡前掲書、三八〇頁参照。

(21)『松前持場見分帳』の記述については、以下の研究成果報告書の翻刻を利用した。『十和田市立新渡戸記念館所蔵新渡戸十次郎筆『松前持場見分帳』の翻刻（解読者・村上由佳）』、戸祭由美夫編『文化遺産としての幕末蝦夷地陣屋・囲郭の景観復原――GIS・三次元画像ソフトの活用』平成二二～二五年度科学研究費補助金（基盤研究B）研究成果報告書。

(22) 函館本の「例言」には「予」と記述されている。盛岡本には記述はない。

(23) 弘化二年には和賀郡下江釣子村、弘化三（一八四六）年には同藤根村、志和郡江柄村、嘉永六（一八五三）年には稗貫郡関口村・八重畑村、安政四（一八五七）年には同花巻村、文久二（一八六二）年には志和郡赤沢村・西徳田村・東徳田村、文久三（一八六三）年には同西長岡村・東長岡村、和賀郡下鬼柳村、元治元（一八六四）年には志和郡白沢村・室岡村、慶応二（一八六六）年には志和郡栃内村・北沢村・江柄村・乙部村・黒川村・大萱生村・手代森村などで「御吟味」を行っている。

(24) 船越長善の開拓使御雇時代の代表作である「明治六年札幌市街之真景」の意義や地図作製との関係については、本書第九章を参照。

(25) 齋藤里香「盛岡藩士船越長善（月江）の足跡」『岩手県立博物館研究報告』第三三号、二〇一六年。

(26) 齋藤前掲書、七二～七三頁参照。

(27) 齋藤前掲書、七二頁参照。

第七章　松浦武四郎による地域情報の収集とアイヌ民族

再びアメリカの地図史研究者ハーリーの言葉から始めよう。彼は、一九九四年に発表した「ニューイングランドの地図学とネイティブ・アメリカン」という論文のなかで、「地図からアメリカ先住民が排除されたことの皮肉のひとつは、彼らが疑いなく北アメリカ植民地のイギリス人たちによる最初の地図の構築において、重要な役割を演じたことにある」と述べている。さらに、「先住民なくして植民地アメリカをこのようにできたのだろうか？　とりわけ、先住民の先導なく新世界への発見や探検の方向性を見出せただろうか？」と続けている。(1)

幕末の日本北方地域の地図作製のコンテクストでも、同様の問題が指摘できる。なかでも、松浦武四郎（以下、武四郎）は、幕末の蝦夷地で最も多くの地図・地誌を作製した人物である。彼が、蝦夷地調査の折に多くのアイヌの人びとを雇い、彼らに蝦夷地の地域情報収集に協力してもらったことは広く知られている。また、アイヌの人びととの交流のなかで、彼らの文化に大いに興味を示し、『蝦夷漫画』(2)『近世蝦夷人物誌』(3)といったアイヌ民族の生活や文化について紹介した著作もある。このことからも、彼の蝦夷地に関する膨大な著作や地図が、アイヌの人びとの協力なくしてはここまでのレベルに到達しなかったことは確かである。

しかし皮肉なことに、武四郎の地図は、明治二（一八六九）年の開拓使設置以降、和人による内陸部の開拓・開発のための基礎資料として用いられ、[4] 開拓使・北海道庁の政策によって、アイヌの土地には多くの和人が入植した。つまり、地図が、武力闘争なしに、「アイヌの地」から「和人の地」に変わる大きな手助けをしてしまったともいえる。現在では誰もが、すべて漢字地名で書かれた北海道の地図を見たときに、そこにアイヌの人びとの存在を直接には読み取ることができないだろう[5]。

かつて筆者は、武四郎の作製した『近世蝦夷人物誌』を素材として、アイヌ女性に対する「眼差し」を分析したことがある。その際に、彼の描く地域像が、あくまで彼の「眼差し」を通したものであり、単にある地域の実態や歴史的事実を明らかにしたものではなく、作製者側の認識そのものとしても捉えることができる、ということを論じた[6]。しかし、前述のように、松浦はただ一人で蝦夷地調査を行ったのではなく、各地域でアイヌの人びとの多大な協力を得て地域情報を入手したのであり、彼の描く地域像のなかには、少なからず、アイヌの人びとの地域認識が反映していたと考えることができる。

そこで本章では、法政大学国際日本学研究所が所蔵する松浦武四郎の地誌類（刊本）のなかから、『天塩《てしお》日誌』を素材として、彼の作製した天塩川流域の地域情報のなかに、どのようにアイヌの人びとの空間的情報が隠されているのかを具体的に明らかにしていく。それをもとに、松浦武四郎の地誌・地図作製とアイヌの人びととの関係を考察することを目的とする。天塩川流域を選択した理由は、和人の進出が進行していた幕末の西蝦夷地のなかでは、比較的、アイヌの人びとの生活や文化が維持されており、石狩川流域のように、すでに和人の作製した地図が大量に存在する地域とは異なり、武四郎がこの地域のイメージを構築するに際してアイヌの人びとから多くの情報を得たことが推察できるからである。

一　『天塩日誌』について

法政大学国際日本学研究所所蔵の『天塩日誌』（木版彩色刷り、全三三丁）は、武四郎によって、万延二（一八六一）年に『東西蝦夷山川地理取調紀行』のひとつとして江戸で出版されたものである。『東西蝦夷山川地理取調紀行』の内容は、安政六（一八五九）年『後方羊蹄日誌』、万延元（一八六〇）年『石狩日誌』『知床日誌』『十勝日誌』『納沙布日誌』『夕張日誌』、文久元（一八六一）年『久摺日誌』、慶応元（一八六五）年から明治一一（一八七八）年にかけて『東蝦夷日誌』全八冊、文久三（一八六三）年から明治七（一八七四）年にかけて『西蝦夷日誌』全六冊、慶応元年『渡島日誌』、と出版されたものである(7)。

武四郎は、すでに嘉永三（一八五〇）年『三航蝦夷日誌』、安政三（一八五六）年『竹四郎廻浦日記』、安政四（一八五七）年『丁巳東西蝦夷山川地理取調日誌』、安政五（一八五八）年『戊午東西蝦夷山川地理取調日誌』など、各探検について詳細に日誌をまとめている。これらの日誌類は、いずれも当時刊行されておらず、この『東西蝦夷山川地理取調紀行』は、松浦がこれらの日誌類を地域別に再編集して、江戸で出版したものであった。そのため、出版されなかった日誌類に比して記述は簡潔である。

しかし、『天塩日誌』の緒言に「今是を抄録し一冊とし、聊《いささ》か古き事の内地に絶て却て此地に残り見及びし事を加え書へ梓にのせ、同志の士に贈らんと欲するの意にして、書肆の庸著無稽の類にあらず。閲者熟読して其土の広袤土地の肥沃をしり、開拓の意を起し玉ハんことを」とあるように、彼の見聞きした蝦夷地の広大さ・肥沃さを活字でもって紹介し、後世の人びとの蝦夷地開拓を促す目的で出版された。それゆえ、本日誌は、武四郎による蝦夷地調査の最終的成果のひとつとしてさまざまな情報を取捨選択し、まさに彼が世間の人びとに対して発信したい地域情報が込められているため、彼の構築した地域像の一端を考察するには好都合である。

本日誌については、すでに、『多気志楼蝦夷日誌集（一）』[8]、『拾遺松浦武四郎』[9]、『松浦武四郎紀行集（下）』[10]によって翻刻出版されており、広く活用の便が施されている。しかし翻刻本の場合、図版がすべて白黒で縮小されてしまっていることに難点がある。『天塩日誌』というテクスト全般を分析するためには、文章だけでなく、図版についても考慮する必要があろう。また、秋葉実によって翻刻された『丁巳東西蝦夷山川地理取調日誌』の「天之穂日誌」[11]には、いくつかの地図や他の地誌との地名照合表が掲載されており、そこには、本日誌に書かれている地名との比較も詳細に行われている。それゆえ、武四郎の作製した他の資料にある地名と本日誌に書かれた地名との関係も明らかである。しかし、描かれた地域像を検討するためには、地名だけでなく、地図の図像の特徴を考察することが必要である。先行研究ではこれらの比較は行われておらず、本章では、地図の図像比較を行うことも目的としたい。

二　松浦武四郎による天塩川調査

『天塩日誌』には、「山脈水脈に依て道を切、東南西北の便たらしめさせん」として始まった安政四（一八五七）年の「天塩水源実検」の様子が、日程順に記載されている。まず、本日誌に記載された武四郎の天塩川調査の日程およびそのルートを見てみよう（表10、図46）。安政四年五月二八日に石狩を出発し、六月五日に天塩場所（1）に到着、その後一〇日間ほどかけてナヨロ上流まで上り、ナヨロ上流部を調査し、次にケネフチ（12）、サッテクベツ（13）、フリレレマ（14）、ナイタイベ（15）を検分した。六月二五日には再びナヨロまで戻り、七月一日には天塩場所に帰還した。およそ一ヶ月程の調査だった。

その「実検」内容についてみてみよう。安政四年閏五月二八日、武四郎は石狩鎮台において、蝦夷地の巡見を行っていた箱館奉行堀利熙から、天塩川水源の調査を命じられた。石狩から朝風（メナシ）にのって、夜にはハママシケに到着。翌六月一日に、マシケの秋田藩元陣屋に立ち寄り、その際、ヲフイ山道の開削状況を検分する。そして、六月五日に天塩場所に到着したのち、船を調達し、案内のアイヌの人びとを手配して、いよいよ天塩川の調査に出発した。

表10 『天塩日誌』に記載された日程とルート

月日	地名	宿泊地
5.28	石狩・ハママシケ	ハママシケ
6.1	マシケ	マシケ
6.5～	天塩	1. 天塩
6.7	ホロイルサン～サマカイシ	2. サマカイシ
6.8	ウフシテ～ヲンカンランマ	3. ヲンカンランマ
6.9	リヲナイ～ホロヒリブト	4. ホロヒリブト
6.10	ヘンケクンネシリ～アベシナイ	5. アベシナイ
6.11	チライウツナイ～トンベツホ	6. トンベツホ
6.12	ノホリケソマ～ヲクルマトマナイ	7. ヲクルマトマナイ
6.13	ヲテレコツヘ～ヘンケニウヴ	8. ヘンケニウヴ
6.14	サシコツナイ～ナイブト	9. ナイブト
6.15	フイタウシナイ～チノミ	10. チノミ
6.16	カムイチヤム～サンルベシベ	11. ナヨロ上流
6.17	サンルベシベより上流の水脈・山脈を検分する	〃
6.18	チノミ	10. チノミ
6.19	ナイブト	9. ナイブト
6.20	フシコフト～ケネフチ	12. ケネフチ
6.21	ウツ～サツテクベツ	13. サツテクベツ
6.22	ヤムワツカヒラ～フリレレマ	14. フリレレマ
6.23	ヘンケヌカナン～ナイタイベ	15. ナイタイベ
6.24	サツテクベツ	13. サツテクベツ
6.25	ナヨロ	9. ナヨロ
6.26	ヲクルマトマイ	7. ヲクルマトマイ
6.27	ユアニノボリ・ヲニサツヘ	16. ヲニサツヘ
6.28	ヘンケナイ	17. ヘンケナイ
6.29	カヤシリ	18. カヤシリ
7.1	天塩	1. 天塩
7.2	フウレヘツ	19. フウレヘツ

松浦武四郎『天塩日誌』より筆者作成

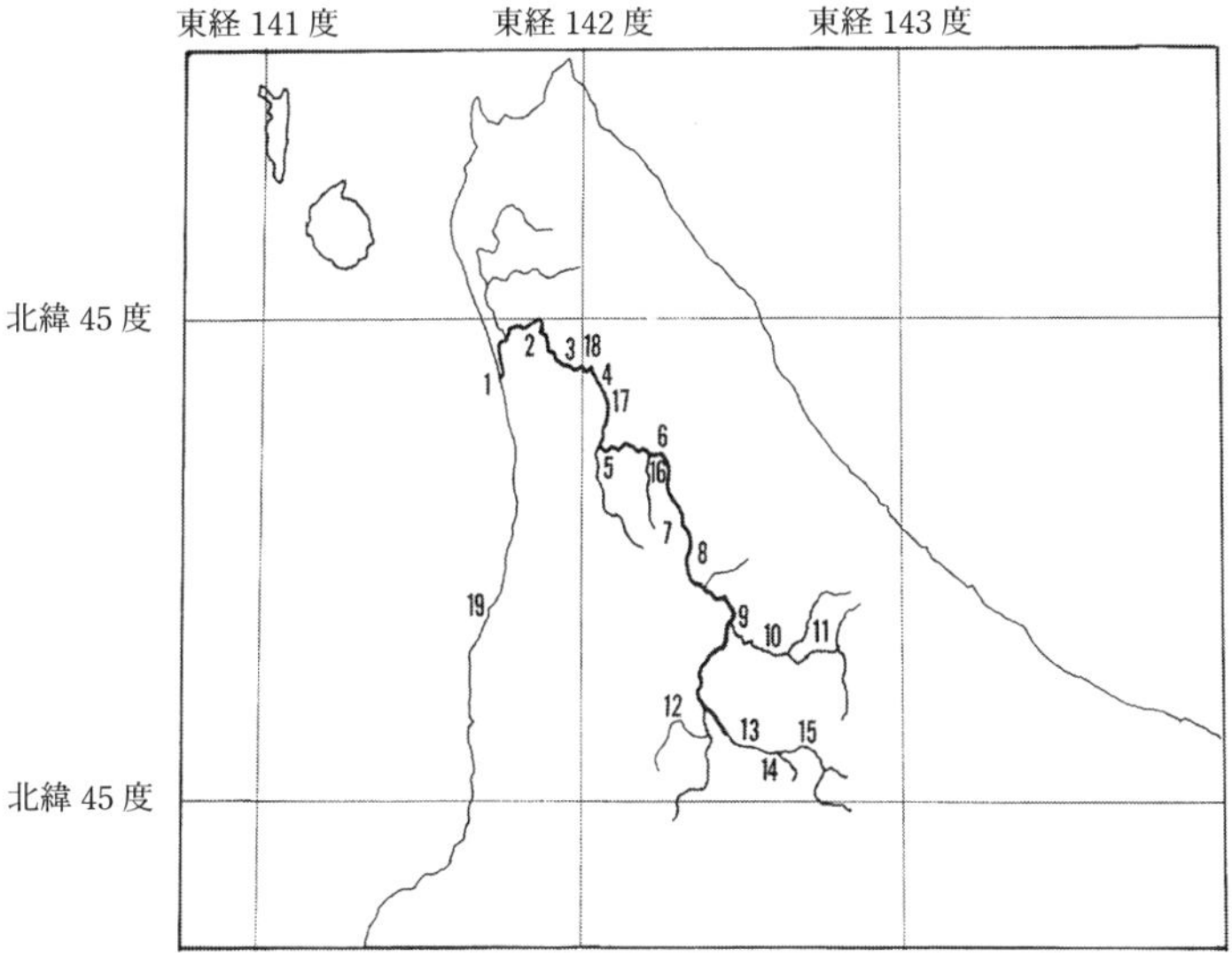

図 46　天塩川調査のルート（トレース，筆者作成）　1 ～ 19 は**表 10** の宿泊地

七日から八日にかけて天塩川下流部を実検する。「惣《すべ》て平地なり」「此辺両方に山有」「椴《とどまつ》を始て見る」「下は崖なり」など、地形や植生の特徴を述べ、サルブト辺りでは、「鮭の漁場也。此川往古は鮭多く有しが今は至りて少し」とも書いている。九日にはヲヌフナイに至り、「此辺より少し急流に成りたり」とある。一〇日には「針位午未に向ふ」とし、ハンケナイフトでは「此辺余程の平地也」、ベンケナイでも「惣て平地なり」と述べている。十一日には「此辺まで凡十余里の平地。広袤一ヶ国の見分有る也」、十四日のナイブトでも「東南を望に十余里の見通し一ヶ国の広袤也」とある。十五日から十七日にかけてはナヨロ上流を見分し、「此辺より急流なり」とあり、周辺の植生や地形について感想を述べ、さらにナイフトからホロナイまでの山越えの道についても言及している。その後、いったんナイブトに下り、二〇日からは「本川」（本流）の上流部に調査をすすめた。そこでは「小石にて急流」「右は重畳たる山岳」「左り原野なり」など周囲の自然環境を述べ、「ウリウえ山越路あり」「此水源石狩のルベシベと向背す」など陸路や水源の確認などを行っている。

本日誌の記述から見てみると、調査で重視されたことは、地形・植生など自然環境の特徴、移動した各地点での方位と距離、河川の源流や陸路の確認である。自然環境の特徴は自らの眼で確かめ記述し、方位については、自ら持参した方位磁石を利用しているが、河川の源流や陸路については案内のアイヌの人びとからの情報であると思われる。また随所で、その土地における開拓の可能性についても自らの意見を述べていることがわかる。それでは、天塩川調査において、武四郎はどのようなアイヌの人びとに出会い、彼らからどのような情報を得たのだろうか。

三　松浦武四郎とアイヌの人びと

武四郎はこの調査中に多くのアイヌの人びとに会っている。まず、六月五日天塩において、水夫小使としてアエリテンカ、トセツ、エコレ、トキコサン、の四人を連れて「独木船」で出発する。一〇日には、テウトヒラにレウタンケとその妻がいた。レウタンケの妻は病気で臥せっていた。次にトイノタフでもエユシカとその家族（合計八人）、アベシナイでもエカシユとその家族（合計三人）、カネアンホとその家族（合計三人）、ヲフンとその家族（合計三人）に出会う。ここでは、「当場所の土人は夷地第一の困窮所にて、余が土産に煙草一把ずつ遣したるや其悦び限なし」と述べている。

十一日、ヲニサッベ辺りにさしかかったときに、アエトモ（六八歳）とその家族（合計六人）、トキノチとその家族（合計六人）がいた。さらに、ここには案内者であるトセツの妻子も居たのでそこに宿泊した。トセツの子供はホントセツといい、三歳であった。翌十二日には、ヲトイネフでレウタンケとその家族（合計五人）に出会った。その後、ヲクルマトマナイで、エカシテカニとその家族（合計十二人）に出会う。ここでは「屋根は朽破たるを欵冬葉もて葺、其様目も当られ難し。入るや蚤多し。我が足に胡麻を篩かけし如く飛上るを打払ひするを見て、子供等大なる柳皮を剥来り我が座を作り呉ぬ」とあり、エカシテカニの一〇人の子供たちについて、その名前と年齢を列挙し、「いと可愛げなる子供なる」と記述している。

十三日には、ヘンケニウヴでコロカイとその家族（合計四人）、トウリヘとその家族（合計二人）に出会う。この日はここに宿泊、翌十四日は、ナイブトに到着した。ここでアベルイカとその家族（合計三人）、シケロクとその家族（合計五人）のところに宿泊した。前述したように、十五日からは、ナヨロ上流に入る。ここでは、サカリサシとその家族（合計五人）、イコレフニとその家族（合計二人）、さらにシレフニとその家族（合計七人）、チノミではエレンカクシとその家族（合計六人）、ラフニとその家族（合計二人）に会う。十六日にはさらに上流に行くために、「当初土人を召連」として、当該地域に詳しいアイヌの案内者を得て、さらに奥へ進むと、ヤエカカリとその家族（合計四人）、イシヨマとその家族（合計三人）、ケシコランとその家族（合計五人）、エヘヤウシとその家族（合計七人）、とアイヌの人びとの家が次々と存在した。十八日にはチノミに戻り、十九日にはナイブトに到着した。二十日、ケネフチには「乙名」ニシハコロとその家族（合計九人）が居て、その日はそこに宿泊した。

二十一日、この日からは本流を上り、ウツではコウカイとその家族（合計四人）、エヘトレン婆とその家族（合計四人）、サカイとその家族（合計四人）、クンカツテツクルでは、エツトモとその家族（合計八人）、アヘカヌカとその家族（合計四人）、トエビタとその家族（合計六人）に出会う。さらに上ると、案内人のアエリテンカ、トセツの家があった。しかし、妻たちは山に登っていて現在は空き家になっていた。その隣には、ルヒサンケとその家族（合計三人）が住んでいた。二十二日には、さらに上流に上り、急流になってきたので引き返そうとすると、そこに楡皮を洗っているアエリテンカの妻がいた。お互いに再会を喜んだようである。その後、奥地を見分したあとに二十五日にはナイブトに再び戻った。

以上、『天塩日誌』によれば、武四郎は多くのアイヌの人びとに出会い、時にはその家に宿泊させてもらっていることがわかる。そのなかで、もちろん、多くの情報を得た。たとえば、本日誌中の記述で確認すると、見たことのない薬草について「土人に聞にカニトイと云」、「土人岸を指す故見るや」不思議な鳥がいることを確認し、やはり内地では見たことのない鳥について「土人此をメッカタイと云う」など、アイヌから見知らぬ草花や鳥などの名前を確認している。ヲニサツベのアエトモのところでは、「此家主アエトモは極老にて種々の故事をも能く弁し者、其に附て夜中種々の事を聞」とあり、北蝦夷では蝦夷人の通称は「カイナー」であり、この天塩山中では「カイナ」、女性子供は「カイナチー」である、「何時よりか和人の言に馴れてアイノと呼易き様に成たり」と述べ、その後にはなぜ和人が「蝦夷」と呼ぶようになったのかを、アイヌの自称である「カイ」という呼称から推測して、自説を展開している。さらに、エカシテカニの妻が、子供たちを連れて薪を背負って帰ってきたところ、武四郎たちを見て、団子を朴葉に巻いて差し出したのを見て、「其作り方頗る面白し」と感想を述べたり、トウリへの家では、「胡女が種々の色糸にてアッシを織居たりしが、其染方を聞に赤く染る時はラルマニにて煮る」と説明したり、アイヌの人びとの生活についても興味を示している。

このように、本日誌の記述を見ても、その時に出会ったアイヌの人びとからさまざまな情報を得て、武四郎なりの考え方や感想を述べていることがわかる。しかし本章の論点で重要なこととして、武四郎が得た情報のなかでももっとも重要な地域情報は、蝦夷地におけるいわゆる「地名」の収集である、といえよう。

そこで、本日誌のなかで、カタカナで書かれた「地名」をすべて挙げたものが**表11**である。ここで注目したいことは、カタカナで書かれた「地名」のあとに必ず武四郎自身のコメントが記載されていることである。たとえば、六月八日の調査を見てみると、「ウフシテ」のあとに「左川」とあり、「ヘンケウフシテ」には「左川」、「ヲチヨホツテ」には「右川」、「ベンケヲチヨホツテ」には「右川」、と続く。これは、前者が案内者であるアイヌの認識、後者が武四郎の認識、とでも言い換えられよう。

尾崎功によれば、ウフシテは現在の「産士」に比定され、語源は「フップウシ」、意味は「椴松《とどまつ》の群生」と推測されている。[12] たしかに、『天塩日誌』にも「此辺両方に山有。椴を始て見る。」と記述されており、椴松が群生していたようである。「ヘンケ」は「ペンケ」、つまりアイヌ語でいう「川上」のことと推測される。つまり、「ウフシテ」は「椴松の群生」という意味であり、「ヘンケウフシテ」は「川上の椴松の群生」という意味であろう。

このように、アイヌから聞き取ったとされる「地名」は、その言葉の意味では、「椴松が群生している」という現象そのものが表現され、認識され、その場所を表す「地名」として機能していたと思われる。しかし、和人である武四郎は、左に川がある、まさにこの地点をさすものとして認識し、それを場所の名前として記録したと思われる。武四郎自身が、この地点を、「椴松が群生している」場所であると強く意識していたわけではなく、ひとつのコードとして「ウフシテ」と認識したのであろう。このように、彼がアイヌから聞き取った言葉は、あらゆる地点で詳細に「地名」として記録されていき、その「地名」が、その後の当該地域の「固有名詞」として残っていくことになったと考えられる。また、**表11**の全体を見ると、現在ではもはや比定できない、武四郎が「川」と認識した多くの「地名」が記録されていたことがわかる。本日誌を見ると、彼が行った固有名詞としての地名の記録が、天塩川流域全体に広がっているのがわかる。

次に、武四郎によって構築された蝦夷地の地域情報の特徴をさらに考察するために、『天塩日誌』に記載された地名だけでなく、描かれた図像の特徴について検討してみよう。

四　描かれた天塩川の特徴

武四郎は、『東西蝦夷山川地理取調紀行』のなかに多くの図版を挿入しており、その図は、武四郎自身で描いた

6.15	フイタウシナイ（左川）・キナチヤウシナイ（右川）・ネツチヤイヲマン（左川）・テツチヤヲマ（左川）・ルカノツイ（左川）・ヒツシヒエウシ（左山）・チルスシ（平）・ハツタラハヲマ（右川）・タフニサム（右川）・エサウシ（右川）・ヲンネナイ（右川）・キユシヒタラ（左川）・ヘンケキユシヒタラ（左川）・ネーヒタラ（左川）・チノミ（左平）
6.16	カムイチヤム（左川）・ルベシベナイ（右川）・トウシユマコマナイ（右川）・シユフヌト（左川）・ケネレホ（左川）・ウエンメム（左川）・ハンケヌカナン（右川）・（右の方ナヨロの本川也）（両岸小字多く）ウリルニシ・タイハクシナイ・ウラヲンナイ・サンルベシベ
6.17	（水脈・山脈を検分）
6.18	チノミ
6.19	ナイブト
6.20	フシコフト（右川）・ウリウルベシベ（右川）・ケロムンウシナイ（左川）・フウレヘツ（左中川）・タヨロマ（左川）・ユウベウン（右川大なる淵）・クツウシナイ（右川）・トツフトンナイ併せてフイタウシナイ（右川）・ニセウクシナイ（右川）・キナチヤウシナイ（左川）・ヘタヌ（二股）・ケネフチ（大川）
6.21	ウツ（急流）・マクンヘツ（右川）・クンカツテツクル（平也）・ヲンネト（右小川上沼）・サツテクベツ（左川）
6.22	ヤムワツカヒラ（左平滴水）・ワツカウエンベツ（左川）・ヨヲロシ（右崖）・ニセヲチヤシ（岩平）・チライマクンベツ（枝川）・モイレウシナイ（右川）・キイカルシナイ（左川）・ヒハウシトライ（右川）・ハンケヌカナン（右川）・ソウシベツ（右滝）・テイネメン（左川）・ケナシノシケクシベツ（左川）・ナイタイベ（左中川）・トナイタイベ（左川）・ヲサウトロマ（右川）・フリレレマ（左川）
6.23	ヘンケヌカナン（右中川）・ナイタイベ
6.24	サツテクベツ
6.25	ナヨロ
6.26	ヲクルマトマイ
6.27	ユアニノボリ・ヲニサツヘ
6.28	ヘンケナイ
6.29	カヤシリ
7.1	（海辺）
7.2	フウレヘツ

＊（　）内は松浦武四郎のコメント

松浦武四郎『天塩日誌』より筆者作成

表 11 『天塩日誌』に記載された地名

月日	地　名
5.28	石狩・ハママシケ
6.1	マシケ
6.5	天塩
6.7	ホロイルサン・トウブト（右沼口）・コイトイ（烽火場）・モヤシヤン（右岸）・ニイツエイ・ヲタヒラ（砂岸）・サルブト・ウコイトイ（小屋有り）・ヲコツナイ（右川）・ヘニツエイ（平地）・ホロヌツフ（岬）・キウシナイ（右）・サマカイシ（小川上沼）
6.8	ウフシテ（左川）・ヘンケウフシテ（左川）・ヲチヨホツテ（右川）・ベンケヲチヨホツテ（右川）・タツカリトウフト（右川）・タカヤシリ（左山）・ヲヲチヨウヌ（左中川）・フレヒラ（平）・モシウシナイ（左川）・ヲンカンランマ（平地）
6.9	リヲナイ（右川）・ヲヌフナイ（左中川）・ヒラハヲマナイ（右川）・モイツヲマナイ（右川）・タンタサモイ（右川）・シュマサンナイ（左川）・ホンシュマベツ（左川）・トイカンベツ（右中川）・ホロムイ・モイワヲマナイ（左川）・ホンヒイ（左川）・ヲウコツモイ（平地）・アイカフ（左川）・ベンケアイカフ（左川）・ニヲベツ（右川）・クンネシリ（右川）・ホンナイ（右山）・ホロナイ（右川）・ベカンベトウブト（左川）・トブシ（左山）・ヤムワツカナイ（左川）・カマソウ（急流）・ホロヒリブト（左川）
6.10	ヘンケクンネシリ（左山）・ハンケナイフト（左川）・マアシウシナイ（左川）・ベンケナイヒタラ（洲有）・ベンケナイ（左川）・テウトヒタラ（洲）・シヤマツケハツタラ（洲）・ホロウツカ（平盤急流）・ベンケウツカ（平盤）・トイノタフ・トツホ（左川）・トイヲマナイ（左川）・ベンケトイヲマナイ（左川）・サツコダン（右川）・ヲフシユシケ（右川）・アベシナイ（右川）
6.11	チライウツナイ（左川）・コチヤウシナイ（左川）・イカシマナイ（左川）・ヲホウシユ（右川）・ヲンネナイ（右川）・ヘンケヲホシユ（右川）・トンタセシユケ（平地）・ヘンケハツタラ（大洲）・カモイルウサン（右崖）・ヲヤウ（崖平）・シイヘヌカルシ（右平）・カマイホロシ（岩壁）・ツシベツホ（左川）・ヲニサツベ（右川）・ユアニノボリ（高山）・トンベツホ
6.12	ノホリケソマ（左川）・モノマナイ（右川）・トヲリツハツタリ（大渕）・チウシヒリ（左山）・セタヲマイ（右川左崖）・ヲトイネフ（左中川）・ツトモヲマナイ（右川）・サツル（左川）・ヘンケサツル（左川）・ヲヒタルシナイ（右川）・ヤムワツカナイ（右川）・ウツカヤト（右山）・テーヘケナイ（左川）・ヲンネナイ（左川）・シユンクタウシユキコマ（左川）・カマソ（急瀬）・ナウルナイ（左川）・シユマルクテ（左川）・ヲクルマトマナイ（左川）
6.13	ヲテレコツヘ（右川）・フトシヤウナイ（右川）・テツシ（急流）・バンケニウブ（左川）・ウリウルベシベ（右川）・ヲキイナイ（左川）・ヒウカ（左川）・ハンケトウイハラ（右川）・タイキヲナイ（右川）・ヘチルル（左川）・ヘンケニウヴ（左川）
6.14	サシコツナイ（左川）・チエフンド（右川）・ラクラユクンナイ（左川）・ヘンケラユクシナイ（左川）・カモイヲロシ（右大石岩）・シユボロ（両岸峨峨）・シユツプヤヲマナイ（左川）・サアトモヲマナイ（左川）・ウヤシナイ（左川）・ヘンケウヤシナイ（左川）・ナイブト（本名ナヨロフト）・シベツ

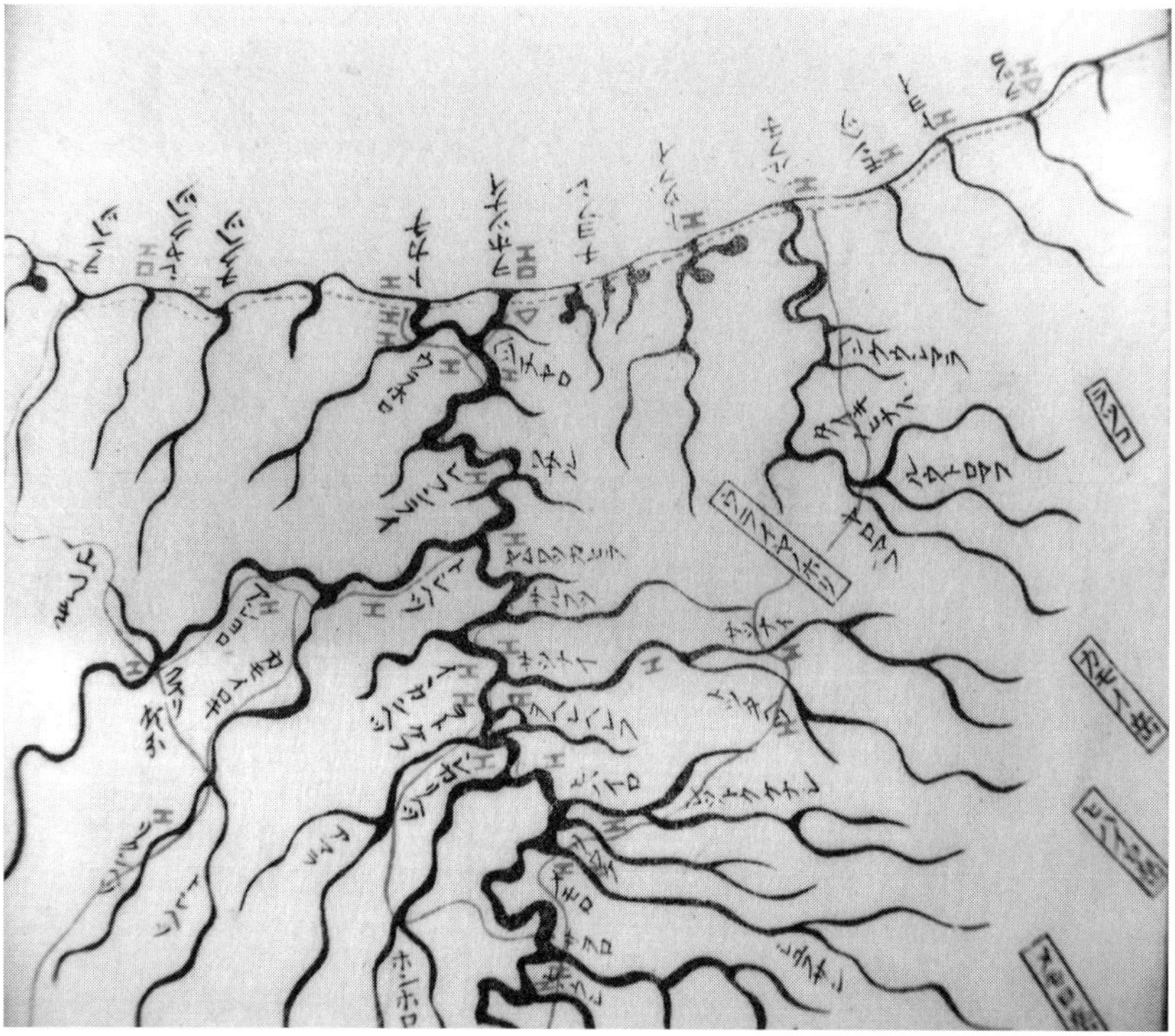

図 47　『天塩日誌』に描かれた天塩川河口部分
（『天塩日誌』の表紙，地図の部分　筆者撮影　法政大学国際日本学研究所所蔵）

ものもあれば、友人・知人の画家に写させたものなどが存在する。[13] アイヌの人びとの風俗について、彼自身が描いて出版したものとしては『蝦夷漫画』が有名であるが、そのなかの図版の多くは、秦檍丸（村上島之丞）の『蝦夷島奇観』『蝦夷生計図説』をもとに描いたものであるという。[14] それゆえ、武四郎自身が描いたと思われる図も、彼がスケッチして描いたオリジナルなものなのか、それとも他の絵を模写したものか、あるいはいくつかの図を編集したものなのか、慎重な検討が必要であることはいうまでもない。しかし、この点の検討は本章の主な課題ではないので省略し、地図のみに限定して考察する。

本日誌には、合計十一枚の図版が挿入されている。その概要を見てみると、(1)天塩川の地図（**図47**・写真）、つづいて(2)天塩川河口部の風景、(3)急流と崖を描いた図、⑷七段滝の図、⑸緑山鳥の図、⑹アイヌの楽器や道具の図、⑺熊を射る図、⑻天塩川と山々の風景、⑼アイヌの女性と子供たちの図、⑽渓谷を渡ろうとするアイヌの人びとを描いた図、⑾熊の肉を祭る図、である。このなかで、武四郎自身が描いた図は、⑴⑵⑹⑻⑾と思われる。そのなかで、地図は⑴のみであり、描かれた天塩川についてその特徴を考察してみよう。そして、『天塩日誌』に描かれた天塩川（図48）と『東西蝦夷山川地理取調図』（図49）の天塩川について、図像を比較してみよう。

『東西蝦夷山川地理取調図』[15]は、武四郎が安政六（一八五九）年に出版した図である。木版色刷、索引図と二六枚

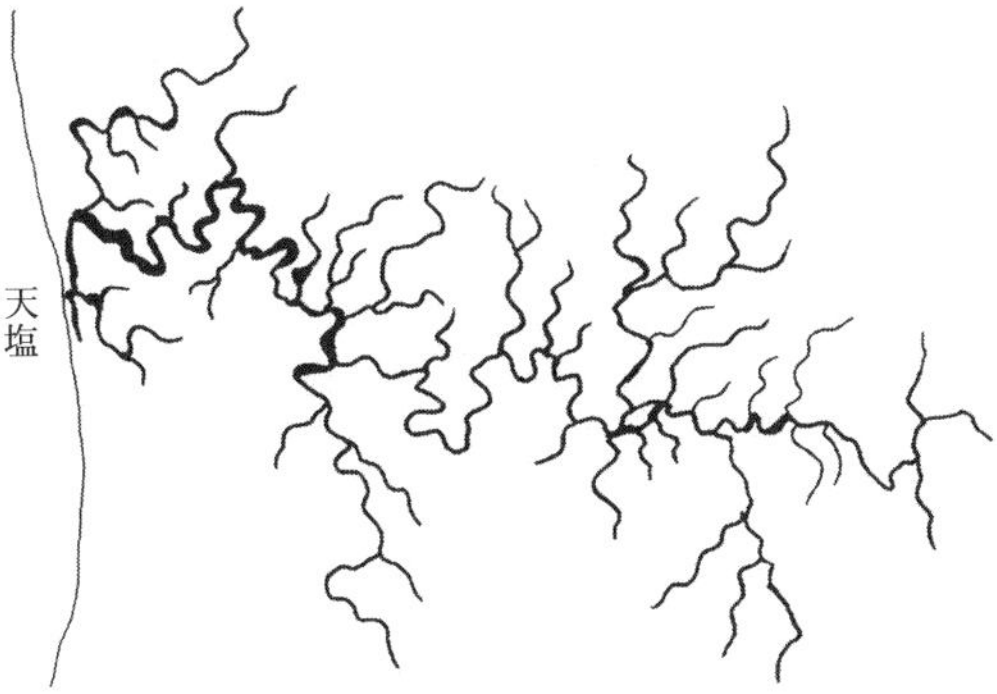

図48 『天塩日誌』に描かれた天塩川（トレース，筆者作成）

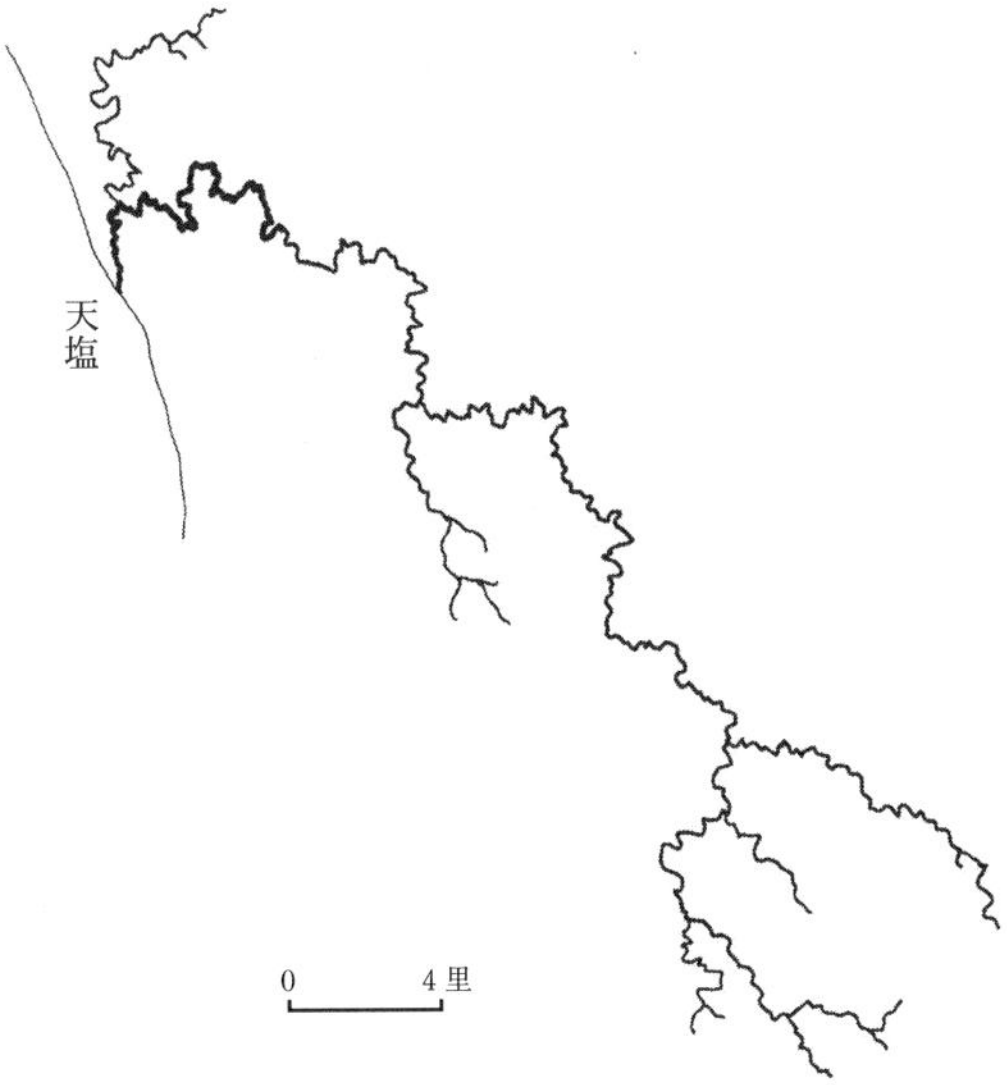

図49 『東西蝦夷山川地理取調図』にみる天塩川（トレース，筆者作成）

の北海道部分の地図、南千島の図、合計二八枚の地図である。経緯度各一度で各枚を構成し、輪郭を伊能・間宮図に拠っているが、内陸部については、武四郎自身の調査によって詳細に記述されている。さらに、調査に協力した「案内土人名簿」を載せている。それによれば、テシホ領の案内は、「シベツ　酉長　アエリテンガ、小使　トセツ、ケネブチ　酉長　ニシバコロ、イシヨラン、トセカチユ、ナヨロ　小使　アベルイカ、トキコサン、ラフニ、イシヨリシテ」とある。シベツ・ケネブチ・ナヨロ出身のアイヌの人びとが案内者となっており、前節で紹介した記述の中にも、何人かの動向を窺うことができる。

まず、『天塩日誌』の図の向きは、天塩川下流部を図の下に置き、上流部を上に置いている。方角で云えば、東を図の下にしており、北が左方、南が右方である。しかし、現実の天塩川は南から北、そして屈曲して東へ流れ出ているので、図に描かれた天塩川の配置は、近代的な地図としては正しいとはいえない。しかし、『天塩日誌』には、武四郎が調査の際に、逐一方角を計っていることが記述されており、彼自身は正確な方角を把握していたと思われる。実際、その調査を踏まえて作製された『東西蝦夷山川地理取調図』では、北を上にして、かなり正確に天塩川の水系が描かれていることがわかる。また、本日誌に掲載された図の大きな特徴として、川の屈曲が、現実よりもかなり誇張して描かれていることが指摘できる。

『東西蝦夷山川地理取調図』は、沿岸部分および河川の水系も、武四郎の調査以前、幕府の命令を受けて西蝦夷地を調査した間宮林蔵、最上徳内、近藤重蔵らの調査した結果を踏まえて描かれており、科学的・近代的な地図作製を志向したものである。後年、陸地測量部によって作製された『輯製二十万分の一図』でも同様のことがいえる。それゆえ、方角や水系においても、緯度経度がなるべく大きくずれないように描かれていたと思われる。ただ、武四郎自身は天文学には疎かったので、緯度経度については伊能忠敬の実測と高橋景保の『地勢提要』などを資料にした、と『東西蝦夷山川地理取調図』の緒言で説明されている。

『天塩日誌』に挿入された本図は、明らかに近代的で科学的な地図を志向していない。本図はあくまで地誌のなかの図版であり、本文を補完する目的で掲載された図である。本図は『東西蝦夷山川地理取調図』よりも、彼の作製した『川々取調帳』に描かれた天塩川の図像表現[16]に似ており、より武四郎自身が作製したオリジナルな図像の表現に近いといえよう。また、日誌の記述からわかるように、天塩川流域の地域像を描くうえでの武四郎の「眼差し」は、天塩川を遡航していくなかで、流域のさまざまな事柄に向けられている。本図の図像配置は、武四郎の調査ルート、天塩川下流から上流へ遡航した様子を端的に物語っていると思われる。また彼は、本流だけでなく支流にも及ぶ、河川に関する詳細な「地名」を記録していった。図に表現された河川の大きな屈曲は、彼の得た地域情報が反映されているのである。

もちろん、武四郎の地域像は、彼が独りで創り上げたものではない。彼が接した多くのアイヌの人たちからの情報が大きな影響を及ぼしている。なかでも、アイヌの案内者たちの協力なくしては、これだけの詳細な記録を後世に残すことはできなかったろう。従来の研究でも、アイヌの地域認識には河川が重要であることが述べられている[17]。**表11**にあるように、武四郎が単なる「川」と認識した多くの場所には、アイヌの人びとによってすでに多様な名前がつけられていた。それを詳細に記録した武四郎が、その作業の過程で、アイヌの人びとのもっている空間的情報を自らの地域像に反映させたのは当然である。武四郎が描いた、河川が大きく屈曲した天塩川には、そのようなアイヌの人びとのもつ空間的な情報が隠れていたのである。

武四郎が出版した『蝦夷漫画』の第一頁には、「蝦夷の国のかたち」という絵がある。そこには、アイヌの女性が指で砂の上に蝦夷地の地図を描き、それをアイヌの長老に示している場面が描かれている。しかしこの長老は、陣羽織を着ており、もしかしたら、武四郎自身を描いたものかもしれない。ともかく、武四郎が、アイヌの人びとからさまざまな地域情報を得ていたことを表現したものである。また、『近世蝦夷人物誌』には、西部アバシリ場所について、あるアイヌのもたらした地域情報が、幕府役人にも影響を与えていることが述べられている。(18) これも、いかにアイヌの人びとのもつ空間的情報が和人に対して影響を与えていたかを示すひとつの事例である。

以上、武四郎の地誌・地図には、まさに幕末におけるアイヌの人びとによる地域認識が記録されていたことを確認した。それらの認識は、その後の和人による支配をへて、多くのことが忘れられてしまっている。武四郎の記録を通して、アイヌの人びとの地域認識を再び拾い出し、彼らが自分たちの生活圏でどのような空間的情報をもっていたのかを考察することは、今後の重要な作業であろう。

注

(1) Harley, J. B., "New England Cartography and the Native Americans", *The New Nature of Maps*, pp. 170–195, The Johns Hopkins University Press, 2001.

(2) 松浦武四郎『蝦夷漫画』佐々木利和解説、松浦武四郎記念館、一九九六年。

(3) 松浦武四郎『近世蝦夷人物誌』、高倉新一郎校訂『日本庶民生活資料集成　第四巻』所収、三一書房、一九六九年。

(4) たとえば、明治初期に北海道の地質調査を行い、地図を作製したライマンは、その調査の過程で武四郎の地図を利用していたことが知られている。「来曼氏北海道記事」、開拓使編『開拓使顧問ホラシ・ケプロン報文』所収、新撰『北海道史第六巻史料二』北海道庁、一九三六年。

(5) 近年では、いわゆる「アイヌ語地名」の復活運動も盛んである。また、近年のアイヌ語地名に関する研究については、山田秀三によるアイヌ語地名の諸研究、アイヌ語地名研究会が編集している『アイヌ語地名研究』などがある。

(6) 拙稿「幕末蝦夷地におけるアイヌ女性——松浦武四郎の『近世蝦夷人物誌』を事例として」、大口勇次郎編『女の社会史』、山川出版社、二二四〜二四一頁。

（7）松浦武四郎研究会編『簡約松浦武四郎自伝』、四一五～四一七頁、北海道出版企画センター、一九八八年。
（8）日本古典全集刊行会編『日本古典全集一七　多気志楼蝦夷日誌集（一）』、全二四七頁、一九二八年。
（9）吉田武三『拾遺松浦武四郎』松浦武四郎刊行会、全五六五頁、一九六四年。
（10）吉田武三『松浦武四郎紀行集（下）』冨山房、六九八頁、一九七七年。
（11）松浦武四郎著、高倉新一郎校訂、秋葉実解読『丁巳東西蝦夷山川地理取調日誌（上）』、北海道出版企画センター、一九八二年、四一五～五一五頁。同『丁巳東西蝦夷山川地理取調日誌（下）』、北海道出版企画センター、一九八二年五九～一六五頁。
（12）尾崎功『天塩川アイヌ語地名考――天塩から名寄まで』、平成十一年度財団法人アイヌ文化振興・研究推進機構助成事業、二〇〇〇年、一二頁。
（13）『蝦夷風俗画展』リッカー美術館、一九八〇年。
（14）佐々木利和『アイヌ絵誌の研究』、草風館、二〇〇四年、一六二～一八六頁。
（15）佐々木利和編『アイヌ語地名資料集成』付録『東西蝦夷山川地理取調図』、草風館、一九八八年。
（16）松浦武四郎「石狩・テシホ・クスリ外十二カ所　川々取調帳」『武四郎蝦夷地紀行』所収、秋葉実解読、北海道出版企画センター、一九八八年。
（17）山田秀三『アイヌ語地名の研究1　山田秀三著作集』草風館、一九九五年、一五～七二頁。
（18）松浦前掲『近世蝦夷人物誌』、七七三頁。

第八章　目賀田帯刀の風景画にみる蝦夷地／北海道像

幕末に作製された蝦夷地の沿岸図のなかには、伊能図や今井八九郎作製図などの測量された平面図が存在した時期にも、絵図・風景画といった絵画的な表現の図類が存在した。

第五章では、幕末の沿岸図・場所図の作製が、場所経営・警備・旅行者といった実際に地域を訪れる人びとの利用のためだけでなく、政治的権力による地域情報把握の意味をもつことを論じた。「江差沖ノ口役所備付西蝦夷地御場所絵図」の場合は、幕府収集の絵図群であると結論したが、この問題をさらに深く検討するためには、幕府による直接の調査で作製された絵図にも着目する必要があろう。

安政二（一八五五）年、国学者の前田健助が幕府から『蝦夷志料』の編纂を委任された。この編纂作業の命令の背景には、嘉永六（一八五三）年にロシア使節プチャーチンが長崎に来航し、日露国境の画定と国交の樹立を要求したことに、幕府が危機を感じたという事実がある。つまり、幕府はロシアとの交渉をすすめるための材料として、北方地域の資料収集とそのための実地調査を必要とした。このときに、市川十郎らとともに蝦夷地の実地調査を命じられたのが目賀田帯刀《めかたたてわき》（のちに守蔭）である。(1) 目賀田は、このときの実地調査にもとづいて、地図および風景画を幕府に献呈している。そして、目賀田の描いた蝦夷地の風景画は、開拓使になってからも、写され利用された。
本章では、この目賀田帯刀の『北海道歴検図』に着目し、幕府役人の作製した風景画が蝦夷地の表象に果たした意義について考察してみたい。

一　目賀田帯刀作製の風景画について

安政三（一八五六）年から安政六（一八五八）年にかけて、幕府の命令により蝦夷地の地図調査を行った目賀田帯刀の描いた、北海道・樺太沿岸の美麗な風景図集が、北海道大学付属図書館北方資料室に残っている。[2]原名は『延叙《えぞ》歴検真図』というが、北海道大学が所蔵している図集は、明治四（一八七一）年に目賀田本人によって写された『北海道歴検図』である。全三〇冊（そのうち二冊は地図）で（図50）、紙本着色され、明治三（一八七〇）年五月に松浦武四郎の薦めによって開拓使が目賀田に要請し、翌年に完了納入した。[3]開拓使廃止後に北海道庁に所蔵され、その後北海道大学の所蔵となった。

作者の目賀田帯刀は、文化四（一八〇七）年に幕府旗本の家に生まれ、谷文晁の門弟かつ娘婿であり、「蝦夷地図御用取調御用役」となった人物である。明治維新以後は、守蔭と名を改めた。明治二（一八六九）年に開拓使御用掛となり、翌年外務史生になる。その後、正院御用掛から外務省等に勤務し、明治一五（一八八二）年に没した。[4]

谷文晁は、『公余探勝図』の作者として有名な文人画家であり、その弟の谷元旦は一七九九（寛政一一）年に東蝦夷地沿岸を調査し、その記録である『東蝦夷紀行』に蝦夷地沿岸各地の写生図を描いている。目賀田は、蝦夷地の風景画を描くうえで、これらの画風を参考にした。また、北海道大学付属図書館北方資料室には作者不詳として、『蝦夷地写生帖』という風景画集が残っている。これは、その描き方などから、目賀田のスケッチブックであると推測されている。[5] いずれの描き方も、江戸時代後半から盛んに描かれるようになった「真景図」といわれる、日本画の伝統と西洋的視点を併せ持った風景画の一潮流に根ざすものといえる。これは、現実の風景を写実的に描く点で、従来からの「名所」絵とは大きく異なる。美術史研究者の鶴岡明美は、谷文晁の『公余探勝図』について「『名所』の枠組みに縛られていた先行する洋風画・浮世絵作例における実景表現とはことなり、これまで絵画化されることのなかった実景を題材」としており、この描法については「その描写姿勢の根底に存在していたのが、「地形を正確に把握する」という目的」であったことを指摘している。[6]

そもそも、『北海道歴検図』の原本とされる『延叙・北延叙歴検真図』三〇巻は、安政三（一八五八）年からの蝦夷地調査の成果をまとめた『蝦夷実地検考録』五三巻とともに江戸幕府に献納されたものであった。これらの資料群の原本は、明治元年の江戸をめぐる戦火で焼失してしまい、東京帝国大学にあった写本は関東大震災で焼失してしまった。現在、東京大学附属図書館・函館市立図書館・東洋文庫等に写本が所蔵されている。また、やはり『延叙・北延叙歴検真図』のヴァリアントのひとつと思われる『北海道歴検真図』全六冊が国立公文書館に保存されている。[7] この幕末に作製された『延叙・北延叙歴検真図』の複写本と明治になってから作製された『北海道歴検図』は、同一作者のため、その描法は共通しているものの、内容については同一ではなく、地域の構成や範囲など異なっている部分が多い。

この『延叙・北延叙歴検真図』および『北海道歴検図』の美術史的意義について、鶴岡明美は、これらの目賀田帯刀の作品を、明らかに前述の『公余探勝図』の流れを汲むものとして位置づけ、本作品で実景手法が地図と結びつき、「地図的要素と絵画的要素が微妙なバランスの上に成り立つ表現として結実した」としている。本章では、この美術史的意義を踏まえつつ、地図作製史上の意義について、従来の位置づけから一歩踏み込んで論じたい。

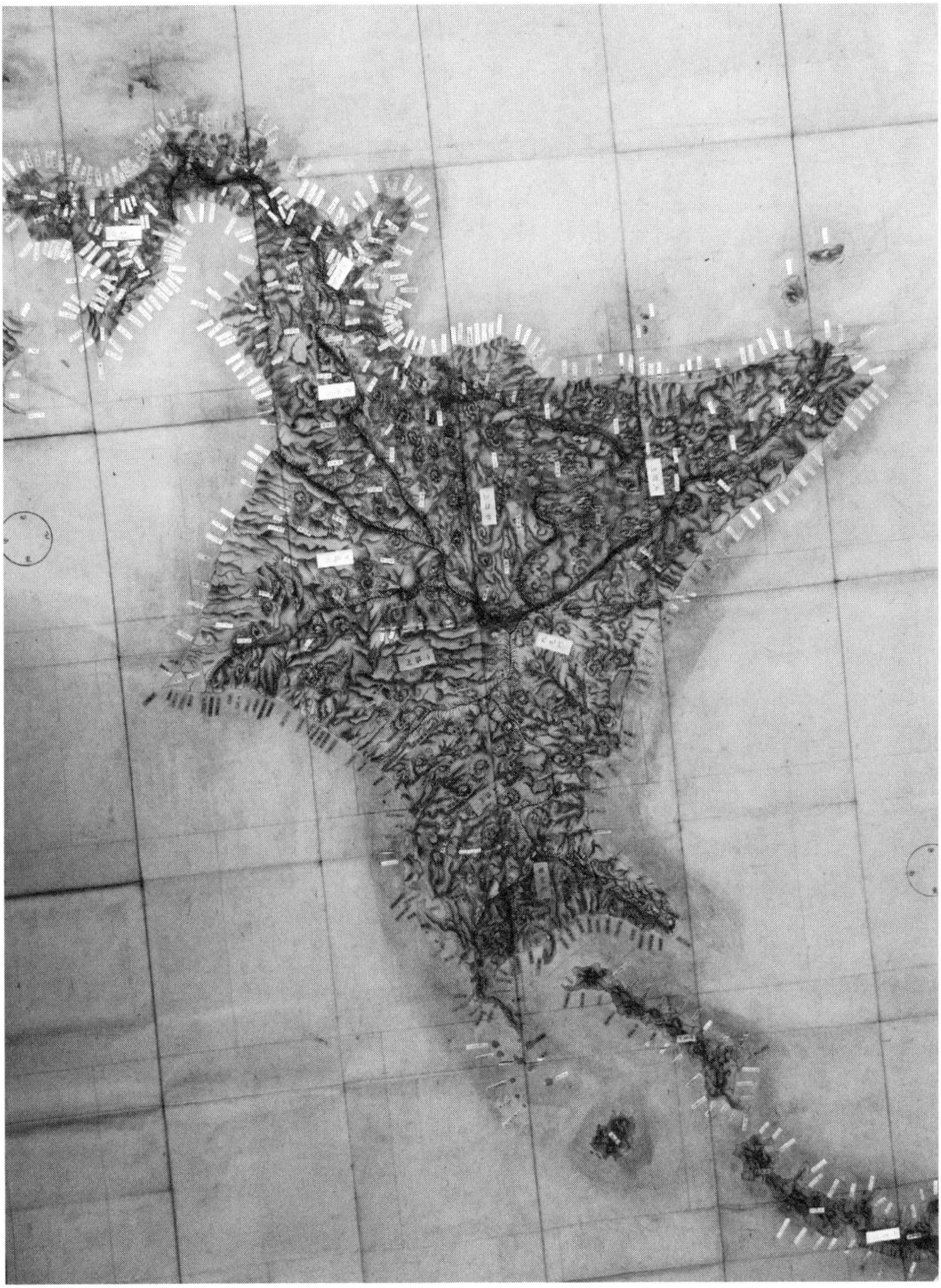

図 50　目賀田帯刀作製「北海道国郡全図」(北海道大学附属図書館北方資料室所蔵)

二　『延叙・北延叙歴検真図』から『北海道歴検図』へ

前述のように、現在いくつかの所蔵機関に残る『延叙・北延叙歴検真図』は、幕府に提出された原本の写本とされ、その描写方法や構成などから、目賀田帯刀本人による自筆と推定されている。(8)本節ではまず、函館市中央図書館所蔵の『延叙歴検真図』を取り上げることとする。

『延叙・北延叙歴検真図』は蝦夷地の部分が全八冊、樺太（北蝦夷）の部分が全四冊、合計全一二冊である。幕府に上程され焼失したとされる合計三〇冊の原本とこれら全一二冊の写本の詳細な関係は、関連史料が見つからないため現段階では不明である。本書の構成は次の通りである（＊印は箱館からの距離記載あり、#印は白主《しらぬし》からの距離記載あり）。

延叙《えぞ》

上

一、接西海岸南海岸　従箱館至松前

箱館南面、箱館北面（**図52**）、＊有川村、矢不来天満宮、茂辺地村、＊当別村、＊三石村、釜谷村、＊泉沢村、＊札苅村、＊木古内、＊知内村、＊一ノ渡山中一ッ家、＊福島村、＊吉岡村、白神崎、吉岡峠、＊松前

二、西海岸　従根部田至熊石

＊根府田村、＊赤神村、＊雨垂石村、＊茂草江良町、＊チイサゴ村、＊石崎村、＊汐吹村、＊上ノ国村、＊江指村、＊泊村・伏木戸村・田澤村、五輪沢、＊乙部村、＊大茂内・小茂内、ブユガシマ、＊三ッ谷村、シコビノ穴、＊蚊

柱村、＊相沼内、＊熊石村

三、西海岸　従クトウ至フルビラ

＊クトウ、＊フトロ、＊太田権現、＊瀬田内、津軽領アブラ番屋、＊津軽領スツキ番屋、津軽領モツタ岬、津軽領シマコマキ・白糸峠、津軽領小田茜、＊津軽領嶋小牧、津軽領スッツ・弁慶岬、＊津軽領スッツ、＊御領ヲタスツ、＊御領イソヤ、イハナイ、＊御領岩内、フルウ・モエリトマリ、＊御領フルウ、フルウ・ツブカイ岬、シャコタン・神居岬、シャコタン・ライケシ、＊御領シャコタン、シャコタン山、＊御領ビクニ、＊御領フルヒラ

四、西海岸　従ヨイチ至バツカヒ

＊御領ヨイチ、ろうそく石、＊御領ヲショロ、＊御領タカシマ、＊御領ヲタルナイ、＊御領ゼンバコ、＊御領イシカリ、＊御領アツタ、＊庄内領ハママシケ、＊秋田領マシケ、＊庄内領ルルモッペ、庄内領ヲニシカ、＊庄内領トママイ、＊庄内領テシホ、＊秋田領バツカヒ

中

一、接東海岸南海岸　従箱館至ヲシヤマンベ

箱館、其二、其三、＊銭亀沢村、＊石崎村、＊小安村、＊塩首岬、＊戸井村、＊日浦、＊尻岸内、古武井中の浜、＊昆布井、＊根田内村、恵山、＊椴法花村、＊吉武村、＊尾札部村、河汲山、＊臼尻山、＊鹿部村、＊砂原村、＊鷲木村、＊落部村、＊ヤムクシナイ、ユウラップ、白利賀、＊ヲシヤマンベ

二、南海岸　従レフンケ峠至ホロイヅミ

レブンゲ峠、其二、其三、＊御領レブンケ、＊御領アブタ、＊御領ウス、ウス山、＊御領モロラン、エトモ崎、ワシベツ、＊南部領ホロベツ、＊仙台領シラオイ、＊御領ユウブツ、ムカハ、＊御領サル、＊御領ニイガップ、＊御領シツナイ、＊御領ミツイシ、＊御領ウラガワ、＊御領シヤマニ、ビラウトル、サヌシベツ、＊御領ホロイズミ

三、接北海岸東海岸　従ホロイヅミ至シベツ

ホロイツミ・エリモ崎、＊仙台領サルル、＊仙台領ヒロウ、＊仙台領トウフイ、＊仙台領ヲホツナイ、＊仙台領シヤクベツ、＊仙台領シラヌカ、＊御領クスリ、クスリ・カツラコヒ、クスリ・コンムフイ、＊御領ゼンホウシ、＊仙台領アツケシ、＊仙台領ベカンベツ、＊仙台領ノコベリベツ、＊仙台領イトチエンベツ、＊仙台領アツウシベツ、＊御領ネモロ、＊会津領ニシベツ・ベツカヒ、＊会津領ノツケ、＊会津領シベツ

四、北海岸　従ソウヤ至シャリ

＊秋田領ソウヤ、ヲンコロマナイ・ヨフウンチイ、サンナイ、トマリナイ、ヲカシネナイ、エンルンムシ、＊チエトマイ、チラエヲベツ、＊サルブツ、ヲニシベツ、モケウニ、トンベツ、＊ショナイ・カムイエト山道、カムイエト崎、ヲハトマエ、ヲレタロ・リキビリ山道、ホロヘツ、＊エサシ、トウシベツ、＊チカフトムシ、フウレツ崎、＊ホロナイ、ヲムベツ、サワキ崎、＊サワキ、ヲユツベ、ルコツ、サロロ、＊会津領モンベツ、＊会津領ユウベツ、＊会津領トウブツ、＊会津領トコロ、＊会津領アハシリ、＊会津領シャリ

北延叙《えぞ》

一、西海岸　従シラヌシ至ウソヨロ

ノトロ岬、シラヌシ、ヘシトマナイ、＃アカラカヒ、其二、其三、リイヘシ山道、ショウウニ、＃ウエンチシ崎、＃モエリトマリ、＃トコンホ、＃タラントマリ、ビロチ、＃西冨内・エシルロマフ、＃トウコタン、＃ノタサン、＃シランヲヨロ、＃ナヨロ、＃クシュンナイ、＃ヲタソ、＃ライチシカ、ライチシカ山、＃ウソヨロ

二終　西海岸　従チセウンナイ至ノテト

チセウンナイ、＃リウンナイ、＃ナヤス、＃ナイホツカ、＃ヲフケナイ、＃ポロコタン、トツショ、＃ホコラニ、キトウシ山、＃ナヨナイ、チヤカマシナイ、＃アボウシベ、＃アテンキ、ホルホシナイ、ノブラツケ、＃ホエチヨ、

#ヲツチシ、#アラゴヒ、#チシコマナイ、#エクマヒ、#ニクマヒ、#ウタンゲ、#ホイエ、ワンレイ、#ホロハンシイ、#ポロワンレイ、#モウレイ、#ハラマチ、#ウエツクル、其二、#ノテト

二終　東海岸　従トンナエチヤ至タラエカ

#トンナエチヤ、#ヲムトウ、#ヲチヨボツカ、#ポロンアイ・キムンナイ、#ヲフサキ、#イヌスシナイ、ヲツウシナイ、#ロレイ、#ナエブチ、アイ、シルトロ、#ヲタシャム、#シララヲロ、#マアヌイ、ワアレイ、チカビルシナイ、トツソ山、ノボリホ、#マクンコタン、#フヌフ、#ウエンコタン、#ヲタヌトル、#ニイトエ、ノテト、#コタンケシ、ナヨロ、シツカナイ、タラエカ、チョウバイ、ハカマケ、サチイカル

一、南海岸　従シラヌシ至シレトコ崎

ノトロ岬、#ビシヤサン、ナイチヤ、#リヤコタン、#ヌブリ、#ウルー、#ルウタカ、#エタコンライナシ、#ヒシユヤ、#チナイボ、#トマリヲンナイ、#ウンフ、#ハツコトマリ、#クシュンコタン、#ヲクユトマリ、#ヲタサン、ヲタエレンカ山、#エヌシコマナイ、#チヘシヤニ、#ナイトム、トウブツ、#ノシケタナイ、チカビナウシ、チシヨセ崎、#ヤワンベツ、ウシニコロ、ボンウツボシリホ、ケンル、シレトコ崎

次に、『北海道歴検図』は、「北海道国郡全図」二冊、折本は二八冊、合計三〇冊である。風景画集の二八冊の構成は次の通りである（＊印は箱館からの距離記載あり、#印は白主《しらぬし》からの距離記載あり）。

渡島州東岸（上）渡島州七郡、亀田郡

箱館南面、箱館南面其二、箱館東面、箱館東面其二、＊石崎村、＊銭亀沢、＊知岸内村、＊戸井村、＊日浦村、塩首岬、椴法花、恵山、恵山東面、根田内村、＊古武井村、尾札部、尾札部其二、＊古部村、＊鹿部村、＊臼尻村、

＊砂原村、砂原眺望

渡島州東岸（下）、茅部郡、一渡山道・大野山道

穴太平、一之渡金鉱、毛無山、毛無山其二、毛無山其三、赤沼村、赤沼村其二、キマナイ、キマナイ其二、大野村、峠下村、峠下坂、鹿部大沼、鹿部大沼其二、尾白内、追分茶屋、追分茶屋其二、＊鷲木村、鷲木村其二、＊落部村、＊山越

渡島州西岸（上）、上磯郡、福島郡

箱館北面（図51）、箱館其二、七重浜、七重浜其二、＊有川村、有川村其二、冨川村、冨川村其二、茂辺地村、＊当別村、当別村其二、釜谷村、＊泉沢村、＊札苅村、＊木古内村、＊知内村、知内川、＊市之渡、市之渡其二、＊福島村、福島村其二、吉岡峠、吉岡峠其二、＊吉岡村、吉岡村其二

渡島州西岸（中）、津軽郡

白神岬砲台、白神山中、白神山中其二、折戸海岸、折戸海岸其二、折戸海岸其三、炭焼沢山中、炭焼沢山中其二、＊松前福山、松前其二、松前其三、及川、＊根府田村、＊赤神村、＊雨垂石村、雨垂石村其二、＊茂草村、＊江良町村、＊小砂子村、＊石崎村、＊汐吹村、＊上国村

渡島州西岸（下）、桧山郡、爾志郡

湯之台通、其二、其三、トマップ、鞍掛峠眺望、鞍掛峠、其二、其三、イナオ峠、木子内山道、＊江差村、其二、江差鷗嶋、其二、＊田澤村、＊伏木戸村、五輪沢、＊乙部村、＊三谷村、首尾岩、＊蚊柱村、岡島内、＊相沼内、其二、＊熊石村、其二

後志州（上之上）、後志郡一七郡　久遠郡、太櫓郡、瀬棚郡、島牧郡、寿都郡、歌棄郡、磯谷郡、奥尻郡

久遠、久遠領、其二、アブラ、＊島牧、＊太田権現、其二、エベレケ、其二、＊太櫓郡、＊スツキ、＊瀬棚、モツ

夕岬、小田西、オカムイ岬、其二、ライキシ、其二、弁慶岬、＊寿都、オタノシケ、＊歌棄、磯谷、タンネムヒ、幌別、アイベツ、後志川

後志州（上之下）岩内郡、古宇郡、積丹郡

ノット・雷電山麓、其二、雷電山道、雷電山其二、其三、其四、其五、＊岩内、其二、後志嶽、＊古宇、大森、サネナイ岬、粒貝岬、野名前岬、其二、＊積丹、弁財泊、其二、其三、其四、其五

後志州（下之上）美国郡、古平郡、余市郡、忍路郡、高島郡、小樽郡

シュマムイ、其二、アイビコタン、チカバネ岬、フレシユマ、＊美国、＊古平、余市、其二、ヤウチウ、＊余市、＊忍路、忍路領、オシヨロハマ、＊高島、＊小樽、小樽領、其二、其三、前厘

石狩州（上）石狩州九郡　石狩郡、札幌郡、樺戸郡、厚田郡、夕張郡

知内、オクリゲ、アイカウ岬、コキビル、ヒサンベツ、カハスモ、＊浜益、テキシヤマ、浜益領、其二、浜益領瀑布

石狩州（下）浜益郡、空知郡、上川郡、雨龍郡

浜益瀑布、チヤラツナイ、小金山、ホロクンベツ、雄夫居岬、雄夫居瀑布、浜益山道、其二、其三、其四、其五、其六、其七、其八、干潟泊、其二、ルイチシ峠、雄夫居峠、其二

天塩州（上）天塩州六郡　増毛郡、留萌郡

モイ、マルフトマナイ、ホンクンベツ、トコタンベツ、其二、其三、チセソシベ、其二、其三、イタシコタン、エヤシベカルシ、カムイチホ、タハケ岬、其二、アイビコタン、カムイエト岬、益毛瀑布、其二、＊益毛、其二、ノブシヤ、シュシュンナイ、シャクマ、ビラ、＊留萌、ウシヤ、ホロルエサシ渡船場

天塩州（下）苫前郡、天塩郡、上川郡、中川郡

オシラベ渡船、トヒラツケ岬、オンエトトコ、ヤハトトコ、メムトマリ、荻鹿、オンネオニシカ、ウエンビラ、＊苫前、ハボロ川、チクベツ、イツヒリナイ、ハボロ山、フウレベツ、オヤリベツ、オタコシベツ渡船場、＊ウエンベツ、オネドマリ、ウツナイ湖、キヒトタンナイ、エナオナイ岬、＊天塩、コイトエ天塩領、ホロイブツ、ワツカシヤクナイ、礼文島、リイシリ島、ユクル

北見州（上）北見州八郡　宗谷郡、枝幸郡、礼文郡、利尻郡

＊末貝、ノツシヤブ岬、コイトエ、利尻島、マスホ、リヤトマリ、其二、＊宗谷、其二、オンコロマナイ、サンナイ、チラエオベツ、トマリナイ、アマンボ、＊チエトマイ、オニシベツ、シヨナイ、其二、シヨシトマリ、リキビリ、其二、オレタロ、＊エサシ、ホロベツ、トウシベツ、＊近太虫、其二、フウレノツ、其二

北見州（下）紋別郡、常呂郡、網走郡、斜里郡

＊サルブツ、其二、ヤムワッカル、トンベツ、フウレベツ、幌内、其二、オコチベ、オムトウ、オシカリベツ、砂路、其二、流古津内、＊紋別、其二、サワキ道、砂秋、其二、遊別、トウブツ、其二、＊常呂、＊網走、其二、＊斜里、其二、ルシヤ山

根室州（上）根室州五郡　花咲郡、根室郡、野付郡、標津郡、斜里山道

花咲海岸、其二、＊根室、其二、其三、風連沼、＊西別、別貝、ホニオイ、＊野付、＊標津、其二

根室州（下）芽梨郡、国後郡千島州、択捉郡千島州

トエビラ、ツナナ、タオリマプ、オタウニ、チラエワタラ、其二、カンチウシ、ウコフトル、其二、其三、其四、ケネカ、ケネカワツカオイ、其二、其三、クンネビラ、ワツカオイ、シヤリルイラン、サツルヒビラ、カムイノミウシ、ニナルエサン、ニナルエサン海岸

釧路州（上）釧路州八郡　白糠郡、釧路郡、足寄郡、網尻郡

コブカルウス、其二、バシクロ海岸、バシコル、＊白糠、ショロロ川・斜里山道古跡、＊釧路、其二、其三、釧路川、其二、其三、釧路・メンカムリアイ砦古跡、其二、釧路山道、其二、其三

釧路州（下）厚岸郡、阿寒郡、上川郡

葛越、其二、其三、マタイトキ、昆布井、フウトロ、アトエカ、ションテキ、センホウジ道、＊センホウジ、＊厚岸、幌戸、アチヤロウ、オツチシ、其二、辺寒別、ノコベリベツ、糸井鎮辺、ビテシ川、ルイニクル、ライベツ、＊厚牛別

十勝州　十勝州七郡　広尾郡、当縁郡、十勝郡、河東郡、河西郡、上川郡、中川郡

ビタタヌンケ、其二、オシラベツ、其二、ビボロ山道、オリコマナイ、其二、＊広尾、其二、ベルブネ、＊東武井、フツブシ、チヨウウブシ、チヨウウブシ沼、其二、＊大津内、十勝、其二、十勝海岸、十勝山道、其二

日高州（上）日高州七郡　沙流郡、静内郡、浦河郡、新冠郡、三石郡

トンニカ、フイバフ、＊沙流、サルブト、ケノマヒ、フクモミ、厚別、＊新冠、其二、シユビチヤリ、ウセナイ、＊漆内、＊三ツ石、オホツコイ、ケリマブ、其二、元浦川海岸、フウレベツ、其二、＊浦川、幌別

日高州（下）様似郡、幌泉郡

＊様似、ビラウトル、ホロマンベツ、佐努標別、様似石門・夷言ブユカシユマ、イハオイ海岸、荷寒別、＊幌泉、小田別、其二、古路経、撰藻岬、登輪別海岸、其二、登輪別山中、登輪別其二、其三、＊沙流流、沙流流海岸、其二

胆振州（上）胆振州八郡　山越郡、虻田郡、有珠郡、室蘭郡

白利賀、クンヌイ、＊オシャマンベ、オシャマンベクソウズ、オシャマンベ山道、栗木之台、其二、二股、蕨台、其二、黒松内、レップ、シロスミ川、シロスミ、ベツテ、連文、連文峠、其一、其二、其三、其四、其五、其六、

其七、＊虻田、有珠、其二、江巴峠、其二、其三、室蘭、其二

胆振州（下）幌別郡、白老郡、勇払郡、千歳郡

室蘭、其二、其三、ヒンナイ、昇別温泉、シキウ、＊幌別、其二、幌別道、其二、＊白老、ベテトケ、＊勇払、其二、其三、其四、タルマイ火山、其二、タルホ、真古前、イルシカベ、トユウフツ、勇払山道、ビビ、千歳、オサツブト、千歳川、其二、エベツ川、其二、石狩海門

樺太州西岸（上）

能登路岬、白主、アカラカヒ、其二、ショウニ、ウエンチシ、モエリトマリ、トコン、タランドマリ、西冨内、其二、トウコタン、ノタサン、#シララオロ、#名与路、クシュンナイ、オタソ、ライチシカ、ライチシカ山、ウソヨロ、リウンナイ、チセウンナイ、ナヤス、ナイボッカ、ヨフケナイ、ホロコタン、キトウシナイ、キトウシ岳、其二

樺太州西岸（下）

ナヨナイ、オツウシナイ瀑布、チヤカマシナイ、アテンキ、ルブラッケ、チヨルーケ、ホイエチヨ、其二、オツチシ、アラコエ、ニクマエ、チシコマナイ、ウタンケ、ホイエ、ワンレイ、ホロワンレイ、モウレイ、ホロモウレイ、ハラマチ、ウエツクル、野手戸、野手戸干潟、ホコベ、ワカセイ、ナニホ

樺太州東岸

#冨内茶、オムトウ、其二、ナチヨホッカ、#小布崎、#犬主内、#露麗、アイ、知登路、#オタシヤム、シララオカ、#真阿縫、#輪伶、#チカヘルシナイ、トツソ山、其二、#真群古丹、フヌフ、ウエンコタン、コタンウトロ、#熱樋、其二、野手戸、#古譚消、ナヨロ、#シツカナイ、#鱈江霞、ハカマチ、サチエカル、テウハエ

樺太州南岸

ノトロ岬、#ベイシヤニ、ビシヤサン、其二、利家古丹、宇流烏、流高、其二、#エタコンライチシ、#日朱谷、#泊恩内、#牛運内、#雲羅、#八虎泊、#久春古譚、其二、#小冬泊、#小田寒、#江主高麗内、#千辺沙荷、#内冨、#東風津、其二、#屋椀別、#牛荷古路、ポンフップシリホ、剣流岩洞、#知床岬

『延叙・北延叙歴検真図』と『北海道歴検図』の地域構成を比較すると、かなり異なることがわかる。前者は合計一二冊、後者は合計二八冊であり、後者では量的にも質的にも増加した。具体的には、『北海道歴検図』になると、描写する地域が内陸部まで増加し、たとえば同一地域でもいくつかの図に分割して詳細に描いたり、事物の配置や山・川などの描写を詳細にしたりと、よりわかりやすいかたちになっている。また前者では、安政年間の江戸幕府直轄地と東北諸藩の分領地が明記されており、後者では、明治二年まで「和人地」「蝦夷地」と言われた地域区分は廃止され、すべてを「北海道」として編集し、北海道における十一州（国）と八六郡が明記されている違いがある。

ただし、個々の図の内容を見ると共通点も存在する。『延叙歴検真図』では、松前・箱館・江差の三湊、蝦夷地の場所（近世蝦夷地の場所請負制での地域区分）を中心に、蝦夷地全体の和人集落および各地の峠・岬・山などを描き、さらに「会所」「役宅」などと同時に「夷家」（アイヌの居宅）も貼付している。見開きごとに漢字やカタカナで地名を黄紙で付している。『北海道歴検図』でも、従来の蝦夷地の場所だった地域を中心に、さらに描く地域が増加したとはいえ、同様なかたちで構成されている。各見開頁ごとに、金紙でわかりやすく地名を付し、さらに各折本の背表紙部分にも、郡名を金紙で付している。また、両者において*や#で示したように、各州や各主要地域における箱館や樺太の白主《しらぬし》からの里数も記載されている。これらの特徴から、『延叙・北延叙』では、蝦夷地と北蝦夷地の地名、『北海道』では、北海道と樺太州の地名の確定が重要であったことがわかる。

ところで、この『蝦夷志料』の編集事業の責任者であった前田健助は、安政五年に『蝦夷地名真字相定候ニ付奉伺候書付』のなかで、蝦夷地の地名を漢字表記とするべきだとし、東・西・北に分けて、それぞれの地域における地名の漢字表記を提案している。その際に、「内地之国郡郷村之名ニ大凡同様相見候様」にし、「夷言之地名旧称」を守ることはならない、としている。つまり、蝦夷地における地名の「内地」化を進めることを提言した。

この前田健助の考えを、目賀田帯刀は了解していたはずである。蝦夷地の地名の「内地」化という作業を、地図資料上で行うことが目賀田の役目であれば、『北海道歴検図』の元である『延叙・北延叙歴検真図』の作製目的は、あくまで、地図作製の補助業務としての風景画集であったといえる。実際、『延叙歴検真図』の序文には「御用ニ付地図製造」とあり、さらに「境界を打候事地図之第一義」とある。これは、「境界」を蝦夷地の地図上につくることこそが第一の目的であり、さらに「地名ハ一定仕候筈御座候所、蝦夷固より要用無之地は定名も無之候、小名は猶更相糺候」とし、地図の作製だけでなく、地名についても「検考」したとある。つまり本図の作製は、この目賀田帯刀の一連の作業の一環として、地図作製とセットに行われたのである。

目賀田帯刀はもちろん、地図も描いている。もっとも有名なものは、『北海道歴検図』のなかにある「北海道国郡全図」という二枚組みの地図である。一枚は、北海道および南千島のクナシリ島・エトロフ島、さらに南樺太を含む北海道図であり、一一国の国境が記されている（図50）。この地図は、目賀田帯刀自身が独自に作製した地図ではなく、明治二年に松浦武四郎が刊行した「北海道国郡全図」の模写であり、北海道の輪郭は、「伊能図」がもととなった明治三年の『官板実測日本地図』（大学南校）を参考にしている。もう一枚は樺太南端を除く樺太島全体の地図である。これも、松浦武四郎の『東西蝦夷山川地理取調図』の北蝦夷部分をもとにしている[9]。このことからも、明治初期の北海道図において、伊能忠敬、松浦武四郎の地図が大きな影響を及ぼしていたことがわかる。

さらに高木崇世芝によれば、その他に、国立国会図書館所蔵の「延叙歴検真図縮写・北延叙歴検真図縮写」（二枚組）、『樺太歴検真図』（五枚組、高木個人蔵）、外務省外交史料館所蔵および東大史料編纂所所蔵の『北海道歴検真図』（八枚組）が現存している。[10] いずれも「絵画風の描写を強く表現した美麗な作品」であるとし、目賀田本人の作製であるとしている。なかでも注目すべきは、国立国会図書館所蔵の「延叙歴検真図縮写・北延叙歴検真図縮写」であろう。縦二三〇センチメートル、横二三九センチメートルの大型地図であり、年紀も書名もなし、地名はカタカナ漢字混じりで示し、すべて金色の紙片で貼り付けられている。蝦夷地の輪郭は、文化五（一八〇八）年の秦憶丸の「蝦夷島全図」の模写であると推測されている。[11] 明治二年に写された『北海道歴検図』と一緒に綴じてある「北海道国郡全図」は、前述のように伊能図や松浦図の影響を受けていたが、本図はもう少し前のバージョンである秦図の模写であることからも、幕府に献納されて消失した「蝦夷図」の模写である可能性が高い。また、図中には、「札幌本庁・支庁（函館）・支庁（根室）」の付箋が貼られていること、さらに図中に「陸軍文庫」印、裏面に「沼津学校」の大型印が押されており、明治期以降、役所や軍に本図が利用され、保管されていたことが窺える。この地図も、ある一定の権威をもった北海道図（蝦夷図）として機能していたことが推察される。

それでは、本風景画集はどのような地域情報の特徴をもっていたのであろうか。

ここで、『延叙歴検真図』と『北海道歴検図』の同一地域を描いた図像を比較してみよう。

図51は、『北海道歴検図』における『渡島州西岸（上）』「上磯郡」「福島郡」の最初にある「箱館北面」の図である。地名が金色の紙片に書かれて貼られ、箱館の北側の町全体を描いている。鮮やかな色遣いで函館山をくっきりと描き、奉行所の役宅や寺社があり、町には木造の家屋がびっしりと並んでいる。箱館の風景を海側から鳥瞰図的にダイナミックな表現で描いている。

本図に描かれた要素としては、道路、家屋、寺社や役所などのランドマーク的な建物、山、樹木などの自然、そして町を歩く人びとの姿である。また、海上には日の丸を掲げた帆船の軍艦があり、町通りのなかには馬上に乗っ

図51 『北海道歴検図』渡島州西岸（上）箱館北面（北海道大学附属図書館所蔵）

た赤と青の着物を着た二人の役人がくっきりと描かれている。この馬上に乗った人物や笠をかぶった役人らしき人物は、箱館だけではなく、『北海道歴検図』の主要な湊や集落の部分の頁にはほぼいつも描かれている。

次章で取り上げる『明治六年札幌市街之真景』にも、図の左下に洋服を着た開拓使の役人らしき人物が馬に乗って札幌の街に向から様子が描かれていることから、両者の表現の方法に共通点を見ることができる。谷文晁の『公余探勝図』にも、多くの図中に小さく人物が描き込まれ、それらのほとんどが伊豆・相模方面への巡見に従事した幕府役人一行の様子を描いていることからも、これら実景図のなかに、地域を把握する役人のまなざしが表現されているのである。この巡見使のまなざしを通した実景表現こそが、『公余探勝図』以来の地域を把握するための風景画としての系譜をつくっているといえる。まさに、明確に描写された「蝦夷地」の自然環境を、目に見えるかたちの「風景」として把握できること、これが本風景画集の地域情報把握の目的であろう。

一方、『延叙歴検真図』の『一・接西海岸南海岸従　箱館至松前』の「箱館北面」（図52）を見ると、『北海道歴検図』の「箱館北面」（図51）に比して簡潔な描写であることがわかる。さらに、同作者が作製したと推定される『蝦夷地写生帖』も確認してみよう。やはり、同じ箱館の図像を比較すると（図53）、現在の函館山と元町、五稜郭のあたりまで続く砂洲の風景を北側から見下ろすかたちで、「写生」として描かれていることがわかる。この画風と『北海道歴検図』の箱館部分とを比較すると、明らかに両者の描写方法が異なることがわかる。また、『延叙歴検真図』で描写された風景も、『北海道歴検図』と同様、「写生」というよりは、よりデフォルメされた表現であることがわかる。ただし、後者ほどはデフォルメの度合いは強くないうえに、図の中に、幕府役人の巡見の様子はどこにも描かれていない。幕府に献呈された原本には、幕府役人が描かれていたかもしれないが、それも不明である。しかし、これらの写本群が目賀田本人によるものだとすれば、北大に残っている「写生帖」と、提出されて失われた原本との間に位置するものであり、下書きあるいは作者の控え本ということになるだろう。

見開きの頁ごとに凝縮されたかたちで各地域がコンパクトに表現されていることは共通している。その際、見開きの右上に、金紙あるいは黄紙に各村名や地名が書き込まれ、図中にも山や川、集落の名前などが貼られ、地域の風景とその地名が頁ごとに把握できるという便利さがある。『北海道歴検図』に描かれた「風景」は、写真のような記録としての風景というよりは、海側から鳥瞰した沿岸部の風景が描かれ、見開き頁ごとに凝縮され、地形の凹凸や集落などが強調されたフィクションの世界としての「風景」であるといえる。つまり、『延叙・北延叙歴検真図』と『北海道歴検図』に描かれた「風景」とそれに付された地名は、まさに「蝦夷地」が内地化していくことの風景描写表現だったのではないだろうか。

秋月俊幸は、目賀田帯刀の蝦夷地調査に関して、間宮林蔵が到達した樺太島の北西岸のナニオーにおいて海岸風景を写生していること、さらに「夷人」（アイヌ）や「スメレンクル人」（ギリヤーク）、雑居の状態だったロシア人の住居や施設なども描いていることを挙げ、当時の樺太の状況を明らかにする歴史的な史料として、『北海道歴検図』の価値を評価している。本図の作製の契機となった事件が、ロシア使節プチャーチンの来航による国交樹立と樺太問題とすれば、現在の「北海道」部分だけではなく、北蝦夷地である樺太の「風景」をどのように描いたのかは重要な点である。

幕末期、刊行蝦夷図として最も多くの版が出版されたとされる藤田良作製の「蝦夷闔境輿地全図」（嘉永六年刊、**図20**）の北樺太を見ると、すでに「スメレンクル人」「オロッコ人」「タライカ人」の居住地域が示されている。しかし、南樺太部分には、民族名の記述はない。つまり、現在でいう「北海道」部分と北蝦夷地である「樺太」部分の表現の差異に留意しておく必要があろう。本図においても、樺太州の北部は和人の進出が十分に進んでいなかったため、南部と異なり、「異域」としての表現を残したままであったとも言い換えられる。

つまり、『北海道歴検図』に描かれた樺太を除く「北海道」像は、和人の土地になった「蝦夷地」を表現したも

図 52 『延叙歴検真図』箱館北面（函館市中央図書館所蔵）

図 53 『蝦夷地写生帖』箱館（北海道大学附属図書館北方資料室所蔵）

のであった。目賀田帯刀の編集した「北海道国郡全図」と風景画『北海道歴検図』はセットであり、この両者は、「日本」という空間の一部に「蝦夷地」が組み込まれ、この地が江戸幕府と東北諸藩による支配から明治政府の治める「北海道」へと明確に変化したことの表現だったといえるのである。

本章で検討した目賀田帯刀の風景画は、前章で検討した松浦武四郎の地図や地誌類とは異なり、あくまで明治政府の機関に所蔵され、出版されることはなかった。政治的権力が地域情報を直接に把握するうえで、いわゆる大縮尺の地図は重要な手段である。目賀田の風景画は、測量された近代的な地図ではないものの、権力による幕末蝦夷地の地域情報把握というコンテクストにおいて、大縮尺の地図と同様の役割を果たしたものと考えられる。地図の社会的役割の重要な側面には、まさに近代国家（政治権力）が備えなければならない「権威的」かつ「象徴的」な存在としての国土図・地域図を示すという目的があったのである。

注

（1）高木崇世芝『近世日本の北方図研究』北海道出版企画センター、二〇一一年。高木は、この図を作製することになった前田健助の『蝦夷志料』編纂に関わる文書の内容や、目賀田と蝦夷地調査に同行した市川十郎の「蝦夷実地検考録」の内容も紹介している。そのうえで、目賀田帯刀（守蔭）作製の一連の風景図と地図について、所蔵先別に挙げながら、諸本間の関係について述べている。

（2）高倉新一郎『挿画に拾う北海道史』北海道大学出版企画センター、一九八七年。

（3）『北海道歴検図』の『延叙歴検真図』からの模写作製に際し、『開拓使公文録』の記述をもとに、その経緯を述べている。それによれば、開拓史が東京在住の目賀田に本図の模写を依頼したのは明治三年二月、その後すぐに外務省史生（後に大令使）となった。目賀田はそれでもなお開拓使から頼まれた図の模写を続けたため、外務省が開拓使に目賀田を外務省に戻すように催促した。そして、模写完成までは一ヶ月に六日だけ開拓使において模写業務をさせることが決定した。翌年四月に模写は完成し、諸経費二百五十両、目賀田への手当金は七十五両であったという。高木前掲書、二八二頁参照。

（4）『函館市立図書館郷土史料目録』第3分冊。

（5）北海道大学北方資料データベースによれば「蝦夷地写生帖／目賀田帯刀?」とあり、「目賀田の北海道歴検図に酷似す」と説明されている。

（6）鶴岡明美『江戸期実景図の研究』中央公論社美術出版、二〇一二年。

（7）鶴岡明美は、東京大学図書館所蔵の『延叙歴検真図』（東大本）と国立公文書館内閣文庫所蔵の『北海道歴検真図』（内閣本）の描写内容を詳細に比較し、内閣本には東大本未収の図があり、それらが谷元旦の「東蝦夷紀行」から借用されていること、それが第一～第三冊に限られていること、内閣本のほうが東大よりも成立年代が遅いことを述べている。また、内閣本のほとんどすべてが北海道大学北方資料室所蔵の『北海道歴検図』（北大本）には掲載されていることも指摘している。鶴岡前掲書、三七五～三七七頁参照。

（8）高木前掲書、二七六～二七七頁参照。

（9）秋月前掲書、三五一頁参照。

（10）高木前掲書、二八二～二八八頁参照。

（11）高木前掲書、二八二頁参照。

第九章　植民都市・札幌の風景と植民地としての北海道像

ここでは、近代北海道でもっとも早い時期に建設された植民都市である札幌を事例とし、風景画や写真・写真帖といった視覚的資料を素材としながら、当時の人びとによって描かれ、映し出された近代都市・札幌の「風景」について分析する。前章までは、沿岸の絵図や風景画を中心に、政治的権力による地域情報の収集と「蝦夷地／北海道」表象を論じてきた。つづいて、近代北海道の中心都市である札幌を通して、開拓使による札幌の建設とその表象を明らかにすることで、内陸部に進出した和人の植民地としての北海道像を明らかにしたい。

札幌は、明治二年の開拓使設置以前は、アイヌ語で「サツホロ」と称された小さな集落で、札幌川の流域にあった。札幌川は現在の豊平川上流部に相当し、豊平川は石狩川に流れ込んでおり、この地域一帯を石狩地方ともいう。幕末に蝦夷地を探検した松浦武四郎の地誌には、新しい首都を置くならばさまざまな条件を考えるとサッポロを中心としたイシカリがいいということが提案されていた。その考えのもとに、安政年間以降、江戸幕府によって石狩平野の開拓が試みられていた。

明治二年の北海道における国郡制の制定により、この地域は石狩国札幌郡となり、同年一二月にはその中心の札幌に開拓使主導の都市建設がすすめられた。まさに中央の明治政府主導による近代的な計画都市・植民都市の建設が行われたのである。この近代都市・札幌の都市建設が、開拓使によってどのようにすすめられたのかという点についてはすでに多くの先行研究がある。しかし開拓使期に、人びとによって札幌という都市がいかに表現されてきたかという点については、当時の地図・写真・絵画などの資料は多くの文献で紹介されているものの、その図像の意味を詳細に分析した研究はそれほど多くない。けれども、開拓使という都市建設をリードした権力主体による都市の「表象」について考察することは、近代都市札幌の都市史研究においても重要な作業のひとつであろう。本章ではこの点に関わって、近年の歴史地理学における風景論から分析していくことにする。

一　風景の歴史地理学と視覚的資料

1　風景と歴史地理学

「landscape（景観あるいは風景）」研究は、長い間、歴史地理学的研究の主要な課題として位置づけられてきた。その際、風景画は、これらの諸研究の重要な研究素材として挙げられる。もちろん風景画が、美術史のなかでも重要な研究素材であることは周知の事実である。しかし、地理学の立場からは美術史とは異なる視点が要求されてきた。そこでまずは「landscape」と風景画の関係に関して考えられる研究方法について、いくつかの地理学的な立場を整理する。

第一に、ある風景画に描かれた地域が一定の現実世界を表現しているという立場から、その風景画に描かれている過去の景観を復原する方法である。しかし、風景画は、地域復原の主要な史資料とはみなされなかったため、歴史地理学的な研究の資料として積極的に利用されることがなかった。

しかし風景画のなかにも、地図的要素の強いものが存在する。たとえば、日本では幕末以降、さまざまな地域で作製された「真景図」「鳥瞰図」といわれるものである。これらについては、そこに描かれた風景の地図的要素の解明が中心となっており、風景画をめぐる学問研究でも[1]、その「絵のような地図のような」側面が重要視され[2]、権力的な側面や作者のもつ社会的立場などは強く意識されていない。

一方、欧米における風景画を用いた研究では、ある風景は、当時の社会的知と権力が密接に結びついたかたちで表象されており、そこには階級構造が色濃く埋め込まれていると論じられてきた[3]。この立場では、描かれた風景は特権階級の眼差しに収斂するものとされるので、しばしばマルクス主義的な階級間の関係に焦点をしぼりすぎていることが否めない。

そこで本章では、上記の立場とは異なる切り口から、風景画を地理学的研究の素材としたい。ひとつの新しい試みとして、植民地支配に関わる風景の実践と作用に注目する。言い換えれば、植民地における風景のアイデンティティとポリティクスを動態的に分析することである[4]。この立場では、ある風景画に描かれた風景は、ある社会が人びとによって秩序づけられ、経験され、理解される過程のなかに絡め取られたものとして理解される。とりわけ、コロニアリズムの文脈において、その風景は、ある象徴性を付与されたものとして解釈される。

また、上記の研究を行うための視覚的資料として、植民者側が作製した風景画や写真・写真帖などを利用する。それらの資料のなかに埋め込まれた植民地支配の眼差しを検討していく。近代日本を歴史地理学的に研究するためには、文書や統計資料だけでなく、風景画や写真といった歴史地理学ではあまり取り上げられてこなかった視覚的資料を用いた研究も行っていく必要があるだろう。

2　近代札幌と風景画

明治初期の北海道を描いた風景図集には、前章で扱った目賀田帯刀の『北海道歴検図』が挙げられる。しかしこの図集は、幕末に目賀田が作製した図集である『延叙《えぞ》歴検真図』を再構成して描いたものであり、札幌は原野にすぎない。また、同じく明治初期のものとして川口月村の「明治初年函館札幌間道中絵図」が、円山山頂から石狩平野を見渡したものであるが、この時もまだ広漠とした平野として描かれている。川口月村は、明治四年に開拓使に採用された絵師である。

開拓都市・札幌の風景を描いた絵画として最も古いものは、船越長善の作とされる「明治六年札幌市街之真景」であろう。船越長善は、川口月村の弟子といわれ、明治六（一八七三）年から明治一四（一八八一）年に死没するまで開拓使の絵師および地図作製者として働いた人物である（第六章参照）。

さらに、開拓使時代には、絵画技法としての油絵が取り入れられた。明治一二（一八七九）年に開拓使の札幌本庁御用係となった疋田敬蔵による「開拓使紡織場」は、開拓の地に建てられた近代的な建物を描き、油絵という西洋的技法による風景を見事に表現している。これは、今までの日本画の風景画にはない表現であった。しかし、日本画であろうと西洋画であろうと、風景画の制作は、写真のような大量の複製制作が困難だったことからも、作品例は数少ない。

3　近代札幌を撮影した写真・写真帖

一方、近代北海道を撮影した写真は、現在も多数残されている。なかでも、北海道大学所蔵の写真群は詳細な目録が刊行されており、その全体が把握できる。『明治・大正期の北海道　目録編』の「北大図書館の写真コレクション」によれば、明治初年から大正期にかけてのこれらの写真群は、当時の北海道の行政機関であった開拓使および北海道庁が、開拓事業の進展を記録するために撮影したものであり、昭和一二（一九三七）年に北海道庁から北海道大学へ寄贈されたものであるという。

このように、明治・大正期の地方行政機関がその管轄地域について、このように膨大に写真の記録を撮り続けたケースは、他の府県では見られなかったことから、北海道に特有のものとされる。また、行政機関の残した写真類以外にも、札幌農学校以来の北海道大学沿革写真やさまざまな写真帖など、多くの写真が北海道には残っている。このような古写真も、歴史地理学的な研究の資料として重要なものである。

札幌は、開港場である横浜、函館、長崎に劣らず、明治初期の段階から建物や風景に関する大量の写真が撮影された都市である。開拓使は、明治四年に函館の写真家・田本研造に札幌本府の建設の様子を撮影させ、開拓の様相を記録させた。その後も、数多くの写真が撮影され、それらは東京出張所に送られ、東京に設置していた仮博物場で縦覧させた。それは、単なる開拓風景の記録だけでなく、「北海全道進歩之景況」を伝えるためのメディアとして利用するものだったとされる。つまり、より視覚に訴えるかたちで北海道移住を促進するように写真が利用されたのである。(5)

二　明治初期の札幌の都市建設

開拓期の札幌の建設は、明治二年七月の開拓使の発足以降、段階的に行われた。以下、『新札幌市史』(6)の記述からまとめてみよう。まず、同年八月には蝦夷地は北海道と改められ、北海道には一一ケ国八六郡が置かれ、この時に札幌郡となった。その後、開拓使判官の島義勇が札幌本府の建設に着手する。ところが、明治三（一八七〇）年初めに、札幌建設を主導していた島判官が転任することとなった。そのため、札幌本府の建設に暗雲が立ちこめた。

函館から派遣された開拓使判官・岩村通俊のもとで札幌の経営に関する実態が検討され、その情報をもとに開拓使はいったん札幌本府建設を中止した。しかし、明治四（一八七一）年の初めに再び岩村判官の札幌赴任により、本格的な札幌本府の建設が始まる。

明治三年段階までの札幌で、どの程度の建物が建設されたのかは正確には知ることができない。しかし、『新札幌市史』は『御金遣払帖』によっていくつかの点が推測可能であると述べている。[7] それによれば、明治二年一一月中には、本府に関する建物の建設は開始されていた。まず、一番小屋（役邸）、本府本陣、権大主典役宅の順に建築され、その他、三〜四棟程度の建物が建築されたようである。

『新札幌市史』によれば、札幌本府の建設は明治四年から始まり、明治五年から六年にかけて大々的に多くの建物の建設が行われたことが述べられている。[8] さらに注目すべきは、明治四年四月には開拓使仮庁舎が完成、明治五（一八七二）年から翌六（一八七三）年にかけて本庁舎の建設が行われたことである。

明治二年の開拓使設置当初は、函館の開拓使出張所では不便であったため、札幌の建設を進めるために、銭函《ぜにばこ》に仮役所が設置されていた。札幌には、島判官が札幌での仕事を進めるために、一番役宅と呼ばれた小さな建物があったようである。その後、函館から派遣された岩村判官は、一時的に小樽に仮役所を設置した。当時の札幌には、若干の役宅があったようであるが、そのなかのどこかで役所の業務も行っていたとされる。しかし、北海道における開拓使の本拠地は、明治四年まではあくまで函館であった。しかも、五稜郭を札幌に移築する計画もあった。明治四年二月、岩村判官が再び札幌に赴任したあと、三月には東創成通に仮庁の建設が始まり、四月には完成、東久世開拓長官は函館から札幌に移動した。五月には札幌が開拓使の本拠地となったのである。

そして翌五年七月には、小樽通に本庁舎の建設が始まった。しかし、石材不足や明治六年春からの経済不況、工《こう》夫《ふ》（職人人夫）たちの暴動事件など、いくつかの問題が起こったために工事の進行が遅れたようで、庁舎が完成し

図54　開拓使本庁舎（明治6年末）（北海道大学附属図書館北方資料室所蔵）

たのは翌六年一二月であった。さらに、当初予定していた石造りの庁舎ではなく、板張り造りの庁舎が完成した（**図54**。なおこの庁舎は明治一二年一月には焼失した）。

　ところで『新札幌市史』は、この時期の札幌について、開拓使は移民を奨励し、家作費を貸与し、札幌の発展を「民」の側からも推し進めようと努力したが、結局のところ札幌市中が発展するのは、「官」の工事が順調であったときや官営工場の活動が活発だったときに限られ、それらの事業が不調だった明治六年〜七年にかけては、いわゆる不況といわれる状況になったと指摘している[9]。つまり、明治四年から始まった本格的な札幌建設は、早くも明治六年段階でいったん停滞したという。

　しかし、明治七年には東京の開拓使施設が札幌に多数移動し、翌八（一八七五）年には官設の事業が多くなり、市況は復活した。その後も明治一三年の不況などを経験し、明治一五（一八八二）年に開拓使は廃止、函館・札幌・根室の三県時代を経て、明治一九（一八八六）年に北海道庁が設置されるが、その間、札幌は相変わらず北海道開拓の中心都市であり続けた。

三　「札幌市街之真景」と近代地図との関係

1　「明治六年札幌市街之真景」について

それでは、開拓使による植民地支配の手段としての風景画に具体的に注目しよう。従来、近代的な札幌の都市地図についての地理学的研究はあったが、風景画についてはは存在しない。そこで筆者は、前述したように、明治初期の札幌を描いた風景画として有名な「明治六年札幌市街之真景」（北海道大学北方生物圏フィールド科学センター植物園所蔵、以下、「札幌市街之真景」と示す）に着目した。本図は、北海道大学植物園所蔵品として、同園内部の博物館の建物群（重要文化財）の一角に保存されている（図55、56）。

この敷地内の倉庫群には、開拓使が所有していた他の絵画資料も同様に保管されている。これらの資料については、北海道大学文学研究科平成一二年度プロジェクト『北海道大学農学部博物館の絵画』においてその概要が説明されている。明治一五（一八八二）年の開拓使廃止に伴い、農商務省の管轄を経て、明治一七（一八八四）年に札幌農学校の所蔵になったとある。(10)

2　「札幌市街之真景」の図像構成

本図の構成は、札幌の西方に連なる山々を市街地の背後に配し、街の東側の高台から市街地を見渡すかたちになっている。図の右側が北、左側が南である。全体的に見ると、札幌という都市の風景をダイナミックに表現しているといえる。

また、本図に描かれた諸要素として、交通路・家屋・ランドマーク的な建物などの人工物、町割、川・樹木・

図 55　「明治六年札幌市街之真景」（北海道大学植物園附属博物館所蔵）

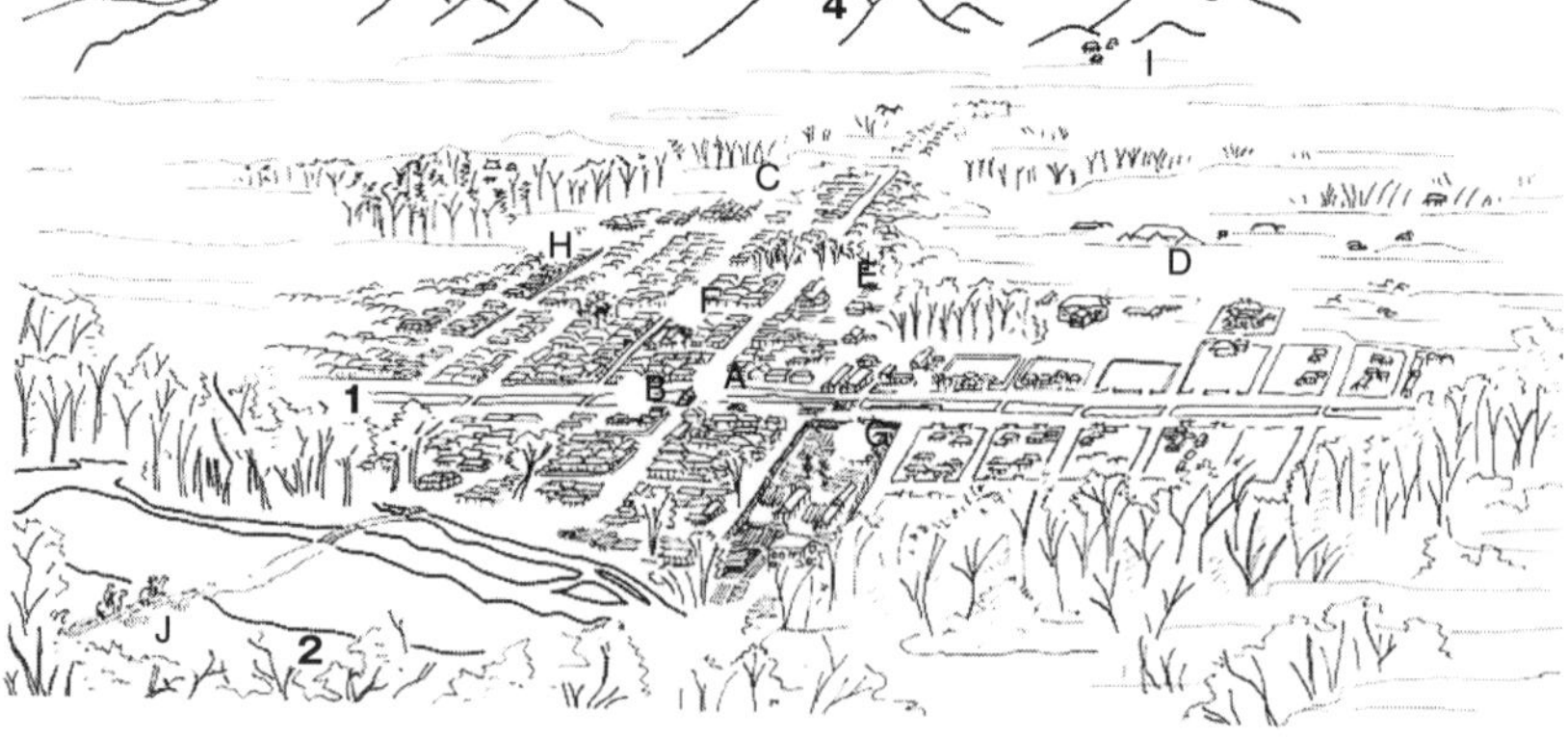

A 創成橋　B 札幌本陣　C 仮官邸　D 開拓使本庁　E 女学校　F 市会所　G 営繕局　H 薄野
I 札幌神社　J 豊平橋　1 創成川　2 豊平川　3 円山　4 藻岩山

図 56　「明治六年札幌市街之真景」（トレース，筆者作成）

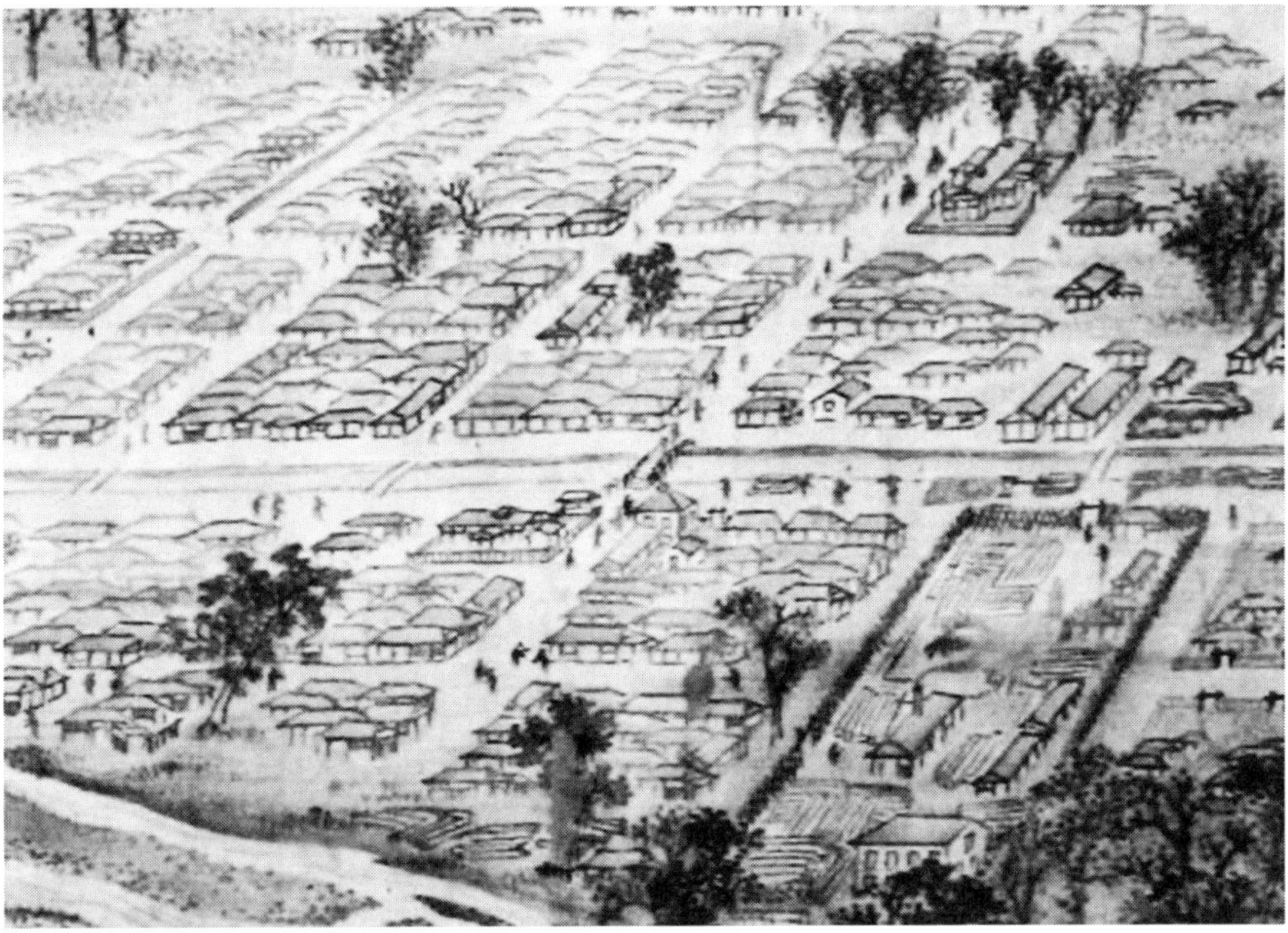

図 57　創成橋と札幌本陣を中心とする市街地（図 55 より拡大）

図 58　開拓使本庁舎の建設地付近（図 55 より拡大）

山・雲などの自然景観、そして街を歩く人びとの姿、が挙げられる。表現方法はいわゆる「真景図」の描法であるが、とりわけ、市街地の様子が詳細に描かれている。しかし、本図の描かれ方は、幕末期から各地で見られるような、地名が詳細に書き込まれ印刷されたガイドブックの機能も兼ね備えたタイプの「真景図」ではなく、画風を見る限り、むしろ芸術的な風景画の要素のほうが強いと分析できる。

本図には地名などは一切書き込まれていないが、市街地の様子がはっきりと描かれていることから、同時期の地図などを用いることにより、各地区や人工物の比定が可能である。そこで、本図の特徴をまとめてみよう。

本図の中心には創成橋と札幌本陣が描かれ、創成川が画面を横切っている（図57）。渡島通が画面の中央を突き抜け、画面右上方に札幌神社があり、画面左手前に豊平川と豊平橋を描いている。開拓使本庁の建物は雲で見えないが、仮官邸、市会所、女学校、工業局などはよくわかる。また、薄野遊郭も描かれている。全体としては、広々とした官地と家屋の密集する民地が描かれ、建物や町割が画面を覆っている。つまり、本図に描かれた札幌は、図像を見る限り、開拓都市としての完成度の高さを備えているように見える。

しかし前節で見たように、明治六年の札幌は、多くの建築物が建築途中であった時期であるにもかかわらず、本図には建設途中の建物は存在しない上に、おそらく建設途中であった開拓使本庁舎は雲に隠れて見えない状態として描かれているため、本図を見る限り、実態が判断できない（図58）。また、計画的な町割の外部は、何もない原野であったと思われるが、それも真景図の描法によく見られる「たなびく雲」によって巧妙に隠されている。

ひとつ注目すべきは、図の左下に、洋服を着た開拓使の役人らしき人物が、馬に乗って、札幌の街に向かう様子が描かれていることである（図59）。前述したように、左下に描かれている橋は豊平橋であり、そしてこの道は、函館と札幌をつなぐ札幌新道であろう。

開拓使は、明治五年から六年にかけて、札幌から室蘭までの新道を開削、室蘭・森間の定期便を就航、森・函館

図59　豊平橋と馬上の人物（図55より拡大）

間の開削を行い、明治六年半ばには函館・札幌がつながることとなった。明治六年段階では、北海道内部の港湾都市で最も発展していたのは函館であり、函館から札幌への交通路、物資の輸送路を確保することは、開拓使にとって重要なことであった。それゆえ、明治四年に開拓使本庁が函館から札幌に移った段階で、開拓使は、函館・札幌間の新道の開削を計画し、それを実現したのである。(11) 開拓使の役人たちが札幌に寄せる「眼差し」は、函館から札幌へと入るルートを通って、豊平川を渡り、そこに広がる札幌の市街地を見渡していたのであろう。つまり、本図の構成は、北海道開拓の主導者であり、札幌市街をプランし、都市発展を画策している開拓使の「眼差し」そのものを物語っていると考えられる。

3　船越長善による札幌および札幌近郊の地図

本図については、白石恵理が「開拓使の絵師・船越長善とその作品について[12]」のなかで紹介している。それによれば、「明治六年札幌市街之真景は、開拓初期の一つの象徴として多くの刊行物に取り上げられてきた図である。碁盤の目に整然と区画された街並みを中心に、周囲に残る原始林や遠くにそびえる山並みまでが、南画風の技法で詳細に描かれている」と書かれている。その他、長善の作である『札幌近郊の墨絵』や『胆振国勇払郡樽前岳噴火之図』などの絵画にも触れている。また、本図の作者が、従来から言われている船越長善かどうかについて、「落款がない上、彼の写生図と比べると、全体的に筆運びが硬く、単調な印象を受ける。（中略）同時期の作との比較検討や関連史料の調査等により、その制作過程を再検証したうえで、長善の真筆か否かの慎重な判断が求められる」と指摘しており、作者についての再検証が必要であることが述べられている。

従来、本図の作者とされてきた船越長善は、前述の絵画類だけでなく、地図も作製している。北海道大学附属図書館北方資料室には、「明治六年十一月製　札幌郡西部図」という、石狩川河口部～石狩川流域～札幌と札幌周辺の村々～有珠山近郊までを描いた地図が残っている。地図の作製者は、飯島矩道と船越長善である。凡例と縮尺を備えているが、近代的な地図というよりは、江戸時代からの伝統的な形態の地図である。また、作製年次は不明であるが、「調八等属船越長善」という記載のある、「石狩邦石狩棒戸両郡之内志別方面見取図」という同様の形態の地図も残っている。さらに、前述の『胆振国勇払郡樽前岳噴火之図』は、基本的に樽前岳の噴火の様子を絵画的な表現で描いているものであるが、その最初に「噴火タルマイ山方面略図」とあり、明治七年二月船越長善製の地図が掲載されている。

このように、船越長善が、絵画だけでなく地図も作製していることからわかるように、彼は絵師としての才能だけでなく、地図作製者としての技術や視点も持ち合わせていた。ゆえに、風景画として描かれた「札幌市街之真

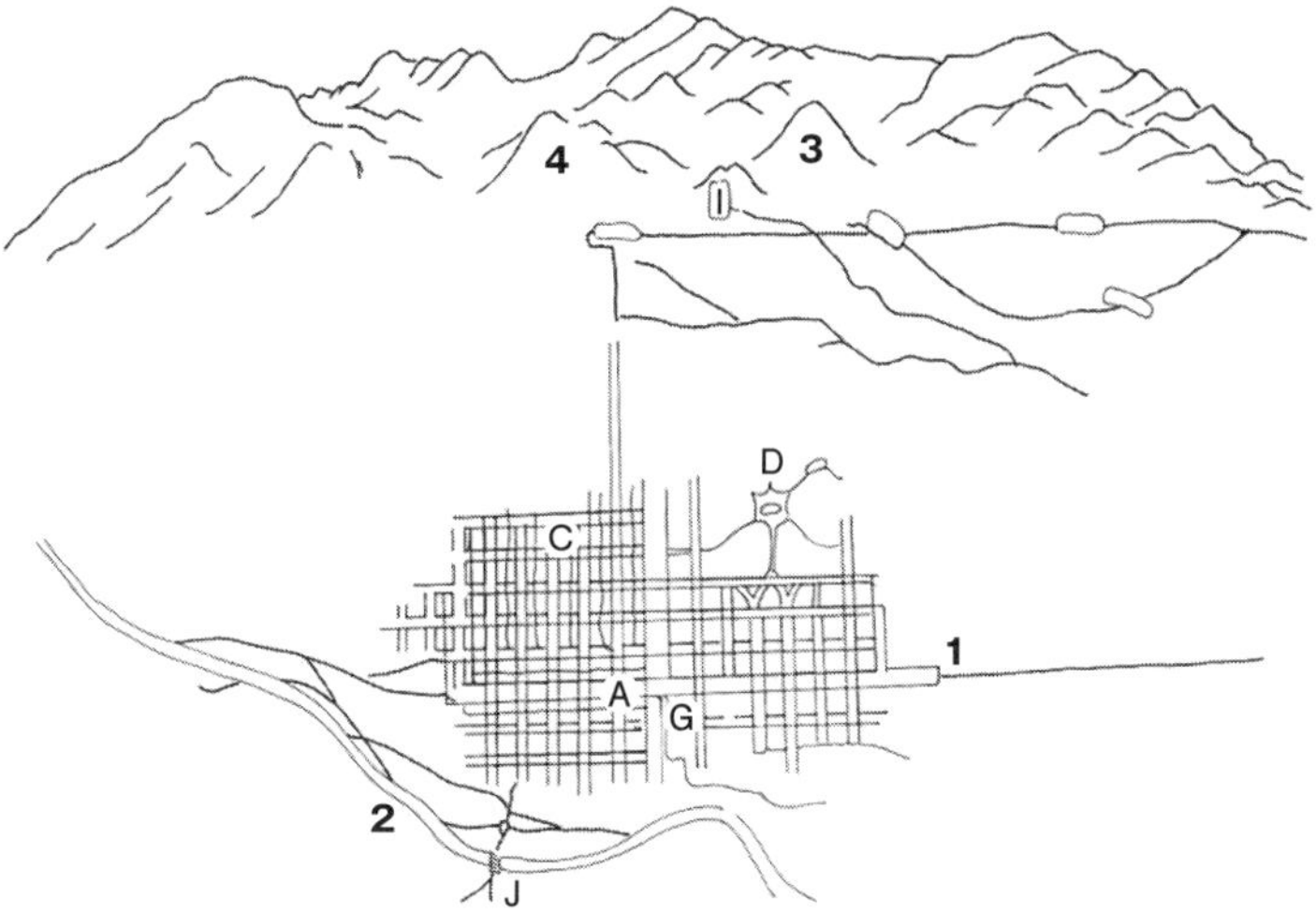

A 創成橋　C 仮官邸　D 開拓使本庁　G 営繕局　I 札幌神社　J 豊平橋
1 創成川　2 豊平川　3 円山　4 藻岩山

図 60　「北海道石狩州札幌地形見取図」（トレース，筆者作成）

景」にも、単純な絵画としての要素だけでなく、地図的な要素も導入されていることが窺える。

そこで、札幌で明治六年に出版された「北海道石狩州札幌地形見取図」（**図60**）と本図の図像構成を比較してみよう。両者が、西を上にする構図という点で一致しており、さらに、図の構成要素も類似している点が多い。大きく異なる点は、「北海道石狩州札幌地形見取図」では、市街地は簡単な町割のみの平面図であるが、本図では街並みの風景が描かれていることである。しかし、市街地のむこうに連なる山々や豊平川・豊平橋の配置など、図全体の構成はよく似ている。

一般的には、札幌という地域全体を描いた地図の場合、明治初期の段階から、科学的地図の方法によって、「北」を上にしている地図が多い。しかし、開拓使が明治初期に作製した都市プラン図は西が上である。「北海道石狩川札幌地形見取図」には、「長善」の落款も印刷されており、明らかに船越長善の作と思われる。前述したように、白石によれば、本図については船越長善の作だという確たる証拠はないと分析されている。しかし、このような両図のも

図 61　「明治 14 年ノ札幌全景」（北海道大学附属図書館北方資料室所蔵）

つ構図の共通性、そして、船越長善が明治六年の段階で開拓使に雇われた絵師であることが確実であることから、本図が長善の作である可能性はやはり高いと考えられる。

五　「札幌市街之真景」と風景写真・歴史記述との関係

1　近代札幌の風景写真について

管見の限り、「札幌市街之真景」以降、開拓使が同様の札幌の風景画を作製した形跡はない。おそらく、多くの風景写真が、風景画の代わりに、記録としての役割を担っていったことは予想できる。実際、明治一〇年代以降の風景写真は、数枚の写真を張り合わせて、「パノラマ写真」として紹介されている[13]。

本図以後の風景パノラマ写真として、北海道大学付属図書館北方資料室所蔵の「明治14年ノ札幌全景」（図61）が挙げられる。様似通（現在の東三丁目通）から藻岩山方向を撮影した写真である。中心の通りが日高通（現在の南一条通）であり、その向こうに創成橋が見える。この写真では明治六年の本図に比べて、創成橋から南側の市街地の発展が窺える。

さらに、同北方資料室所蔵の明治二二年一〇月の「札幌区全景」（図62〜図65）を見てみよう。これは、明治二一年末に完成した赤煉瓦の北海道庁から見た風景である。明治六年の本図や明治一四年の風景写真に比べて、家屋の形態は木造の小屋

図 62　「札幌区全景 1」（明治 22（1889）年）（北海道大学附属図書館北方資料室所蔵）

図 63　「札幌区全景 2」（明治 22（1889）年）（北海道大学附属図書館北方資料室所蔵）

図 64　「札幌区全景 3」（明治 22（1889）年）（北海道大学附属図書館北方資料室所蔵）

図 65　「札幌区全景 4」（明治 22（1889）年）（北海道大学附属図書館北方資料室所蔵）

から石造の建物が増加し、市街地も随分と拡大したことがわかる。

このように、本図と後世に撮影された風景写真を比較することにより、札幌市街の発展の様子がよくわかる。また、本図が風景写真の代替物としても機能しえたことが窺える。

2　写真帖と近代都市札幌

東北帝国大学農科大学が明治四二（一九〇九）年に編集した『温故寫眞帖　第壱集　札幌』に「札幌市街之真景」が掲載されている。この写真帖の編纂目的は、次のように述べられている。

凡ソ社会ノ事物ハ常ニ推移変遷シテ止マス古今盛衰文野ノ由テ分ル所ナリ特ニ北海道ノ如キ新開地ニ於テ最モ其甚シキモノアリ故ニ昨ノ見テ以テ荒涼寂寞ノ境ト做セシモノ今ハ忽チ変シテ繁華熱閙ノ区ヲ成スモノ指ヲ遑遑アラス試ニ札幌ニ就テ之ヲ視ルモ明治初年ノ景況ヲ以テ今日ニ比スルトキハ其差異天淵啻ナラス苟モ当時ノ事情ヲ知ラント欲セハ固ヨリ文書ノ記録ニ乏シカラスト雖モ眼ノアタリ其変化ノ跡ヲ比較セント欲セハ写真ヲ観ルヨリ便ナルハナシ

ここで注目すべきは、札幌の発展を見るためには、「文書ノ記録ニ乏シカラスト雖モ眼ノアタリ其変化ノ跡ヲ比較セント欲セハ写真ヲ観ルヨリ便ナルハナシ」として写真帖が編集されているにもかかわらず、巻頭に本図が掲載されていることである。その他、写真帖に掲載されている写真を見てみると、

開拓使仮庁舎、開拓使本庁舎、札幌神社、札幌本陣、札幌本陣ヨリ西南ヲ望ム、明治五年ノ札幌東部、同上西南部、同上西北部、明治六年ノ札幌南部、札幌農学校及開拓使本庁舎ノ遠望、豊平橋、平岸村、石狩、現今ノ札幌大通以北全景、

図66　「明治５年ノ札幌西北部」（北海道大学附属図書館北方資料室所蔵）

現今ノ札幌大通以南全景、東北帝国大学農科大学の一六枚がある。石狩は撮影年代不明であるが、「現今ノ札幌大通以北全景」、「現今ノ札幌大通以南全景」、「東北帝国大学農科大学」の三枚以外は、すべて明治初期のものである。まさに、明治初期の札幌を代表する建築物を取り上げている。本図については、次のように説明されている。

明治二年十一月判官島義勇札幌ニ来リ開拓使官舎ヲ西創成通（今ノ北一條西一丁目に建立スコレ吾カ札幌創業ノ始トス、三年二月島判官轉シ三月岩村大判官赴任シテ榛莽ヲ伐リ通路ヲ開キ粗ホ経営スル処アリ四年五月市街地ヲ六十間ニ区画シ道幅ヲ十一間ニ裏通ヲ六間ト定ム当時創成川筋（今ノ豊平館東南隅ノ辺）ニ関門ヲ設ケ南ヲ町地、北ヲ官宅地ト称シ井然タル区画ノ中間ニ幅五十間ノ廣街ヲ開キ火防線トセリ（今ノ大通）此ノ時ノ町地区画ハ今ノ南一條ヨリ南四条ニ至リ西ハ五丁目マテ東ハ三丁目マテニシテ、街衢ノ名称ハ南北トモニ之レヲ通リト称シ名ツクルニ北海道国郡ノ名ヲ以テシ札幌ノ人士ヲシテ坐ラ全道国郡の名ヲシラシム。

この記述には、本図そのものの説明はなく、本図に描かれている建築物などの内容についても何も触れられていない。ここでの説明には、①島判官によって札幌の建設が始まったこと、②岩村判官によって町割が行われたこと、③通りの名称には

図67　「明治6年ノ札幌南部」（北海道大学附属図書館北方資料室所蔵）

北海道国郡の名前がつけられていたことが挙げられている。

しかし、他の写真については、むしろ、写真で撮影されている建築物などの説明が中心である。いくつか事例を見てみよう（図66、67）。

明治五年ノ札幌西北部　此図ハ創成川ノ畔ヨリ西ニ向カヒ札幌ノ西北部ヲ撮影シタルモノニシテ北方（今ノ農科大学用地）及四方（今ノ博物館附近一帯）ニ鬱蒼タル樹林アルモ其他ハ草原ニシテ開拓困難ナラサリシト云フ、図中処々ニ点在スル建物ハ官邸ニシテ其敷地ノ周囲ニ土塁ヲ続ラセリ。

明治六年ノ札幌南部　此図ハ明治六年開拓使庁舎ヨリ南方ヲ望ミタルモノナリ、札幌市街ノ開拓ハ明治二年ニ着手シタリト雖モ其最モ経営ニ努メタルハ明治五年、六年ニシテ南一條ノ如キハ西七八町マテ軒ヲ駢フルニ至レリ、図中近ク見ユル数個ノ家屋ハ北一條ニ於ケル官邸、左方ニアリテ大通リニ向フ二階家ハ官設ノ模範商家、右方ニアリテ遠ク林間ニ白ク見ユルハ東本願寺別院ナリ。

このように、他の写真に関しては、本図とは異なり、撮影されている建物について具体的で詳細な説明がなされており、この写真帖において、本図はあくまで札幌の都市建設の全体を説明するための画像資料であることが窺える。

3　歴史記述と近代都市札幌の風景

風景画や写真のような画像資料が、文書の手薄な部分を補うために有効な史料だとするならば、札幌に関する歴史記述のなかで、「札幌市街之真景」はどのように扱われているのだろうか。

最も新しい歴史記述として『新札幌市史』を見てみよう。その第二巻通史二には、巻頭に本図が掲載され、次のような説明が書かれている。

この図は、当時開拓使官員であった画家船越長善が描いた、明治六年における札幌市街の真景である。札幌本府建設は、開拓判官島義勇を担当責任者として明治二年暮から始まり、多少の曲折を経た後、六年中には白亜の開拓使本庁舎も含めて一応の建設が終了した。図を検討すると、官地（大通り以北）の建物については正確に描かれている。また民地のなかの市会所、仮官邸、女学校など官設の建物についても明確に描かれている。その反面、薄野遊郭などは実際よりは1丁東へずれており、必ずしも、「真景」とは言い切れない面も多少はある。しかし札幌の町屋が創成川から渡島通（南1条通）を中心に発達した様がよくわかるなど、全体としては当時を知る貴重な史料である。

ここでは、基本的には、本図に描かれた内容を検討することによって、史料としての特徴が述べられている。しかし、下線部のように、明治二年から明治六年までの開拓使による札幌の都市建設の進展状況を概観するために本図が掲載されている点で、前述の写真帖と共通点が見られる。

上記の写真帖だけでなく、明治初期に撮影された写真は個々の建物を撮影しているものが多く、街の風景を撮影しているものは少ないうえに、その全体像を画面におさめることは難しい。その意味で、本図は、明治六年という明治初期の段階での札幌全体を俯瞰した風景画であり、写真にはない迫力を持っていたといえる。そして、その図像は、開拓使による北海道開拓の拠点である札幌の発展を象徴的に表現していたため、後世においてもその文脈で利用されてきたのである。

本章では、植民地支配における風景の実践と作用を検討するにあたり、「札幌市街之真景」を素材として、札幌の都市建設の過程と本図の関係、その図像構成の特徴、写真帖や歴史記述における取り扱いを検討しながら、本図のもつ意味について考察してきた。その結果、同時期に撮影された写真以上に、本図はその図像に迫力や芸術性を兼ね備えており、象徴的な意味合いも強いものであると思われた。

周知のように、開拓使は、お雇い外国人の指導を受けながら、欧米の技術を導入し、開拓使測量課による近代的な地図作製事業を行った。ただ、第八章や本章で対象とした「風景画」では、ローカルな地図作製のレベルにおいて、地域情報を把握し表象するうえで、江戸時代後半から現れる「真景図」の政治的な利用の伝統を引き継いでいた。つまり、風景のポリティクスというコンテクストのなかで、札幌という北海道開拓の象徴的都市を描いたものとして、「札幌市街之真景」の存在は重要な歴史的意味をもっているのである。

注

（1）矢守一彦『古地図と風景』筑摩書房、一九八四年。

（2）神戸市立博物館編『特別展　絵図と風景――絵のような地図、地図のような絵』、二〇〇〇年。

（3）Cosgrove, D. and Daniels, S.（ed.）, *The Iconography of landscape: essays on the symbolic design and use of past environments*, Cambridge University Press, 1988.（千田稔・内田忠賢監訳『風景の図像学』地人書房、二〇〇一年）

（4）Seymour, S., "Historical geographies of landscape"（Graham, B. and Nash, C.（ed.）, *Modern historical geographies*,

Prentice Hall, 2000)（スーザン・シーモア「風景の歴史地理」米家泰作訳、米家泰作・山村亜希・上杉和央訳『モダニティの歴史地理（下）』古今書院、二〇〇五年）

（5）三浦泰之「北海道の〈開拓〉と写真・油絵」（北海道開拓記念館第54回特別展『描かれた北海道――18・19世紀の絵画が伝えた北のイメージ』二〇〇二年）、一六～一七頁。

（6）札幌市『新札幌市史　第二巻通史二』、一九九〇年、一四八～一七八頁。

（7）前掲『新札幌市史　第二巻通史二』、四〇～四一頁。

（8）前掲『新札幌市史　第二巻通史二』、一六四～一六六頁。

（9）前掲『新札幌市史　第二巻通史二』、一八〇頁。

（10）北海道大学文学研究科平成一二年度プロジェクト『北海道大学農学部博物館の絵画――博物画・風景画・アイヌ絵・洋画』二〇〇一年。

（11）宇川隆雄『北海道宿駅（駅逓）制の研究（明治前期編）』北海プリント社出版企画、一九九一年。

（12）白石恵理「開拓使の絵師・船越長善とその作品について」、前掲『北海道大学農学部博物館の絵画』所収論文、二一一～二一三頁。

（13）たとえば、①ニッコールクラブ編『北海道開拓写真史――記録の原点』一九八〇年、②『札幌歴史写真集〈明治編〉』一九八二年など。

おわりに——日本北方地図史を再考する

本書では、科学的な地図発展史の立場にたつ日本北方地図史の研究においては、あまり注目されてこなかった二つの視点から、蝦夷地の古地図を考えてきた。第一部では、当時の人々のもつ地域像である。第二部では、絵図や風景画と地図の関係、その社会的意義である。いずれも、近世の蝦夷地について、人々がどのようにその地の情報を集め、どのように地図や絵図・風景画として表象したのか、という問題である。

私は地図が好きである。地図を見ていると、それだけで時間が経つことを忘れてしまう。現代では、地図はデジタル化がすすみ、スマートフォンやiPadを使い、Google MapやGoogle Earthを眺めて楽しみ、歴史や地形を楽しむアプリも多種多様、素人でもＧＩＳを使えば美麗な主題図も作製できる。しかし、江戸時代にはそんなシステムはない。

古い地図を見ると、その時代に生きてその地図を見た人びとの気持ちを想像してしまう。江戸時代の人びとは、地図を畳や床に広げ、上から眺め、どこに何があるのか、どうしたらそこに行けるのか、描かれた地域を想像してワクワクとし、行ったことのない遠く彼方の「未知の土地」に思いを巡らしたのだろう。

本書において述べたかったことは、過去に生きた人びとが、絵図・地図を眺めて楽しい経験をもったであろう、その地図という存在の社会的な意味である。なかでも地図が描き出す、人びとにとっての未知なる地域――本書では「蝦夷地／北海道」である――は、どのような存在であったのか。

筆者が北方地域の地図の勉強を始めた頃、その膨大な量に驚いた。こんなにたくさんの地図を江戸時代の人々は作っていたのか。途方もない作業と努力の結晶であると感じた。しかも、一九世紀半ばには現在の地図とほぼ同じ形になるほど「正確な」北海道のかたちに変化したのである。それは、当時の地図作製者たち、プロフェッショナルな人々への尊敬の念でもあった。

一方で、測量された近代的で正確な地図は、意外と、見ていて面白くなかったのではないか、という疑問が湧いてきた。近代的な地図とは実は無味乾燥な絵でもある。蝦夷地の測量図は、あくまで和人の知識人たちが作製したものであり、同じ和人でも天文学などの学問教育を受けていない人びと、江戸の庶民、あるいは蝦夷地においても先住民であるアイヌの人びとからは、実はあまり理解されなかったのではないだろうか。

まさに内地の中心にある江戸で、地図を見ながら「未知の土地」を思い描いた人々、実際に遠く蝦夷地へ赴任した幕府役人、蝦夷地警備を命じられた東北諸藩、蝦夷地で経済活動を行った北前船商人や出稼漁民、蝦夷地に住むアイヌの人々。さまざまな人々が蝦夷地を往来した。あくまで日本側の史料からしか検討できないという限界があるが、中央と周辺をめぐる「知」の在り方はどのようなものだったのか。

このような私なりの疑問について、日本北方の地図史の先行研究を読み、方法論に関わる論文を読み、史料にあたり、問題をたてて、ひとつひとつ事例研究として積み重ね、自分なりに学術的な答えを出してきたつもりである。特にところどころで参照しているアメリカの地図学者ハーリーの論文には、研究をまとめるうえで大きな影響を受けた。

本書の事例研究のなかで最も力点を置いたのは、タイトルにもあるように、幕府にとって未知の土地であった日本北方の「地域情報」の収集とその表象のあり方を明らかにした第二部所収論文群である。日本北方地図史を再考する作業のなかで、地図だけでなく、（地図ともいえない）絵図や風景画が重要な意味をもった。そして、それは当時の人々にとって、正確な測量地図と同じレベルの意味をもつ、いやそれ以上に地域の実態を描く重要なものであった。とりわけ、政治的権力の領域把握、いかに詳細に地域の実態を把握するか（その表象も含めて）という点で、日本北方地域を描く他の地図群とセットとして考えられるものであった。

日本の「国土」は、地図を作製することで空間的に拡大していくだけでなく、領域内の地域情報を収集し表象することによって深化した。近世蝦夷地という「異域」は、和人がその地域情報を表象することにより、日本の「国土」となったのである。

以上が本書の結論である。

あとがき

本書は、法政大学に赴任して以来、さまざまな機会に発表してきた論考をまとめたものです。各章を構成する論文は、本書掲載にあたり、構成を変更したものもありますが、基本的な骨子はそのままとしました。序章は博士論文の序章のコンセプトをもとに書き下ろし、第八章はコラムや学会発表したものを中心に書き下ろしました。初出一覧は次の通りです。

はじめに　新稿

ただし、次の論文をもとにしています。

博士論文『日本北方地域の歴史地理学的研究――「蝦夷地」から「北海道」へ』序章、二〇〇一年

「人びとにとっての近世日本のかたち」、田中優子編『日本人は日本をどうみてきたか――江戸から見る自意識の変遷』笠間書院、二〇一五年

第一章

「近世日本図の北辺・『蝦夷地』表象」『文学』一一・一二月号、岩波書店、二〇一五年

「ヨーロッパおよびロシア作製の地図からみる『蝦夷地』像」『国際日本学』一六号、二〇一六年

第二章
「地図からみる近世日本意識の変遷と『蝦夷地』」『国際日本学』九号、二〇一二年

第三章
「近世日本における庶民の『蝦夷地』像――刊行図と節用集所載の地図を中心として」『法政大学文学部紀要』第七二号、二〇一六年

第四章　新稿

第五章
「幕末蝦夷地の絵図にみる地域情報の把握――「江差沖ノ口備付西蝦夷地御場所絵図」を事例として」『歴史地理学』一九八号、二〇〇〇年（前掲博士論文第六章に再録）

第六章
「秋田県公文書館所蔵『マシケ御陣屋御任地面境内略図』の作製主体と作製年代について」、平成一七～二〇年度科学研究費補助金（基盤研究B）『北海道・東北各地所蔵の幕末蝦夷地陣屋・囲郭に関する絵地図の調査・研究』研究成果報告書、研究代表者・戸祭由美夫、二〇一〇年
「長澤盛至作製『東蝦夷地海岸図台帳』にみる地域情報の収集と表象」、小口雅史編『古代国家と北方世界』同成社、二〇一七年

第七章
「松浦武四郎の地誌・地図作製とアイヌ民族――『天塩日誌』を素材として」、榎森進・澤登寛聡・小口雅史編『北東アジアのなかのアイヌ世界』岩田書院、二〇〇六年

第八章　新稿

ただし、次のコラムおよび発表の一部をもとにしています。

「地域情報の記録と風景画」、中西僚太郎・関戸明子編『近代日本の視覚的経験』ナカニシヤ出版、二〇〇八年

「幕末蝦夷地の沿岸図と地域情報——目賀田帯刀『延叙歴検真図』を中心に」、人文地理学会第六五回地理思想研究部会、二〇〇一年三月二四日。

第九章

「描かれた植民都市——近代札幌の風景」、中西僚太郎・関戸明子編『近代日本の視覚的経験』ナカニシヤ出版、二〇〇八年

本書の各章の論文を作成する際には、次の研究助成を受けました。

・福武財団研究助成金、平成一一年度（一九九九年度）、「近代日本の歴史地理学的研究における地図資料の検討と活用」（研究代表者・米家志乃布）

・文部省科学研究費補助金奨励研究（A）（若手研究）、平成一三～一四年度（二〇〇一～二〇〇二年度）、「一九世紀日本北方地域を対象とした地域情報の構築とその利用」（研究代表者・米家志乃布）

・文部科学省研究費補助金　基盤研究（B）平成一五～一八年度（二〇〇三～二〇〇六年度）「近代日本の民間地図と画像資料の地理学的活用に関する基礎的研究」（研究代表者：関戸明子）

・文部科学省研究費補助金　基盤研究（B）平成一七～二〇年度（二〇〇五～二〇〇八年度）「北海道・東北各地所蔵の幕末蝦夷地陣屋・囲郭に関する絵地図の調査・研究」（研究代表者：戸祭由美夫）

・日本学術振興会研究費補助金　基盤研究（C）、平成二五～二八年度（二〇一三～二〇一六年度）、「一九世紀におけるフロンティアの地域像に関する日露比較研究」（研究代表者・米家志乃布）
・日本学術振興会研究費補助金　基盤研究（C）、平成二九～令和二年度（二〇一七～二〇二〇年度）、「民間地図作製史からみたフロンティア像の日露比較研究」（研究代表者・米家志乃布）

本書のテーマである蝦夷地・北海道と日本の関係を問い直そうという問題意識の出発点は、二〇〇一年三月に『日本北方地域の歴史地理学的研究――「蝦夷地」から「北海道」へ』というタイトルでお茶の水女子大学に提出お茶の水女子大学に提出した博士論文（主査・大口勇次郎先生）が原点となります。その際、学位論文の骨格をなす部分は、ニシン肥料や石炭という商品の流通構造からみた、「実態」としての「蝦夷地／北海道」のあり方、本州との関係でした。一方、一九九八年度から法政大学教養部で地理学の授業を担当するにあたり、歴史地理学の伝統的な分野のひとつである地図史について勉強するようになりました。日本北方地域の地図史を扱ううちに、「実態」としての蝦夷地ではなく、「表象」としての蝦夷地に学問的な興味関心が移ってきました。和人の地理的認識としての蝦夷地がどのように地図・絵図などの画像史料に表象されているのか、その意味は何なのか、という学問的な問いです。

二〇〇三年度から法政大学文学部地理学科に移籍し、専門である歴史地理学の授業を本格的に担当し、学生の論文指導も行うようになりました。研究活動では、ロシアでの在外研究、科研費や研究プロジェクトによる文献・資料調査、北海道大学スラブ研究センターでの研究活動など、さまざまな研究活動の機会を得ることができました。これらのことから、博士論文をまとめた頃より格段に視野が広がり、あらためて日本における「地図作製」という行為・実践の意味を考える研究を通して、歴史空間としての日本と蝦夷地の関係を問い直す作業を続けています。

本書の出版にあたり、法政大学出版局の郷間雅俊氏に大変お世話になりました。学術書をどのようにつくったらいいのか、まったくわからない素人の私に、懇切丁寧に手ほどきをしていただきました。郷間さんの励ましとお力添えがなければ、本書はできなかったと思います。心より感謝申し上げます。

二〇二一年四月

米家志乃布

人名索引

ま 行

や 行

ら 行

わ 行

事項索引

地図名索引

ま 行

ら 行

図表一覧

はじめに

第一部

第一章

第二章

第三章

第二部

第四章

第五章

第六章

第七章

第八章

第九章

◉著 者

米家志乃布（こめいえ・しのぶ）

1968年静岡県生。東京学芸大学教育学部卒業。お茶の水女子大学大学院人間文化研究科博士課程比較文化学専攻中退。博士（人文科学・お茶の水女子大学）。法政大学文学部地理学科教授。法政大学第一教養部専任講師，助教授，法政大学文学部助教授，を経て現職。専門は歴史地理学。論文に「20世紀前半のシベリア・ロシア極東における植民都市と地図作製」（『法政大学文学部紀要』62，2011年），「レーメゾフの『公務の地図帳』と描かれたシベリア地域像」（『法政大学文学部紀要』66，2013年），分担執筆「ロシアの伝統文化・人の暮らし」（『ロシア』朝倉書店，2017年）ほか。

近世蝦夷地の地域情報

日本北方地図史再考

2021年5月25日　初版第1刷発行

著　者　米家志乃布

発行所　一般財団法人　法政大学出版局

〒102-0071 東京都千代田区富士見2-17-1

電話 03（5214）5540　振替 00160-6-95814

組版：HUP　印刷：平文社　製本：根本製本

ISBN978-4-588-38201-7

鎖国日本にきた「康熙図」の地理学史的研究　船越昭生著　一〇〇〇〇円
函館の大火〈昭和九年の都市災害〉　宮崎揚弘著　三六〇〇円
島の地理学〈小さな島々の島嶼性〉　S・A・ロイル／中俣均訳　四四〇〇円
科学の地理学〈場所が問題になるとき〉　D・リヴィングストン／梶雅範・山田俊弘訳　三八〇〇円
情報時代の到来　D・R・ヘッドリク／塚原東吾・隠岐さや香訳　三九〇〇円
観光のまなざし　J・アーリ、J・ラースン／加太宏邦訳　四六〇〇円
風土（Fudo）から江戸東京へ　安孫子信監修、法政大学江戸東京研究センター編　三六〇〇円
近代測量史への旅〈ゲーテ時代の自然景観図から明治日本の三角測量まで〉　石原あえか著　三八〇〇円
教養の近代測地学〈メフィストのマントをひろげて〉　石原あえか著　三五〇〇円

＊表示価格は税別です